"十四五"时期国家重点出版物出版专项规划项目·重大出版工程规划
中国工程院重大咨询项目成果文库
新兴产业发展战略研究（2035）丛书

丛书主编：周济　邬贺铨

新一代信息技术产业发展战略研究（2035）

新一代信息技术产业课题组　著

科学出版社

北京

内 容 简 介

本书是中国工程院重大咨询项目"新兴产业发展战略研究（2035）"中涉及新一代信息技术产业发展战略研究的部分成果总结。本书系统地分析新一代信息技术产业的国内外发展环境、发展态势，以及我国新一代信息技术产业的发展经验及问题，提出我国新一代信息技术产业发展基本思路和对策，面向2035年的重点领域发展技术路线、区域发展战略和国际合作战略。

本书可供中央和各级地方政府有关领导、企业管理和科技人员、大学和科研机构的学者参考与阅读。

图书在版编目（CIP）数据

新一代信息技术产业发展战略研究. 2035 / 新一代信息技术产业课题组著. -- 北京：科学出版社，2024.11. -- （新兴产业发展战略研究（2035）丛书 / 周济，邬贺铨主编）(中国工程院重大咨询项目成果文库).
ISBN 978-7-03-079393-5
Ⅰ．F49
中国国家版本馆 CIP 数据核字第 2024M00V34 号

责任编辑：王丹妮 / 责任校对：樊雅琼
责任印制：张 伟 / 封面设计：有道设计

科学出版社 出版
北京东黄城根北街 16 号
邮政编码：100717
http://www.sciencep.com

北京中科印刷有限公司印刷
科学出版社发行 各地新华书店经销

*

2024 年 11 月第 一 版　开本：720×1000　1/16
2024 年 11 月第一次印刷　印张：13 1/2
字数：266 000
定价：152.00 元
（如有印装质量问题，我社负责调换）

新兴产业发展战略研究（2035）丛书编委会名单

顾　问：

徐匡迪

编委会主任：

周　济　　邬贺铨

编委会副主任：

陈左宁　　王礼恒　　屠海令　　尤　政

编委会成员（以姓氏笔画为序）：

丁一汇	丁文华	丁文江	才鸿年	万建民	王一德
王威琪	王恩东	王海舟	邓中翰	邓宗全	卢秉恒
卢锡城	叶奇蓁	曲久辉	多　吉	邬江兴	刘韵洁
刘德培	衣宝廉	孙　聪	孙逢春	李　卫	李　松
李　骏	李兰娟	李伯虎	李国杰	杨小牛	杨华勇
杨志峰	杨胜利	吾守尔·斯拉木		吴　锋	吴　澄
吴孔明	吴以成	吴伟仁	吴志强	吴曼青	余少华
余贻鑫	沈倍奋	张玉卓	张兴栋	张伯礼	陈　坚
陈　勇	陈立泉	陈学东	陈祥宝	陈清泰	欧阳平凯
欧阳明高	岳国君	周　济	周志成	郑裕国	屈贤明
郝吉明	柳百成	钟志华	侯惠民	倪光南	徐志磊

凌　文　彭苏萍　蒋庄德　韩英铎　程　京　舒印彪
谭天伟　谭建荣　潘云鹤　薛　澜

工作组组长：

周　源　陈璐怡

工作组（以姓氏笔画为序）：

王　磊　王海南　孙旭东　李巧明　陈必强　陈璐怡
苗仲桢　赵丽萌　赵鸿滨　姜玲玲　徐国仙　高雨辰
陶　利　曹雪华　崔　剑　戴培超

本书编写组成员名单

本书编写组成员（以姓氏笔画为序）：

马雪梅	王　庆	王　兵	王　坤	王庆国	王振中
牛海波	邓小芝	田　沄	付　强	刘　阳	刘　驰
刘　畅	刘静岩	江　昆	安　达	许　庆	许守任
李　硕	李仁刚	李巧明	李欣欣	李春深	李梦男
杨仕贵	杨春伟	肖　华	余文科	余晓晖	张　宇
张永吉	陆春华	武　莹	苗红波	郝英好	侯宝存
洪学海	唐　佳	陶　利	黄　韬	梵君丽	曹晓阳
龚振炜	崔　剑	梁智昊	曾倬颖	綫珊珊	蔺　博
霍　如					

丛 书 序

2021年是"十四五"开局之年，必须立足新发展阶段、贯彻新发展理念、构建新发展格局，加快发展壮大战略性新兴产业。战略性新兴产业是以重大技术突破和重大发展需求为基础，对经济社会全局和长远发展具有重大引领带动作用的产业，具有知识技术密集、物质资源消耗少、成长潜力大、综合效益好等特点。面对当前错综复杂的国际国内新形势，发展战略性新兴产业是建设社会主义现代化强国，推动经济发展新动能的重要任务，也是促进我国经济高质量发展的关键。

战略性新兴产业是引领国家未来发展的重要力量，是主要经济体国际竞争的焦点。习近平总书记指出，要以培育具有核心竞争力的主导产业为主攻方向，围绕产业链部署创新链，发展科技含量高、市场竞争力强、带动作用大、经济效益好的战略性新兴产业，把科技创新真正落到产业发展上。坚持创新在我国现代化建设全局中的核心地位，把科技自立自强作为国家发展的战略支撑，面向世界科技前沿、面向经济主战场、面向国家重大需求、面向人民生命健康，深入实施科教兴国战略、人才强国战略、创新驱动发展战略，完善国家创新体系，加快建设科技强国。战略性新兴产业作为未来的先导产业和支柱产业，对我国转变经济发展方式，实现创新驱动发展有着重要的推动作用。

为了应对金融危机，重振经济活力，2010年，国务院颁布了《国务院关于加快培育和发展战略性新兴产业的决定》，并于2012年出台了《"十二五"国家战略性新兴产业发展规划》，提出要重点培育与发展节能环保、新一代信息技术、生物、高端装备制造、新能源、新材料、新能源汽车等七大领域；2016年出台了《"十三五"国家战略性新兴产业发展规划》，把战略性新兴产业摆在了经济社会发展更加突出的位置，加快发展壮大了网络经济、高端制造、生物经济、绿色低碳和数字创意等五大领域，超前布局了空天海洋、信息网络、生物技术和核技术领域一批战略性产业；2021年，《中华人民共和国国民经济和社会发展第十四个五年规划和2035年远景目标纲要（草案）》中明确指出，要着眼于抢占未来产业发展先机，培育先导性和支柱性产业，推动战略性新兴产业融合化、集群化、生态化发展。当前，我国已转向高质量发展阶段，战略性新兴产业在坚持创新驱动发展、全面塑造发展新优势方面起到了重要作用。

中国工程院是中国工程科技界最高荣誉性、咨询性学术机构，同时也是首批国家高端智库。自2011年起，开展了"战略性新兴产业培育与发展战略研究""'十三五'战略性新兴产业培育与发展规划研究""战略性新兴产业重大行动计划研究"等重大咨询项目的研究工作，并配合国家发展和改革委员会参与了"十二五""十三五"国家战略性新兴产业发展规划的制定和规划实施的中期评估，为战略性新兴产业相关政策的制定及完善提供了依据。

在前期研究基础上，中国工程院于2018年启动了"新兴产业发展战略研究（2035）"重大咨询项目。项目以"十四五"及2035战略性新兴产业创新发展研究为主要内容，紧密结合我国国情与国际形势，在系统分析国内外战略性新兴产业发展趋势、我国经济社会发展的战略需求的基础上开展研究。研究战略性新兴产业重点领域规划实施和创新发展，形成新兴产业技术预见路线图，完善战略性新兴产业统计指标体系和成熟度评价指标体系的建设。为"十四五"产业部署和创新发展重点及"十四五"规划的前期研究提供参考，同时为实现2035创新发展目标奠定基础。

经过两年的广泛调研和深入研究，项目组编纂形成"新兴产业发展战略研究（2035）"丛书，共8册。其中1册综合卷，即《新兴产业发展战略综合研究（2035）》；1册政策卷，即《新兴产业政策创新研究（2035）》；6册领域卷，包括《新一代信息产业发展战略研究（2035）》《生物产业发展战略研究（2035）》《高端装备产业发展战略研究（2035）》《新材料产业发展战略研究（2035）》《绿色低碳产业发展战略研究（2035）》《数字创意产业发展战略研究（2035）》。丛书在研判国际新兴产业发展的新趋势基础上，梳理各个重点领域的系统性技术、产业瓶颈突破技术、跨领域技术，凝练"十四五"战略性新兴产业发展面临的问题，开展面向2035年的新兴产业技术预见及产业体系前瞻研究，并提出了"十四五"及中长期战略性新兴产业的发展思路、重点方向及对策建议。

2021年正值两个百年目标交汇与转换之年，也是"十四五"国家战略性新兴产业发展的关键之年。衷心希望本套丛书能够继续为广大关心、支持和参与战略性新兴产业发展的读者提供高质量、有价值的参考。

前　言

当前，支撑经济发展、社会进步及思想文化传播传承的数字技术方兴未艾，不断改变着人们的生产方式、生活方式和思维方式。自党的十九大以来，以习近平同志为核心的党中央高度重视战略性新兴产业的发展，将其视为推动我国经济高质量发展的关键引擎。新一代信息技术产业，以大数据、云计算、人工智能、物联网、第五代移动通信技术（5th-generation，5G）、新型显示、智能终端等为代表，正引领着数字经济的新一轮飞跃。这些技术不仅深刻改变了人类的生产生活方式，而且为经济社会发展注入了前所未有的活力与动能。因此，制定并实施科学合理的新一代信息技术产业发展战略，对于推动我国经济社会持续健康发展，实现中华民族伟大复兴的中国梦，具有重大而深远的意义。

近年来，我国新一代信息技术产业发展迅速，产业规模持续扩大，创新能力显著提升，产业链逐步完善。从电子信息制造到软件和信息技术服务，从云计算和大数据到工业互联网，各细分领域均取得了显著成就。在中国全面建成小康社会和实现中华民族伟大复兴的征程中，数字技术无疑会成为赋能的加速器、助推器。发展数字经济，加速构建数字社会，深入打造数字政府，成为我国深化现代经济体系建设、推动国家治理体系和治理能力现代化的有力抓手。

在此背景下，中国工程院重大咨询项目"新兴产业 2035 发展战略研究""新一代信息技术产业 2035 发展战略研究"课题组针对下一代通信网络、物联网、新型显示、集成电路、云计算、大数据、人工智能等产业，系统地分析新一代信息技术产业的国内外发展环境、发展态势，以及我国"十三五"新一代信息技术产业的发展经验及问题，提出我国"十四五"新一代信息技术产业发展基本思路和对策，面向 2035 年的重点领域发展技术路线、区域发展战略和国际合作战略。

本书第一章着眼于从政治、经济、社会、科技四个维度分析新一代信息技术产业国际环境，全面梳理全球政治、经济等方面的发展现状，并对全球发展趋势进行研判。

第二章总结新一代信息技术产业内部发展环境，也主要从政治、经济、社会、科技四个角度开展论述，新一代信息技术产业面临着前所未有的发展机遇，在经济社会等方面释放了强劲潜力。

第三章提炼新一代信息技术产业发展的阶段性特征，系统阐述新一代信息技术产业发展经验与存在的问题，指出经济高质量发展对新一代信息技术产业提出了新需求。

第四章聚焦新一代信息技术产业发展重点，提出产业发展的指导思想、主要原则、总体部署，重点选取了物联网、通信设备、智能网联汽车等产业优先发展的领域，研提融合发展、人才优先、创新驱动、开放合作、自主可控等发展建议。

第五章围绕面向 2035 的新一代信息技术产业开展研究，从国家战略、经济发展、科技前沿、社会发展四个方面提出新一代信息技术产业发展需求，面向新一代移动通信、下一代网络、信息安全等细分产业方向，从发展目标、关键技术、保障措施等层面绘制面向 2035 技术路线图。

第六章以区域发展及国际合作研究为主要内容，区域发展方面，分别论述了京津冀、长江经济带发展现状、发展路径、产业集群承接导向；国际合作方面，分析了共建"一带一路"国家信息产业发展路径。

总之，今后的 10~15 年以及更长时期，是以新一代信息技术为引领的产业蓬勃发展期，加快推进数字化转型，推动数字经济渗入生产、生活与生态，将培育更多的经济增长点。本书基于 2018~2019 年的阶段性研究成果，考虑到新一代信息技术产业覆盖面广、综合性强、关注领域方向有限，加之技术急速发展，不确定性较大，难免存在疏漏。希望本书能为未来新一代信息技术产业的战略规划提供一定的借鉴与参考。

目　　录

第一章　新一代信息技术产业国际环境分析 ································ 1
　　第一节　政治维度 ··· 1
　　第二节　经济维度 ··· 8
　　第三节　社会维度 ·· 15
　　第四节　科技维度 ·· 22

第二章　新一代信息技术产业内部环境分析 ································ 30
　　第一节　政治维度 ·· 30
　　第二节　经济维度 ·· 35
　　第三节　社会维度 ·· 45
　　第四节　科技维度 ·· 53

第三章　我国新一代信息技术产业阶段特征 ································ 58
　　第一节　新一代信息技术产业发展经验及存在的问题 ··············· 58
　　第二节　新一代信息技术产业发展的阶段性特征分析 ··············· 66
　　第三节　经济高质量发展对新一代信息技术产业的发展需求 ······· 72

第四章　新一代信息技术产业发展重点方向研究 ··························· 77
　　第一节　新一代信息技术产业发展总思路 ···························· 77
　　第二节　新一代信息技术产业发展目标 ································ 82
　　第三节　新一代信息技术产业发展方向 ································ 85

第五章　面向 2035 的新一代信息技术产业研究 ··························· 93
　　第一节　面向 2035 年我国对新一代信息技术产业的需求 ········· 93
　　第二节　面向 2035 的技术路线图 ······································ 96

第六章　区域发展及国际合作研究 ··· 176
　　第一节　京津冀新一代信息技术产业发展路径分析 ················ 176
　　第二节　长江经济带信息产业发展路径分析 ························ 180
　　第三节　共建"一带一路"国家信息产业发展路径分析 ·········· 184

第一章 新一代信息技术产业国际环境分析

第一节 政治维度

一、发展现状

(一)国际政治环境复杂多变,贸易保护主义对新一代信息技术产生重要影响

1. 贸易保护主义威胁全球贸易增长

近年来,随着一些国家"逆全球化"思潮涌动,贸易保护主义抬头,对外贸易政策更加保守,贸易限制措施增多。根据世界贸易组织监测,2017年10月中旬~2018年5月中旬,世界贸易组织成员实施了75项新的贸易限制措施,包括提高关税、数量限制、增加进口环节税收、加严海关监管等,平均每个月实施近11项,高于前一个报告期(2016年10月中旬~2017年5月中旬)平均每个月9项的水平。

2. 国际贸易规则新一轮重塑加速推进

在世界经济格局加速调整、经济全球化面临挑战之际,国际贸易规则新一轮重塑也在快速推进。多边贸易体制面临困境,不少成员推动改革,但关于改革的方向和举措尚未达成一致意见。区域和双边贸易谈判出现一些重要新趋势:美欧同意开展"零关税、零非关税壁垒、非汽车工业零补贴"的贸易谈判;美韩签署新版自由贸易协定;美日就启动货物贸易协定谈判达成协议;欧盟与新加坡签署自由贸易协定;美墨加达成新的自由贸易协定,纳入了针对所谓"非

市场经济体"的条款。跨境电商等新业态、新模式在快速发展的同时，面临的监管和限制也在增多。欧盟实施《通用数据保护条例》，严格保护用户数据与隐私权，将对涉及欧盟企业和公民的跨境电商业务产生深远影响；制定新的跨境电商增值税（value added tax，VAT）规定，取消对低于22欧元的进口商品免税政策。美国启动退出万国邮政联盟程序，各国对美国跨境电商出口的物流成本增加。

3. 新一代信息技术产业成摩擦事故高发地

世界经济持续低迷，贸易摩擦频发，信息产业成为全球竞争焦点，国际政治不稳定因素增加，对新一代信息技术产业产生重要影响。经济全球化是社会生产力发展的客观要求和科技进步的必然结果，为世界经济增长提供了强劲动力，促进了商品和资本流动、科技和文明进步、各国人民交往。然而，2008年全球金融危机以来，国际上保护主义逐渐抬头，"逆全球化"思潮暗流涌动。

（二）新一代信息技术产业已经成为国家长期竞争优势的战略制高点

1. 信息产业创新融合成为全球竞争新焦点

当前，全球信息产业进入深度融合、变革创新、开放包容的新阶段，呈现创新融合、智能绿色、开放共享的新特征。互联网不断激发技术与商业模式创新的活力，开启以融合创新、系统创新、迭代创新、大众创新、微创新为突出特征的创新时代。数据驱动型创新成为国家创新发展的重要形式和方向。信息经济创新融合、智能绿色、开放共享的经济发展新模式加快形成，跨领域、协同化、网络化的国家创新平台正在兴起，工业互联网、能源互联网等新业态加速突破，大规模个性化定制、网络化协同制造、线上线下聚合、共享经济等信息经济新业态新模式不断涌现。从全球来看，促进信息产业创新融合发展，全面发展信息经济，已成为全球竞争的新焦点。

2. 发达国家率先布局巩固信息产业核心优势

世界各国高度重视信息产业发展，纷纷出台各类政策框架和行动计划，从国家层面做出一系列相关战略部署。

一是推动创新融合发展。信息产业向经济社会各领域深度融合，从消费品向农业、工业、公共服务等领域渗透，发达国家瞄准变革机遇，纷纷出台举措加快本国信息产业与传统产业融合的步伐。欧盟发布《欧盟2020战略》，推动信息产业在商业经营、工作、娱乐、通信等方面发挥作用。德国将"工业4.0"确立为国家战略,美国成立工业物联网联盟(Industrial IoT Consortium, IIC),日本公布《2015年版制造业白皮书》,韩国提出基于互联网的信息技术与汽车、造船、机械等传统产业的融合。北美、欧洲和亚太地区的多个国家推出智慧城市发展计划,大力推动信息产业在交通、政务、教育、医疗等方面的应用。

二是促进智能绿色发展。信息产业为绿色制造、提质增效及节能环保赋予全新的内涵,各国积极推动信息产业在能源、制造等领域的应用,使其成为智能绿色发展的重要动力。2010年4月,经济合作与发展组织(Organisation for Economic Co-operation and Development, OECD)发表了"信息通信技术与环境备忘录",倡议成员国促进通信技术对环境的贡献。欧盟发布"欧洲数字议程"政策,以信息产业让欧洲获得智慧、可持续和全面的增长。芬兰实施生物经济战略,推动各类促进生态创新的Tekes(芬兰国家技术创新局)项目:智慧城市、智慧采购、创新城市等,推动环境管理模式的新变革。

三是鼓励数据开放共享。信息产业具有天然的开放、平等、协作、共享特征,随着大数据所蕴含的价值引起大多数发达国家的重视,各国积极把握数据挖掘和价值萃取的重大机遇,不断加快数据开放和共享。2013年,日本发布《世界最先端IT国家创造宣言》,全面阐述了2013~2020年以发展开放公共数据和大数据为核心的日本新IT国家战略。欧盟于2015年公布数字化单一市场战略,以其打破数据自由流动壁垒。美国通过推动《大数据的研究和发展计划》《透明和开放的政府》等,推动数据开放共享对科研、环保、国土安全等的促进作用。

(三)网络安全威胁与传统安全威胁融合日益成为影响国家整体安全的关键要素

没有网络安全就没有国家安全,没有信息化就没有现代化。网络安全就像国家安全体系的"神经系统",在整个安全体系链路中处于牵一发而动全身的战略地位。一旦网络安全出现问题,与网络技术高度融合渗透的政治安全、国土安全、军事安全、经济安全和社会安全等各个方面都会发生系统性重大风险。

1. 全球网络安全形势严峻

世界经济论坛(World Economic Forum, WEF)发布的《2018年全球风险报告》中首次将网络攻击纳入全球风险前五名,成为2018年全球第三大风险因素。

一是软硬件设备安全漏洞频出给生产、生活带来严重威胁。2018年1月,英特尔公司爆出"幽灵""熔断"两个处理器漏洞,导致恶意程序可获取敏感信息。英国皇家国际事务研究所公布报告,指出当前核武器系统存在大量明显安全漏洞,网络攻击破坏核武器控制装置的风险极大。3月，英国政府通信总部发现家用新型智能电表存在安全漏洞，威胁数百万台物联网设备的安全运行，甚至可能影响国家电网的正常运转。4月，黑客利用思科高危漏洞发起攻击，20余万台思科设备受到影响。

二是多行业关键信息基础设施遭受攻击。2018年1月，荷兰三大银行网络系统在一周内不断遭受分布式拒绝服务攻击。6月，美国赛门铁克公司发现黑客组织针对美国和东南亚国家卫星通信、电信、地理太空拍摄成像服务和军事系统进行网络攻击。9月，西班牙巴塞罗那港与美国圣迭戈港相继遭受网络攻击。11月，美国国土安全部称黑客多次试图破坏美国选举系统。

三是个人信息和商业数据遭遇大规模泄露与违规利用。2018年4月，美媒报道特朗普大选期间聘用的"剑桥分析"从2014年起违法收集Facebook网站上5000多万名美国用户的数据，用于预测和影响选民的大选投票取向。9月，Facebook网站称遭受黑客攻击，5000多万名用户的个人隐私信息面临风险。

2019年，随着人们生产、生活对网络信息系统依赖性的增强，网络攻击事件的数量仍将不断增多，影响范围也将更加广泛。

2. 各国维护网络空间安全的举措

网络空间已成为各国争夺的重要战略空间，各国采取多种措施不断谋求增强网络防御和对抗能力，网络空间对抗态势不断加剧。

一是顶层规划中网络对抗战略意图明显。美国于2018年发布两项重要国防战略，均显示出明显网络对抗战略意图。7月，发布《2019财年国防授权法案》，明确将中国、俄罗斯等国列为美国国家安全"威胁"，建议增加网络冲突前线的军事部署。9月，发布《国防部网络安全战略》，指出中国和俄罗斯对美国及其盟国的战略性威胁正在增大，为防范网络攻击要先发制人。

二是完善网络空间作战机构设置。2018年5月，美国网络司令部升格为独立作战司令部。8月，日本防卫省宣布将组建专门部队保护国防通信网络免受攻击。10月，北大西洋公约组织（简称北约）提出将成立网络指挥部，以全面及时掌握网络空间状况。

三是强化多方合作。一方面加强政企合作。2018年5月，日本防卫省决定将部分网络防卫任务委托民间企业。6月，美国组织军队、政府和产业界专业人员共同开展"网络极限2018"演习。另一方面推动国际合作。4月，北约举行"锁定盾牌"网络战演习，吸引了来自30多个国家的1000余名网络安全专家参加。6月，立陶宛宣布欧盟9个成员国将成立快速回应小组对抗网络攻击。

四是不断深化网络武器研发。2018年4月，韩国国防部表示将在2019年前投入29亿韩元开发智能型信息化情报监视侦察系统。7月，美国国防部开发新网络武器系统，保护美国免遭敌对政府的黑客攻击。

2019年，随着相关国家网络空间政策的调整以及网络军事力量建设的加速，网络空间争夺将掀起新高潮。

3. 国际社会共同面临网络安全挑战

以通信技术为代表的新一轮科技革命方兴未艾。一些可见的安全威胁如网络恐怖主义和网络犯罪还会借助快速发展的新技术发起新的挑战，人工智能、推荐算法、人物画像等新技术和新应用带来的风险未知远远大于已知。各国面临的网络安全风险和威胁将不断涌现，具有高度的复杂性和不确定性。当网络空间的内涵无限扩大、边界无限延展时，如何应对全球性的网络安全风险成为国际社会面临的共同挑战，而处于信息革命前沿的大国则会更早地感受到切肤之痛，这是大国合作建立网络空间秩序的现实需要。然而，从目前的走势来看，大国间关系的竞争面仍然在扩大，合作面的进展将会面临较大的阻力。

首先，围绕通信技术展开的科技战有愈演愈烈之势。在新一轮的数字革命浪潮中，通信技术水平作为综合国力的重要组成部分，将在很大程度上决定着大国实力的兴衰和其在国际格局中的位置。

其次，信息战在大国博弈中的重要性将持续上升。信息的互通是互联网价值的重要体现，但它同时可以成为国家实现其战略目标的重要手段。2017年，"假新闻"（fake news）入选《柯林斯词典》年度热词，假新闻同样成为大国关系中的一把双刃剑，既能伤人又可伤己。俄罗斯既被指责通过散播假新闻干预美国总统大选，又饱受其害，提议在联合国制定打击假新闻的战略；特朗普被认为是假新闻的受益者，但他同样认为自己是假新闻的受害者。2018年6月，美军推出"信息战备战宝典"，对以色列、北约、加拿大、德国、中国等12个国家和组织在信息环境中的优势与特点进行了分析，认为从多个能力领域全面来看，对手和潜在对手中，中国和俄罗斯的实力是最强大的，美军应优先开展和充分利用与信息有关的活动，提升信息传播的程序化和标准化水平，将信息力量视为联合武器的一部分。随着各国信息化进程的推进，为夺取和保持信息获取权、控制权和使用权的信息战将会比网络战时代更早到来。

最后，建立网络空间国际秩序和国际规则的博弈将进一步深化。2018年5月，兰德公司推出了《中国与国际秩序》报告，认为考虑到中国的影响力日益扩大，一个日益强化的多边国际秩序可为美国和其他国家制约中国崛起提供重要的工具。8月，兰德公司政策分析师阿里·温尼（Ali Wyne）在兰德网站发表署名文章，认为当下的国际秩序具有复杂多变性，呼吁建立新的国际秩序，以保持世界范围内各方势力的平衡。网络空间作为一个新兴的空间，其国际秩序的确立既会受到现实空间国际秩序变革的影响，也会具有网络空间分布式结构的独特属性，因而更加复杂和困难。可以预见，网络空间国际秩序的形成将会是一个长期而艰难的过程，而国际规范的制定会遵循由易到难的逻辑逐渐由双边、诸边向多边推进，其中，大国发挥着关键性的作用，特别是大国博弈态势将会直接关系网络空间国际秩序的构建。

二、发展趋势

（一）各国政策趋于以技术创新获取经济发展动力

国家政策是推动产业发展的有力工具，在世界经济形势低迷之时，全球各国政府的政策开始趋于同一目标，即以技术创新获取产业发展动力，以加大财政投入鼓励产业转型升级。发达国家的政策目的多在于希望继续保持其全球领先优势，新兴市场经济体和其他发展中国家则想通过创新来驱动本国产业腾飞，尽可能在更多的技术领域掌握发展主动权。

1. 美国布局高端新型电子信息产业政策

美国在冷战时代结束后将竞争的焦点由军事对抗转移到经济和科技领域上来，为维护其全球霸主地位，美国率先提出了"信息高速公路计划"等，并相应地颁布了大量前瞻性和战略性的高端新型电子信息产业政策，这些政策对美国信息基础设施的建设和信息技术的快速发展起重要作用，促使该国在芯片制造、计算机及网络设备、操作系统、互联网应用等方面形成较强的核心竞争力。

而在近几年，美国政府继续推行以占领全球技术制高点为目的的政策法规，通过加大对高端新型电子信息产业研发的资助力度和推行优越的人才政策激发该国的电子信息技术研发活动。

2. 欧盟及其成员国鼓励信息产业发展

丹麦早在 1996 年就出台《2000 年信息社会计划》规划信息内容产业发展，2000 年以后欧盟制定了《电子欧洲 2002 行动计划》等政策措施促进信息内容产业发展，近年来欧盟又相继出台了一系列高端新型电子信息产业的政策。

在成员国方面，近年来德国作为欧洲经济发展的火车头在电子信息产业方面的政策推出力度明显高于其他成员国。德国颁布的《德国 2020 高技术战略》重点关注 5 个领域：气候、保健、机动性、安全性和通信。在通信领域将重点支持通信网的有效保护、互联网的节能、全球知识的数字化普及等。

3. 日本推行"技术立国"理念

日本在第二次世界大战后推行的"技术立国"理念驱动经济迅速崛起。为充分开发和利用信息资源，发展信息技术和扶植信息产业，截至 21 世纪前十年，日本制定了多个促进电子信息产业发展的法律法规，这些政策使得在 21 世纪初日本国内的电子信息产业销售规模上升为汽车产业的一半，达到钢铁行业的两倍多，整个高端新型电子信息产业在带动经济高速增长方面发挥了重要作用。

4. 韩国助推高端新型电子信息产业提升

21 世纪初，韩国的平板显示产业占据全球重要席位，半导体产业也得到长足发展，两大产业助推了该国的高端新型电子信息产业迅速提升。近年来，为保持国家电子信息产业在亚洲的优势，韩国出台了若干有力措施。韩国颁布的《IT 产业飞跃 2020》设定了三大政策方向：一是加强信息技术产业的活跃度；二是再次提高整个产业增长活力；三是扩大创意增长基础。《IT 产业飞跃 2020》同时设定了十大议程：一是提高半导体等主要信息技术产业的国际竞争力；二是扶持三维（3-dimension，3D）、发光二极管（light emitting diode，LED）等具备潜力的新兴产业；三是把软件产业培育成智能信息技术的核心动力；四是通过融合信息技术扩大知识经济；五是建立智能电网等低碳绿色经济；六是发展"u 健康"等实现工作和生活相协调的福利经济；七是培育创意信息技术人才；八是加强满足未来需要的创意研发；九是建立由具备未来需求发展潜力的中小企业组成的良性信息技术产业链；十是把信息技术产业培育成韩国的外交产业。

（二）新一代信息技术成为国际竞争制胜利器

云计算、大数据、物联网、移动互联网、人工智能等新一代信息技术快速演进，引领产业发展新变革。云计算、大数据的发展将引发计算架构的变化，新结构、新工艺、新材料孕育巨大变革，商业模式创新也成为发展的关键力量。新一代信息技术已经成为国际竞争新高地或制胜利器，单点技术和单一产品的创新正加速向多技术融合互动的系统化、集成化创新转变；同时，当前信息技术、生物技术、新能源技术、新材料技术等交叉融合正在引发新一轮科技革命和产业变革。

第二节 经济维度

一、发展现状

（一）全球经济增长势头减弱，不确定性高

1. 全球经济持续增长，贸易争端给全球经济蒙上阴影

全球经济继续扩张，但一些经济体 2018 年第三季度的增长弱于预期。一些特定的因素（德国实行新的燃料排放标准，日本发生自然灾害）对一些大型经济体的经济活动造成不利影响。但这些变化是在金融市场情绪减弱、贸易政策不明朗的背景下发生的。

高频数据显示，全球经济 2018 年第四季度增长势头减弱。除美国外，其他国家的工业生产已减速，特别是资本品生产。全球贸易增长率下降到远低于 2017 年平均值的水平。因为提高关税之前的大量进口以及新产品发布后的技术出口增加可能推升总体数字，所以真正的潜在动力甚至可能弱于数据显示的水平。与这种理解相一致，采购经理人指数（特别是新订单类）显示未来经济活动预期没有那么强劲。

2. 大宗商品和通货膨胀

原油价格自 2018 年 8 月以来波动不定，反映了供给方面的影响，包括美国对伊朗石油出口的政策。2019 年 1 月初，原油价格为 55 美元/桶左右。金属和农业大宗商品的价格自 2018 年 8 月以来略有下降。发达经济体的消费者价格通货膨胀 2019 年初仍然普遍受到抑制。但在美国，经济增长继续超过趋势水平，通货膨胀已小幅上升。在新兴市场经济体，随石油价格下跌，通货膨胀压力缓解。但其中一些经济体的通货膨胀压力的缓解在一定程度上被货币贬值的传导效应抵消。

发达经济体的金融状况自 2018 年秋季以来已经收紧。在贸易紧张局势升级、全球经济增长预计放缓的环境下，对收益前景的乐观情绪减弱，股票价格（在一些国家已经过高）随之回落。接近年底时，对美国政府"关门"的担忧进一步影响了金融部门的情绪。主要国家的中央银行也采取了更谨慎的方法。与早先沟通的信息相一致，欧洲中央银行 2018 年 12 月结束了净资产购买，但也证实货币政策将保持足够宽松，至少在 2019 年夏季之前不提高政策利率，并在第一次加息之后较长时间内还将继续对到期证券全额再投资。避险情绪增强，加上对增长前景

的看法恶化，以及政策预期的变化，导致主权债券收益率下降，特别是美国、德国和英国的国债。在欧元区经济体，意大利与欧盟的预算僵局得到化解，使其主权债券利差从2018年10月中旬的峰值降下来，但截至2019年1月7日，仍处在270个基点的高水平。其他欧元区经济体的利差在此期间内大体保持不变。除主权证券外，美国公司债券的信用利差扩大，反映了乐观情绪的减弱以及油价下跌引起的对石油部门的担忧。

新兴市场经济体的金融状况自2018年秋季以来略有收紧，各国特定因素导致其情况存在很大差异。在贸易紧张局势加剧和避险情绪增强的环境下，新兴市场经济体股票指数在这一期间遭到抛售。之前的石油价格上涨以及一些国家产出缺口闭合或货币贬值带来的传导效应都对通货膨胀产生影响，这方面的担忧使许多新兴市场经济体（智利、印度尼西亚、墨西哥、菲律宾、俄罗斯、南非、泰国）的中央银行自2018年秋季以来提高了政策利率。相反，中国和印度的中央银行保持政策利率不变，并采取措施放松国内融资条件（分别通过下调银行法定准备金率和向非银行金融公司提供流动性）。截至2019年1月，除了某些重要的例外情况（如墨西哥、巴基斯坦），新兴市场经济体政府本币长期债券的收益率普遍低于2018年8~9月的水平。外币主权信用利差在多数国家有所扩大，在一些市场经济体则大幅上升。

3. 资本流动和汇率

随着投资者普遍减少风险资产敞口，新兴市场经济体在2018年第三季度经历了净资本外流。截至2019年1月初，美元实际有效汇率相对于2018年9月大体保持不变，欧元因经济增长放缓和对意大利的担忧而贬值了2%，英镑因英国退出欧盟相关不确定性增加而贬值了2%左右。相反，避险情绪的增强促使日元升值了约3%。一些新兴市场经济体的货币（包括新土耳其里拉、阿根廷比索、巴西雷亚尔、南非兰特、印度卢比和印度尼西亚卢比）的汇率自2018年8~9月跌至当年最低水平之后，已经回升。

2018年下半年的经济疲弱延续到今后几个季度，全球经济之所以呈现这种增长趋势，是因为发达经济体的增长率从高于趋势的水平持续下降（下降速度快于先前的预期），并且新兴市场和发展中经济体2019年增长率暂时下降，反映了阿根廷和土耳其的经济收缩以及贸易措施对中国和其他亚洲经济体产生的影响。

（二）全球经济不确定性因素加剧，信息产业持续复苏

1. 电子产品产销保持较快增长

2017年，信息技术产业对经济社会转型发展的基础性驱动作用持续释放，

美国、日本、欧盟、中国等主要经济体均出台一系列促进政策，进一步加快布局新兴技术研发和产业化，抢占技术变革先机，推动产业发展。在人工智能、物联网、大数据等革新技术推动下，智能化应用场景迅速拓展，新兴市场需求持续增长，带动产业与技术创新不断涌现。在发达经济体普遍复苏、新兴经济体快速增长的双重带动下，2017 年世界电子信息产品产销值均保持较快增长态势，新兴市场经济体经济的高速增长表明其仍是世界电子信息产业增长的重要推动力。

2017 年，全球经济继续保持低速增长态势，增长率略有提升，经济增长依然面临不确定性因素的影响，复苏尚不明朗。美国、日本、欧盟等发达经济体总体回暖，发展中经济体保持较快增长速度，是推动全球增长的重要力量。2017 年，世界电子信息产品制造业持续复苏，在 2016 年略有增长的基础上，增长率提升 2.95 个百分点，产销值均保持较快增长态势。2017 年，世界电子信息产品产值达到 17911.37 亿美元，同比增长 4.02%，销售额达到 17561.39 亿美元，同比增长 3.03%，与 2014 年相比，产销值恢复较高增长率，复苏形势整体向好。

2. 信息技术服务市场规模持续增长

进入 21 世纪，信息技术已逐渐成为推动国民经济发展和促进全社会生产效率提升的强大动力，信息产业作为关系国民经济和社会发展全局的基础性、战略性、先导性产业受到了越来越多国家和地区的重视。

随着应用程度的不断提升，信息技术服务与企业生态链的结合越来越紧密，对提高运营效率、改进管理方式的重要作用越发凸显，对企业用户长期发展的战略价值也在不断扩大。不断增长的用户需求直接带动了信息技术服务行业的发展，其市场规模持续扩大。

2019 年全球信息技术支出为 3.76 万亿美元，比 2018 年增长 3.2%。支出正从手机、个人电脑和现场数据中心基础设施等饱和领域转向云服务和物联网设备领域，特别是物联网设备领域。

随着向云计算（信息技术支出的关键驱动因素）的转移，企业软件将继续呈现强劲增长。各组织增加企业应用软件的支出，更多预算将转向软件即服务（software as a service，SaaS）。

（三）数字经济范式全方位塑造全球经济新蓝图

数字经济是新一代信息技术，孕育全新商业模式和经济范式，以及对传统经济渗透和升级。数字经济在全世界范围的发展速度令人瞩目，在不同国家和地区探索出多种发展路径与模式。数字经济在部分国家已经从"餐前小菜"升级为"主菜",从底层对原有经济体系进行深刻变革。

随着云计算、大数据、物联网、人工智能、下一代移动网络技术的逐步成熟和应用,以数据的深度挖掘和融合应用为主要特征的智慧化将成为未来数字化的主要标志。新一代信息技术在经济社会领域的渗透日益深入,未来经济发展的技术延展性不断增强,商业、产业、企业活动的边界不断拓展。根植于新技术群落的全新经济系统——数字经济跃上历史舞台。

数字经济基于新一代信息技术,孕育全新的商业模式和经济范式,不仅是对原有经济体系的补充和融合,更是从底层进行深刻变革,重塑全球经济图景。

数字经济将从三方面重塑全球经济。

1. 创造新需求

在数字经济时代,消费者的作用空前凸显。数字化的消费者是数字经济的核心要素——数据的生产者。数据承载了消费者的行为、态度、需求,数据挖掘能够发现之前被隐藏的需求,甚至做到"比消费者更了解自己",开辟出巨大的新市场。据测算,中国消费者每100元的互联网消费中有39%属于新增消费。如果没有互联网零售,这部分新增消费是不存在的。

2. 创造新供给

互联网、大数据和云计算代表了新的生产力要素,塑造了新的生产关系,并且不可逆转地从底层驱动制度和商业创新,而这所有的基础设施和制度安排构成了新商业供给。数字经济的新供给具有普惠和包容的特性,使用颠覆式技术手段解决了过去中小企业面临的资本、人才等瓶颈问题。

3. 创造全球大市场

数字经济已经具备技术手段去实现人类千年以来的"全球大市场"梦想。通过互联网推进全球普惠贸易,建设数字商业基础设施,已成全球共识。中国提出的电子世界贸易平台(Electronic World Trade Platform,eWTP)作为一种全新的"全球大市场"尝试,被写入二十国集团(Group 20,G20)领导人杭州峰会公报,并受到包括世界贸易组织、世界经济论坛在内的众多国际组织和外国领导人的支持和参与。2017年11月,eWTP倡议下的首个eHub在马来西亚正式启动。eHub将为马来西亚中小微企业提供电子商务、物流、云计算、移动支付和人才培训等基础设施服务。同时,eWTP与世界贸易组织、世界经济论坛共同提出了"赋能电子商务"(Enabling E-commerce)合作。

（四）跨界融合与数据驱动成为经济创新发展的新动力

1. 数字经济与传统产业的融合带来诸多价值

数字化转型的广泛应用将给传统产业发展带来诸多益处。其中包括：使信息技术系统快速迭代，提升业务敏捷度；优化生产过程，提高生产效率；延伸产业链长度，扩展服务环节，为传统产业带来众多价值。

传统产业中，工业与服务业的关联有限，产品销售后，除简单的售后外，产品的生命周期基本结束。造成这种产业间断层的主要原因在于不同产业间的数据孤岛，数据的隔绝直接导致业务的隔绝。而数字化转型则意味着打通产业壁垒，推动数据流动。向产业链上游延伸，可以追溯产品的生产源头，通过区块链、物联网等手段，可以追溯农产品的原产地、上游配件的供应商。这些数据对于产品评估、升级把控，以及供应链管理至关重要，有利于资源的合理配置，避免供应链断裂和供应链风险等问题。向产业链下游延伸，可以将工业与服务业对接。利用物联网、大数据、互联网和智能终端等设备，直接获取用户对产品的反馈信息，一方面可以接入金融产品，推动产品的销售，另一方面可以增加产品后续的服务内容，提升产品价值。

21世纪，随着计算机和互联网技术的迅速发展，数字化资产越来越重要。通过互联网技术快速高效地为客户提供定制化的产品和服务，借助销售管理系统和制造管理系统实现定制产品订单的生成、排产、制造和精度跟踪，这些都离不开产品研发、制造、服务的数字化。

2. 数字经济逐渐成为全球经济增长新动能

在全球经济增长乏力的背景下，数字经济快速发展并产生巨大活力，数字经济正在成为全球经济增长的新动能。近年来，数字经济实现了乘数效应的增长，2005年数字经济占全球生产总值的15%，2015年为22%，2020年达到25%。数据流动对全球经济增长的贡献已经超过传统的跨国贸易和投资，基于数据的商品和服务的全球化趋势在最近10年全球化发展历程中得到显著体现，不仅支撑起商品、服务、资本、人才等所有类型的全球化活动，而且发挥着越来越独立的作用。

数字经济的基本特征是数字技术被广泛使用并由此带来经济环境和经济活动的根本改变，现代信息网络成为经济活动的重要空间，数字技术革命成为优化经济结构和促进经济增长的重要驱动力。

第一，数字经济的快速发展给全球软件和信息服务业带来巨大机遇。全球数字经济高速增长、快速创新，并广泛渗透到其他经济领域，深刻改变世界经济的发展动力、发展方式。随着互联网和移动用户的增长，全球电子商务高速发展，根据互联网统计公司（Statista）的报告，全球零售类电子商务2013年的销售额为8398亿美元，2015年增长至1.55万亿美元，年均增幅高达35.9%。未来，数字经济发展的重点将是以软件技术及通信技术为基础，通过物联网将所有数字化产品和服务连接起来，运用云技术实现对整个社会、全领域的数字化管理，形成数字家庭、数字城市、数字国家。数字经济的快速发展给软件服务业带来巨大发展机遇，软件服务业推动数字技术向纵深发展，深刻改变全球经济发展格局。

第二，人类社会已经从个人计算机（personal computer，PC）时代迈入云时代，数字技术革命催生的新业态、新模式成为加速全球软件业持续增长的新动力。物联网、移动互联网、大数据、云计算、人工智能、虚拟现实等数字技术加快应用，创新活力、集聚效应和应用潜能快速释放，众创、众包、众筹等新业态快速发展，云计算、物联网、移动互联网将带动全球软件业进入新一轮增长周期。高德纳咨询公司（Gartner）的研究报告显示，全球公有云市场规模从2010年的683亿美元增长至2016年的2092亿美元，年均增长率高达20.51%；2017~2020年市场规模增长率维持在15%以上。

基于数字经济重要性的认识，世界银行、OECD、世界贸易组织、G20等国际组织也对数字经济发展表现出极大关注，发布了多项研究报告，将数字经济视为全球经济复苏和经济发展的新动能。美国、欧盟、英国、澳大利亚等许多国家和地区已经将发展数字经济作为优先事项，出台数字经济发展战略、数字议程等推动数字经济的发展。

二、发展趋势

（一）5G+人工智能将开启重大产业周期

5G和人工智能都是能够改变时代的颠覆性技术。目前，5G网络标准已经完成，5G产业处在商用冲刺阶段；第四次科技革命是继蒸汽技术革命、电力技术革命、计算机及信息技术革命之后的又一次科技革命，而人工智能是第四次科技革命的重要推动技术。

众所周知，人工智能和5G这两场革命将分别建立起各自的庞大产业圈，带来巨大的经济和社会效应。数据驱动的未来，人工智能、自动驾驶、5G等都是最具颠覆性的机遇，正在加速突破与落地，迎接人类社会面临的诸多重大挑战，并铺就通向智能世界的道路。科技正在用更快的速度改变我们的生活，随着5G和人工智能技术的发展，更大的变化即将到来。单独看5G或人工智能技术，它们的发展都面临重重挑战，但当 5G 与人工智能这两大颠覆性技术深度融合时，将开启产业巨变。

5G 网络作为基础设施，从为人服务转变成同时为物服务，存在重大技术突破。人工智能技术是基本使能技术，几乎在每一个领域都可以找到人工智能的应用，在 5G 领域同样如此。

不同于过去从第二代移动通信技术（2nd-generation，2G）到 4G 时代重点关注移动性和传输速率，5G 不仅要考虑增强宽带，还要考虑万物互联、未来需求多样化、关键技术多样化、演进路径多样化等多个维度。5G 需求也变得多样化，技术和演进路径自然也复杂了很多倍。

当前运营商网络复杂度越来越高，数据的流量呈爆炸性增长。因为网络复杂度增加，运维、网络建设成本都大大增加了，所以现有的网络设备没办法满足用户的数据爆炸需求。5G 不仅连接人与人，而且连接物与物，现有的网络维护和管理方式还是人工干预的方式，已经没有办法适应 5G 时代网络的需求。

因此，5G 需要"自能"化的管理。自主进行连接路径选择、自动进行网络连接健康状态分析，甚至对已知故障自己进行修复等。利用人工智能的自主学习、数据分析等技术特长，赋予 5G "自主""自能"的能力。

5G 从边缘到云端的连接是迄今最理想的连接。5G 连接将决策、规划部分放到云端处理，从边缘端到云端加倍赋能，让人工智能算法有能力提取出相应的关联并提升个体能力；个体能力得到提升之后，通过 5G 网络和云端大脑，能力将快速分发给其他个体。

也就是说，人工智能与 5G 结合之后，机器将产生类似群体智慧的能力，给整个社会带来价值，也将催生网络本身自适应能力，这是一个互促式、螺旋式发展的新机会。

5G 是万物互联的基石，人工智能是万物互联的助推器。二者作为新时代的生产力，将带来整个社会生产方式的改变和生产力的提升。两者结合，互相作用。人工智能将使能于 5G，优化 5G 网络，推动 5G 落地。具备人工智能属性的 5G 网络是自能的网络。5G 同样是使能技术，改变生产方式、改变社会生活，让人工智能无处不在。5G 作为新的基础网络设施，不单为人服务，还为物服务、为社会服务。5G 的连接能力将推动万物智能互联。

（二）新一代信息技术将不断深化与传统产业融合

传统产业数字化转型成为全球软件市场需求持续扩大的重要动力。全球软件业保持较快增长态势，软件支出和软件出口的增长速度高于互联网技术（信息技术）设备和信息技术服务。根据 Gartner 的研究数据，2017 年全球信息技术与软件支出增长 2.9%，其中软件支出 3570 亿美元，增长率为 7.2%。大数据、云计算、移动物联网等为代表的数字技术与传统的农业、工业、建筑业、服务业以前所未有的广度和深度交汇融合，人工智能、虚拟现实、区块链等前沿技术正加速与制造、生物、能源、金融等融合，传统产业正在实现网络化连接、数字化转型、融合化发展。全球服务分工网络体系的迅猛发展使得软件和信息技术服务渗透到生产的每一个环节，整合协调全球化生产的各个方面。

第三节 社会维度

一、发展现状

（一）信息化成为国家治理体系和治理能力现代化的关键路径

以信息化推进政府职能转变和管理服务创新，成为促进信息时代国家治理体系和治理能力现代化的重要途径。在信息时代，信息逐渐成为最重要的生产要素。信息技术及其应用已经渗透到政治、经济、社会的各个方面，信息化应该而且已经成为发展、改革、稳定的重要基石。

经济上，以信息产业为主导，以信息产品的生产和信息服务为主体的新的经济模式（数字经济）正在成为经济转型的新动力。

技术上，信息技术已经成为创新驱动拉动全面创新的核心技术领域，信息技术领域是当前全球创新最活跃、带动性最强、渗透性最广的领域。

国际上，信息化已经成为国家博弈的核心议题。全球电子政务持续发展，电子政务发展指数（e-government development index，EGDI）达到"非常高"与"高"水平的国家数量均有所增加，但各区域发展趋势仍未改变，区域间数字鸿沟依然存在。在线服务提供水平不断提高、政府数据开放程度进一步深化、移动服务供给持续优化是目前全球电子政务发展的趋势与特点。

1. 全球电子政务发展现状

自 2001 年联合国首次尝试对电子政务进行标杆分析以来，电子政务在过去 20 多年实现了飞速发展。2018 年调查报告结果凸显了电子政务在全球持续朝着更高水平发展的积极态势。EGDI 是电子政务三个最重要方面的标准化分数的算术平均数。这三个方面分别是在线服务的范围及质量（在线服务指数，online service index，OSI）、电信基础设施的发展状况（电信基础设施指数，telecom infrastructure index，TII）以及固有人力资本（人力资本指数，human capital index，HCI）。每个指数都是一个综合性指标，以 0～1 的数值来表示具体得分。

按照 EGDI 的高低，将全球 193 个联合国成员国分为四个组别，分别是"非常高"EGDI、"高"EGDI、"中"EGDI 和"低"EGDI。图 1-1 显示了 2016 年与 2018 年不同 EGDI 组别内国家的数量与所占的比例。"非常高"EGDI 组别 2016 年有 29 个国家，占比为 15%，2018 年提高至 40 个国家，占比为 21%；"高"EGDI 组别 2016 年有 65 个国家，占比为 34%，2018 年提高至 71 个国家，占比为 37%；"中"EGDI 组别 2016 年有 67 个国家，占比为 35%，2018 年有 66 个国家，占比为 34%；"低"EGDI 组别 2016 年有 32 个国家，占比为 16%，2018 年降低至 16 个国家，占比为 8%。

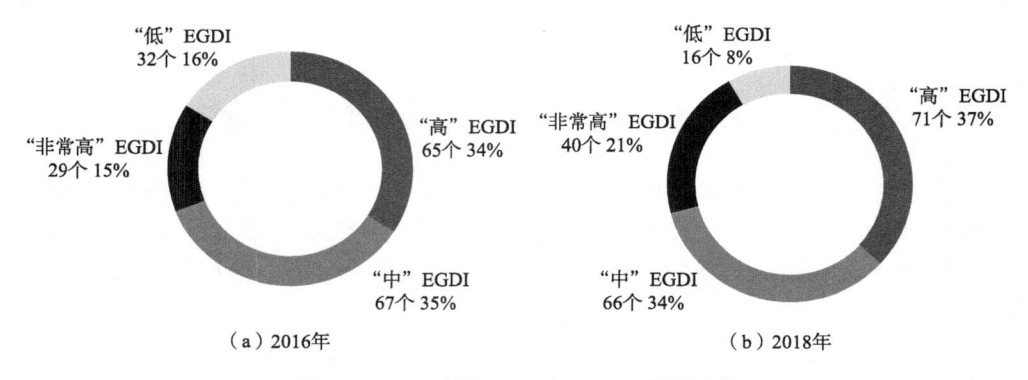

图 1-1　2016 年与 2018 年 EGDI 组别对比
资料来源：联合国电子政务调查报告（2018）

从图 1-1 中可看出，2018 年有 40 个国家达到了"非常高"的 EGDI，即 EGDI 为 0.75～1.00，相比之下，2003 年只有 10 个国家达到这一水平。总体来看，2018 年区域 EGDI 与以往调查情况类似。2018 年，欧洲（0.7727）仍凭借最高的区域 EGDI 保持领先地位，其后分别是美洲（0.5898）、亚洲（0.5779）、大洋洲（0.4611），最后是非洲（0.3423）。审视以往趋势可知，自 2003 年以来区域 EGDI 位次未曾改变过。虽然很多国家都在技术领域进行了投资并取得了进步，但是电子政务鸿沟和数字鸿沟仍然存在。16 个获得"低"EGDI 的国家都是非洲国家，同时是最不发达国家。这些国家未来数字鸿沟极有可能会进一步加深。

电子政务高发展水平国家不断增多的同时，电子政务低发展水平国家不断减少。这得益于各组成部分指数的不断提高，全球 EGDI 均值从 2014 年的 0.47 升至 2018 年的 0.55。值得注意的是，OSI 均值的增长速度最快，从 2014 年的 0.39 增加到 2018 年的 0.57，增长 46%。2014 年以来，193 个联合国成员国都提供了不同形式的在线服务。这表明各国都在稳步改善电子政务以及公共服务的在线提供。

2. 全球电子政务发展的趋势与特点

1）在线服务提供水平不断提高

OSI 用于衡量政府使用通信技术在全国范围内提供公共服务的情况。从全球来看，在线服务提供方面的进步与 EGDI 的整体提高呈正相关，62%的联合国成员国的 EGDI 与 OSI 相符。193 个联合国成员国都有国家门户网站和后端系统，自动开展核心行政管理任务，改善了公共服务的获取方式，提高了政务透明度，完善了问责制。

一是事务性在线服务增多。2018 年，三项最常用的事务性在线服务是支付公用事业费（140 个国家提供）、提交所得税（139 个国家提供）以及登记注册新公司（126 个国家提供）。2018 年排在前三位的新增事务性在线服务是申请土地所有权登记（129 个国家提供）、提交增值税（121 个国家提供）和申领营业执照（104 个国家提供）。2014~2018 年，公民可在线申领出生证的国家的数量显著增加，从 2016 年的 44 个增加到 2018 年的 86 个，几乎翻了一番。但这也只占联合国成员国总数的 45%。此外，许多较贫穷的国家仍无法提供这项服务。

二是政府部门在线服务分布更广泛。各政府部门都在继续采用信息技术收集、存储、分析和分享信息。2018 年调查显示，提供在线服务的国家中，除环境部门外，其他所有部门通过电子邮件、短信服务（short message service，SMS）/丰富站点摘要（rich site summary，RSS）推送更新、移动应用程序（application，App）等形式提供的在线服务都有所增加。例如，2018 年，176 个国家的教育部门在线提供归档信息，而 2016 年只有 154 个；2018 年，70 个国家的医疗部门提供移动应用程序和 SMS，而 2016 年只有 65 个。

三是针对弱势群体的专门服务更普遍。2018 年调查发现了一个积极的发展趋势，那就是越来越多的国家开始专门提供针对弱势群体的在线服务。2016 年以来，向落后地区人口提供专门在线服务的国家的数量增长了近两倍，向青年、妇女、移民、难民、老年人和残疾人提供专门在线服务的国家的数量也几乎翻了一番。具体来说，2018 年，144 个国家提供了面向青年的专门在线服务，而 2016 年只有 88 个；2018 年，135 个国家提供了面向妇女的专门在线服务，而 2016 年只有 61 个；2018 年，126 个国家提供了面向移民的专门在线服务，而 2016 年只有 72 个；提供面向老年人和残疾人的专门在线服务的国家分别从 2016 年的 64 个和 66 个均增加到 2018 年的 128 个。

四是可持续发展的政府治理更完善。2018 年调查通过评估各政府平台及其在线服务，分析了各国政府为改善问责制、有效性、包容性、公开性和透明度所做的努力，这一评估有助于强化可持续发展的治理原则。总体而言，"非常高" EGDI 的国家普遍提供了符合治理原则的、最全面的政府网站和在线服务，"低" EGDI

的国家大都无法兼顾问责制、有效性、包容性、公开性和透明度的在线服务。公开、透明和具有问责制的政府的表现之一是提供参加电子采购和公开竞标流程的公共机制，包括提供电子采购平台、电子采购流程和竞标结果的公共通告，以及监督和评价电子采购合同的在线机制。调查显示，2018年，130个国家建立了电子采购平台，而2016年仅有98个；2018年，超过2/3的联合国成员国发布在线公共通告和竞标结果，59%的联合国成员国提供有关监督和评价公共采购合同的信息，而2016年提供此类服务的国家只占联合国成员国的40%。另外，越来越多的国家开始向公众提供可针对公务员不道德行为或腐败事件进行在线报案的服务、政府职位空缺和公职部门招聘信息发布的服务以及针对公共服务的质量提出反馈意见或投诉的服务。

2）政府数据开放程度进一步深化

一是开放式政府数据（open government data，OGD）门户网站的数量增加。OGD可显著提高政务透明度，进而加强政府和公共机构问责制与信任度建设。公开的和可重复使用的数据促进了公共、私营和民间社会部门之间的协作，有助于改善服务供给，如教育、医疗卫生、环境、社会保障、社会福利以及金融等方面。许多国家都有专门的网站用于开放、共享数据，通常称为OGD门户网站。另外，也有很多国家设立了OGD目录，列示了所有公众可获取的数据集，并按不同主题分类，如环境、公共支出、医疗卫生等。

2018年调查追踪了各国通过政府网站、OGD门户网站和OGD目录向公众提供开放数据的进展情况。拥有OGD门户网站的国家达到139个，占联合国成员国的72%，与2014年的46个国家和2016年的106个国家相比，进步显著。此外，84%的OGD门户网站还提供了目录或元数据库，并描述了数据的概念、方法和结构。

二是OGD门户网站的功能提升。全球范围内，OGD门户网站数量不断增加的同时，OGD门户网站的功能也在不断提升。提供了数据集的使用与导航指南，鼓励用户获取新的数据集、发起编程马拉松活动，促进用户使用公开数据编写网络应用。鉴于2016年只有24%~50%的国家提供此类功能，这一趋势可谓发展迅猛，振奋人心。

当信息以机读格式发布，在被用户获取时不存在法律障碍，并且信息可免费以普遍的或开放式的标准文件格式获得时，即可视为开放式数据。将数据以人读和机读形式公开是促进OGD得到广泛利用的重要因素。与2016年相比，越来越多的政府网站开始提供分部门的具体信息，教育、医疗卫生、社会福利、劳动和环境等部门机读数据集均有所增长。

3）移动服务供给持续优化

随着移动宽带覆盖面、移动数据流的不断扩大以及全球智能手机用户的增加，各国政府都在积极地根据移动平台的需求调整电子政务服务,以便实现在任何时间、任何地点都能提供公共服务。

一是手机与宽带用户大量增加。移动服务的增加与手机用户数量的增加、固定宽带和无线宽带的逐渐普及有关。2016~2018年,各区域的固定宽带的可获得性和用户数量都平均增加了1%~2%。以100人为单位来看,非洲的用户从1.2人增至2.16人;亚洲的用户从8.68人增至9.51人;美洲的用户从11.03人增至12.31人;欧洲的用户从28.31人增至30.42人;大洋洲的用户从6.94人增至7.14人。2016~2018年,各区域的无线宽带用户数量均显著增加。非洲每100人的用户数量从10.75人增至28.62人,即便该区域仍处于全球的末位。亚洲和美洲的用户数量增幅均超过一倍,其每100人的用户数量分别达到68.15人和48.74人。大洋洲的用户数量仅实现小幅增长,即从27.74人增至31.56人。欧洲2018年每100人的用户数量高达80.45人,处于全球最高水平。

二是移动服务供给方式、途径多样化。2018年,193个联合国成员国中通过电子邮件或RSS推送提供更新信息的国家和各国的政府部门的数量均有所增加。在提供移动服务或应用程序的国家中的不同政府部门里,教育部门的占比最高,达到46%,之后分别是就业部门(38%)、医疗卫生和环境部门(36%)、社会保障部门(33%)。各国政府开始越来越多地使用电子邮件、RSS、移动应用程序和SMS,这表明它们致力于用科技造福所有人。移动应用程序和SMS的获取途径也显著增加,有88个国家提供此类服务,而2016年只有58个。

(二)建设智慧社会成为世界各国的发展目标与重要实践

党的十九大报告中,习近平总书记在谈到"加快建设创新型国家"时,将"智慧社会"作为建设创新型国家的重要组成部分[①]。同时,在全球范围内,"智慧社会"建设也已全面展开。

在探讨智慧社会之前,不得不提智慧城市。两者虽然都由科技驱动,但在构成要素、运行机制、系统协同上有着明显不同。

智慧城市是信息化、工业化和城镇化融合的产物,是用信息和科技手段解决城市发展过程中所遇到的交通拥堵、环境污染、要素资源紧张等"城市病"的重要举措。

智慧城市概念最早由IBM公司于21世纪初提出,其主旨是希望能够充分运用通信技术感测、分析、整合城市运行核心系统的各项关键信息,从而对于包括

---

① 习近平:决胜全面建成小康社会 夺取新时代中国特色社会主义伟大胜利——在中国共产党第十九次全国代表大会上的报告. http://www.gov.cn/zhuanti/2017-10/27/content_5234876.htm.

民生、环保、公共安全、城市服务、工商业活动在内的各种需求做出智能的响应，为人类创造更美好的城市生活。

自近年智慧城市的理念提出以来，全球关于智慧城市的发展已从概念和模型阶段全面进入规划和建设阶段，总体呈现以下特点：一是智慧城市的建设竞赛全面展开。全球在建的智慧城市超过 100 个，其中欧洲和亚洲是智慧城市开展较为积极的地区。二是智慧城市建设成效开始显露，对于经济的拉动作用已经初步呈现。作为智慧城市发展的技术基础，数字经济行业是智慧城市最直接得益者，全球对于智慧城市基础设施的巨额投资已推动全球宽带速度在过去几年增长了约 50%。三是智慧城市目标导向呈现多元化特征。智慧城市的建设被纳入国家或地区的长期战略，围绕智慧城市建设，许多城市政府给予目标导向，提出诸多国际合作、人才培养等政策。四是智慧城市建设的有关评价指标体系不断完善。

智慧城市的关键在于主动驾驭先进通信技术在城市的广泛运用，借助新一代的感知（物联网）、大数据处理（云计算）、人工智能（决策分析优化）等信息技术，将人、商业、运输、通信、水和能源等城市运行核心系统整合起来，以一种更智慧的方式运行。

智慧社会概念的提出不仅是对智慧城市外延的扩充和内涵的提升，更是从顶层设计的角度为经济发展、公共服务、社会治理提出全新的要求和目标。

首先，从覆盖范围来看，智慧社会涵盖范围更广。智慧城市选择的切入点是以城市为核心，其运行的重要载体和平台均是城市。一方面是城市面临的问题突出；另一方面是在城市建设智慧服务具有更高的经济性。

未来，"智慧"的生产、生活、服务不仅解决城市所需，也将在农业、农村的现代化中发挥重要作用，智慧乡村、智慧农业不仅有利于提升农村的生产、生活效率，也将对建立健全城乡融合发展体制机制发挥重要作用。

其次，从运行机制来看，智慧社会侧重多中心的创新系统驱动。相较智慧城市致力于打造的政府、企业、居民的互动机制，智慧社会强调在科技支撑下的创新系统协同。生产、生活、治理、服务将更有机地形成一个整体。某种程度上，智慧社会是在政府提供智慧平台、标准的基础上，由企业、机构、居民共同打造智慧政府、智慧企业、智慧城市、智慧生活。

在智慧社会的体系下，社会创新系统将呈现更加多元化的分布，社会创新系统的每一个环节都可能成为某一项智慧功能的发起者。这种去中心化的体系将产生更强大的创新动力和势能。以共享单车为例，其正是从企业端发起的一项社会创新，最终带动了整个交通体系的变革，从而提升了交通效率、完善了人们的交通体验。

最后，从规划布局来看，智慧社会更强调顶层设计、基础数据的互联互通。在以往的智慧城市建设实践中，各个智慧城市之间标准不统一、建设侧重点不同，在一个城市享受"智慧"的居民到另外一个城市同样会遇到"不智慧"的难题。

智慧社会显然从更高的愿景提出了未来建设的顶层规划，更强调整个社会基础数据、标准、技术的共建、共享。未来的智慧社会将不再是某一城、某一领域的构造，而是要让智慧的服务深入社会生活的各个方面。

总体来讲，智慧社会是指基于大数据、人工智能的基础设施和规则，社会各界积极参与，有效利用前沿科技，从而形成基于智能和数据的生产、生活、治理循环驱动的创新社会形态。

二、发展趋势

（一）新一代信息技术驱动社会形态加速向智慧社会升级演进

智慧社会是继农业社会、工业社会、信息社会之后的一个新概念，是一种更高级的社会形态，目前正伴随全球智能化浪潮到来。

如今的时代是一个科技、产业和资本两两之间高度耦合、深度叠加的时代，社会中颠覆性、革命性的创新与迭代式、渐进式的创新并行，群体性、链条式、跨领域、成体系的变革在生产、生活领域屡见不鲜，在信息、生命、材料、制造、能源等领域都发挥了强有力的推动作用，而人工智能的相关表现一枝独秀，孕育着堪与20世纪互联网诞生相提并论的重大科学突破。

智慧社会将是人类社会发展历程中的一次全方位、系统性变革，其发生规模、影响范围和复杂程度远超以往，将彻底改变人们的生产、生活方式，重构个人、企业、政府、社会之间的互动关系，变革社会治理模式和国际竞争格局，给人类社会的发展走向带来持续且深远的影响。

智慧经济体形成国家竞争的新分水岭。人工智能与传统产业的融合发展将构成新的智慧经济，逐步形成一个超级复杂的新兴生态系统，掀起人类历史上迄今为止变革最为剧烈的产业革命，带来国家竞争实力的此消彼长。

以物联网为代表的新一代信息技术的发展推动了创新形态的演变，并进一步推动了经济、社会形态的深刻变革。智慧社会是继农业社会、工业社会、信息社会之后更高级的社会形态，是新网络、新数据条件下新的社会形态。智慧社会强调基于以物联网为代表的新网络、新数据环境，通过政府、市场、社会各方参与协同众创，推进社会的可持续发展。

（二）智慧社会服务有望破解发展不平衡难题

当前，发达国家与发展中国家之间发展差距仍比较大，发展中国家在就业、教育、医疗、居住、养老等方面仍存在一些亟待解决的问题。以物联网、大数据、云计算、人工智能为基本技术支撑的智慧社会建设对于解决发展不平衡问题有积极作用。

智慧社会建设应从社会发展全局出发，加强顶层设计，为解决发展不平衡问题提供契机和动力。发展中国家和地区可以依托智慧社会建设，利用信息技术补齐发展短板，消弭与发达国家的数字鸿沟，进而实现信息网络宽带化、基础设施一体化、基本公共服务均等化、产业发展联动化、社会治理精细化。在教育方面，利用互联网技术和远程教育等手段，可以让落后国家和地区的学生同步享有优质教育资源，推动解决教育发展不平衡问题。

第四节　科技维度

一、发展现状

（一）全球新一代信息技术取得巨大进步

全球新一代信息技术专利申请呈现出持续增长的态势，在不同时期的表现有所不同。

20世纪90年代，以美国为代表的发达经济体中，信息技术产业逐渐取代传统产业，成为国民经济中一支重要的力量，历年专利申请量增长平稳，虽然在数量上比较少，但是为后期的发展奠定了基础。

进入21世纪，信息技术产业的发展呈现加速的态势，在这期间，移动通信技术更新换代，3G系统逐渐商用，计算机技术飞速发展，运行速度以及处理能力与日俱增，互联网经济呈现爆发式增长，新一代电子元器件、集成电路以及高端设备的研发不断取得突破。这些产业的发展得益于技术上的巨大进步，技术上的进步在专利申请方面体现为专利申请量的快速增长，并且这种增长态势持续了将近十年，在2009年呈现了一定的下降趋势。这主要是由于2008年发生了全球金融危机，各国企业出于成本以及研发费用方面的考虑，减少了研发的投入，进而影响了专利申请量。

2010年之后，新一代信息技术产业的发展迎来了第二个春天，这一时期，4G投入商用，PC互联网进入移动互联网阶段，苹果手机（iPhone）快速崛起、安卓系统（Android）阵营不断壮大，新一代智能终端设备不断更新换代，网上购物成为人们新的购物方式，这些极大地促进了技术的进步，专利申请量也获得了井喷式发展。可以预见，今后新一代信息技术产业作为国民经济最为重要的一支力量，发展势头仍然强劲。

信息技术产业包括众多的技术分支，每一技术分支在行业中地位都有所不同。基础电子元器件和器材制造、集成电路、高端软件开发是信息产业的基础行业，是整个信息技术产业的基石。通信设备制造、高端计算机制造、高端电子装备和仪器制造、广播电视设备及数字视听产品制造则为信息技术的发展提供了支撑。新一代移动通信网络、下一代互联网服务、下一代广播电视传输服务、新型信息技术服务直接面向用户，改变了人们的生活以及工作方式，促进了社会的进步，这些服务的发展则需要依靠上述各技术分支的进度。

（二）颠覆性技术群体涌现，孕育新一轮体系化创新

当前，新一轮科技革命和产业变革加速演进，科技创新进入空前密集活跃的时期，不断改变人类的生产、生活方式。信息技术领域加速突破应用，带来一系列深刻变化。

1. 科技突破加速明显，国际科技竞争日益激烈

一是变革方向日益清晰，一些前沿科学和重大技术领域的群体突破态势更加明显。二是变革速度明显加快，各领域深度交叉融合，一些重大颠覆性技术对传统产业产生"归零效应"。三是国际科技竞争日益激烈，正在重塑全球创新版图和世界格局，世界各国都出台了一系列科技创新的重要战略举措。四是科技创新带来了新的社会风险，社会公共治理面临新的挑战。

科技创新正在加快推动全球产业价值链的重构和经济形态的转型，不断催生新产品、新产业、新业态，为传统产业赋能，加快转型升级。

2. 技术创新供给是信息产业发展的充分条件，颠覆性技术大量涌现的时期即将到来

随着若干重要领域的科学问题和关键技术的不断突破，颠覆性技术大量涌现的时期即将到来。集成电路、数码相机、核能利用、互联网、全球定位系统等是广泛认同的颠覆性技术，改变了整个产业结构甚至人类的生活方式。面向未来，量子信息、物联网、大数据、人工智能等是国内外认可度较高的颠覆性技术。

（三）新一代信息技术与制造、能源、材料、生物空间等技术交叉融合，推动群体性技术突破

世界范围内新一轮科技革命和产业变革正在兴起。以信息技术为引领，生物

技术、新材料技术、新能源技术等技术群广泛渗透、交叉融合，带动以绿色、智能、泛在为特征的群体性技术突破，重大颠覆性创新不时出现。

1. 世界现代化高科技产业的发展及趋势

面对世界科技创新发展，各国都在纷纷加快发展信息产业，加速推进数字技术同制造业的结合，推进"再工业化"，力图抢占未来科技和产业发展制高点。发达国家都在寻找科技创新的突破口，抢占未来经济科技发展的先机。一些发展中国家也加大科技投入，加速发展具有比较优势的技术和产业，谋求实现跨越发展。以制造业数字化为核心的新一次工业革命将数字制造和个人制造相融合，通过互联网平台汇集社会资源、集合社会力量、推动合作创新，形成人机共融的制造模式，使全球技术要素和市场要素配置方式发生深刻变化，给产业形态、产业结构、产业组织方式带来深刻影响。

2. 全球科技创新的发展态势和特征

纵观人类文明发展史，先后经历了农业革命、工业革命、信息革命。改变世界格局的"第四次浪潮"也在兴起。每一次科技革命都给人类生产、生活带来巨大而深刻的影响。当前，全球新一轮科技革命和产业变革带动了关键技术交叉融合、群体跃进，变革突破的能量正在不断积累。未来发生的世界一系列重大科技事件在互联网技术和其他学科的交叉应用方面已初见端倪，在基础科学研究方面也会出现重大变化。全球科技创新的发展呈现如下态势和特征。

一是学科交叉融合加速，新兴学科不断涌现，前沿领域不断延伸，物质构造、宇宙演化、生命起源、意识本质等基础科学领域取得重大突破性进展。信息、生物、能源、材料和海洋、空间等应用科学领域不断发展，带动了关键技术交叉融合、群体跃进，变革突破的能量正在不断积累。

二是技术更新和成果转化更加快捷，产业更新换代不断加快。传统意义上的基础研究、应用研究、技术开发和产业化的边界日趋模糊。信息技术、生物技术、新材料技术、新能源技术广泛渗透，科技创新链条更加灵巧，带动几乎所有领域发生以绿色、智能、泛在为特征的群体性技术革命。

三是科技创新活动不断创造令人意想不到的奇迹，不断突破地域、组织、技术的界限，演化为创新体系的竞争，创新战略竞争在综合国力竞争中的地位日益重要。物质结构、宇宙演化、生命起源、意识本质等基础科学领域正在或有望取得重大突破性进展。

从全球范围看，科学技术越来越成为推动经济社会发展的主要力量，创新驱动是大势所趋。新一轮科技革命和产业变革正在孕育兴起，一些重要科学问题和关键核心技术已经呈现出革命性突破的先兆。科学技术在广泛交叉和深度融合中不断创新，特别是以信息、生命、纳米、材料等科技为基础的系统集成创新，以前所未有的力量驱动着经济社会发展。随着信息化、工业化不断融合，以机器人科技为代表的智能产业蓬勃兴起，成为当今时代科技创新的一个重要标志。

3. 世界信息产业进步的时代影响力

科学技术是第一生产力。当今生产力的发展，科学技术起着决定性的作用；当今世界的竞争说到底是科技与人才的竞争，其实质是以经济和科技实力为基础的综合国力的较量。能否在科技发展上取得优势，增强以经济和科技为基础的综合国力，最终将决定该国在国际上的地位。

近年来，各国大力扩展信息产业规模，不断投入大量研发经费，不断输入尖端人才，创新产品不断涌现，成就了一批具有国际影响力的信息技术企业。如今，信息产业的发展水平在国与国之间的竞争中起着越来越重要的作用。信息技术企业将成为新时代企业的主流，促进新时代企业家的诞生。

信息产业具有更新快、时效性强的特点。步入新的历史时期，信息产业对时代的影响也越来越大。过去的企业家更多地像拓荒者；而如今的企业家则需要具备长远的科技眼光，探索并采用富有活力的发展模式。信息产业展现蓬勃的生命力，新科技革命和产业变革将重塑全球经济结构，新科技革命和产业变革将是最难掌控但必须面对的不确定性因素之一，创新战略竞争在综合国力竞争中的地位日益重要。

二、发展趋势

（一）5G迎来新一轮发展浪潮，将深刻改变人类认识世界改造世界的能力

根据高通公司对5G产业的预测，到2035年5G将在全球创造12.3万亿美元产出，5G价值链将在全球创造3.5万亿美元产出，同时创造2200万个工作岗位。5G价值链平均每年将投入2000亿美元，这将支持全球生产总值的长期可持续增长。

5G作为新一代的移动通信技术，将为万物互联和人工智能的发展提供良好的通信保障，将带来从单一领域创新向跨领域协同创新转变、由面向个人服务向面向各行业服务转变，因此5G产业生态需要联合创新，深度了解各行业对信息技术的需求，打破行业壁垒，推动移动通信与各行业深度融合，探索与垂直行业共赢的全新商业模式，联合创新项目、示范、资本、技术等多种方式促进跨行业融合。

正因为有了强大的通信和带宽能力，所以5G网络一旦应用，车联网、物联

网、智慧城市、无人机网络等概念都将变为现实。此外，5G 还将进一步应用到工业、医疗、安全等领域，极大地提高这些领域的生产效率，创造新的生产方式。可见，5G 是实现万物互联的关键一环，会引发全球社会经济的深刻变革。它提供了一个很好的创新平台，将催生众多新兴产业。正因为应用前景广阔，所以世界各国都大力推动 5G 商用和加快 5G 商用步伐。

（二）网络基础设施向高速率、全覆盖、智能化方向发展

随着以信息技术为核心的新一轮科技革命的孕育和兴起，互联网日益成为创新驱动发展的先导力量，信息基础设施成为新一轮科技革命的基石。世界各国积极出台高速宽带支持政策，加快空间网络探索和布局，加大普遍服务支持力度，推动网络设施不断向新一代信息基础设施演进。总体看来，当前全球信息基础设施正加速向高速率、广普及、全覆盖、智能化方向发展，战略地位日益突出。

1. 加大建设力度，超前部署高速宽带网

当前，各国普遍重视信息基础设施的建设，纷纷加大了信息基础设施建设力度，甚至超前部署高速宽带网络。

在固定宽带网络方面，千兆宽带成为大国竞争的新焦点。截至 2019 年底，全球电信和有线运营商部署的千兆网络已经超过 500 张。美国运营商 AT&T 公司已在美国 20 座大城市部署了千兆光纤网络，并计划将超高速宽带网络扩展至 100 座城市。欧盟宣布将全面调整电信规则，保障民众获得（超）高速互联网连接。德国在《数字化战略 2025》中明确提出，计划投资 1000 亿欧元建设全覆盖的千兆光纤网络。

在移动宽带网络方面，2019 年是 5G 商用元年。截至 2019 年底，全球已有 46 张 5G 网络在 22 个国家和地区商用。

在骨干传输网络方面，全球迈入 100G 时代。当前 100G 干线传输得到广泛认可，进入快速规模部署阶段，先进运营商争相将核心与干线网络从 10G/40G 升级到 100G。超 100G 技术曙光已现，400G 正加速从实验室到现网测试乃至规模商用的进程，400G 在 2018 年实现规模商用部署。

2. 完善普遍服务，让宽带连接所有人

各国在纷纷实施宽带提速战略的同时，也在不断完善普遍服务，致力于让宽带基础设施覆盖所有民众。客观来看，目前完善普遍服务的举措主要有普遍服务范畴扩大化、普遍服务技术手段多元化和普遍服务实施机制差异化。

第一，普遍服务范畴扩大化。电信普遍服务的范畴逐步从电话业务扩大到宽

带业务。国际电信联盟（International Telecommunication Union，ITU）发布的最新数据显示，截至 2018 年 1 月已有超过 50 个国家将宽带纳入其普遍服务定义或普遍接入定义的范畴。

第二，普遍服务技术手段多元化。无线宽带到户（wireless to the x，WTTx）、卫星、微波传输和浮空平台等多种接入技术正广泛用于农村和偏远地区宽带普遍服务。例如，沙特阿拉伯通过建设 WTTx，3 年发展了 300 万用户，基本实现了家庭宽带的普遍服务；巴西利用热气球把互联网带到该国偏远地区。

第三，普遍服务实施机制差异化。为解决农村和偏远地区宽带建设难题，各国正在积极构建和完善宽带普遍服务机制，结合各自国情综合采取电信普遍服务基金、政府和社会资本合作（public-private partnership，PPP）模式、频谱拍卖、政府专项资金等多种方式来灵活推进。例如，美国以电信普遍服务基金为主导，通过美国联邦通信委员会（Federal Communications Commission，FCC）设立了 4 个普遍服务基金项目。2016 年，美国白宫还提出了"连接一切"计划，向 2000 万名低收入美国人提供高速宽带服务。德国则实施频谱拍卖新政，拍卖 800MHz 数字红利频段时，要求中标运营商必须优先覆盖 13 个空地白区的 90%的人口，才能在城市地区使用 800MHz 组网。

3. 推动升级换代，拥抱智能化网络

为了加速提升网络基础设施和应用基础设施的智能化水平，目前主流运营商正在共同推动信息网络基础设施的升级换代。

一方面，运营商积极探索基于软件定义网络（software defined network，SDN）/网络功能虚拟化（network functions virtualization，NFV）等技术的网络架构智能化变革。当前，全球主流运营商均已经启动以云服务为中心的基础网络转型工作，以 SDN/NFV 等技术为基础，来实现云网协同的网络能力供给侧结构性改革。AT&T 公司早在 2013 年就制订了庞大的网络计划"Domain 2.0"；德国引领了欧洲的运营商数字化转型之路，通过实施泛网（pan-net）计划，建立更加集中的全网际互联协议（Internet Protocol，IP）系统。中国也启动了网络智能化重构战略。

另一方面，云数据中心、内容分发网络（content delivery network，CDN）、物联感知等应用基础设施日趋智能化，并广泛渗透到国民经济的各个领域，促进经济转型和发展，成为重要的新型基础设施。例如，通过云技术，亚马逊公司实现了对网络、存储能力的灵活扩展与动态调度，大幅提高了资源的使用效率；CDN 通过与大数据等新技术融合而变得更加智能化，CDN 平台节点能根据业务热点进行预测以及根据用户分布进行内容的智能推送等；工业互联网也通过信息物理系统（cyber-physical systems，CPS）构建起纵横交错的智能网络，具备计算、通信、精制、远程协调和自治等功能，实现虚拟网络世界与现实物理世界的深度融合。

4. 拓展网络空间，打造全球覆盖立体网络

全球覆盖、空天地一体化网络以其战略性、基础性、带动性和不可替代性的重要意义成为国民经济和国家安全密切相关的重要基础设施。持续增强空间基础设施和国际网络拓展能力，打造全球覆盖、空天地一体网络成为全球信息基础设施的重要发展方向。

一方面，全球覆盖、互联互通的网络成为经济全球化的重要推动力量之一，有助于充分发挥信息基础设施的全球辐射效应和带动作用，共享互联网应用繁荣成果。目前，美国、欧洲、日本、韩国等在国际海缆建设和网络服务提供点（point-of-presence，PoP）布局处于全球领先地位；以中国为代表的发展中国家则通过"一带一路"倡议等从基础网络的互联互通起步，逐步建立国际海缆和跨境陆地光缆协调发展的国际信息大通道。

另一方面，空间信息资源已成为各国的重要战略资源，构建空天地一体化网络对国民经济、国防安全有深远影响，大国纷纷加快建设和部署。美欧大国正在加强卫星、浮空平台、无人机等空间技术研发，推进高通量宽带卫星和移动宽带卫星部署，打造无缝覆盖、空天地一体化信息网络。

（三）人工智能将释放巨大能量，催生新技术、新产品、新产业

人工智能作为新一轮产业变革的核心驱动力，正在释放历次科技革命和产业变革积蓄的巨大能量，持续探索新一代人工智能应用场景，将重构生产、分配、交换、消费等经济活动各环节，催生新技术、新产品、新产业。

2018年，人工智能基础研究、技术、产业都进入了高速增长期。根据中国电子学会的统计，2018年，全球人工智能核心产业市场规模超过555.7亿美元，相较于2017年增长50.2%。数据显示，全球人工智能的发展呈现三足鼎立之势，主要集中在美国、欧盟、中国。

美国硅谷是当今人工智能基础层和技术层产业发展的重点区域，聚集了近3000家人工智能企业，以谷歌、微软、亚马逊等公司为代表形成集团式发展，同时在人工智能企业数量、投融资规模、专利数量等方面全球领先。

截至2018年12月，中国人工智能企业总数达到670家，占全球的11.2%，在论文总量和高被引论文数量上都排名世界第一，同时已成为全球人工智能专利布局最多的国家。在人工智能领域的投融资规模占全球的60%，成为全球最"吸金"的国家，投融资主要集中在技术层和应用层。

截至2018年12月，欧盟人工智能企业总数为657家，占全球的10.88%。欧盟通过大量的科技孵化机构助力人工智能初创企业，高新技术产业转化率较高，诞生了大量优秀的人工智能初创企业。

值得关注的是，印度成为人工智能领域的后起之秀。目前，印度已有500多家公司部署人工智能，在医疗保健、农业、教育、智慧城市和城市交通5个应用领域发力。

基础层方面，智能芯片研发市场规模占比仍然最高，约为55.6亿美元，算法模型和智能传感器体量相当。技术层方面，语音识别市场规模占技术层的2/3以上，达到118.9亿美元，图像视频识别市场规模次之。应用层分布较为平均，智能教育和智能安防市场规模分别为43.6亿美元与43.4亿美元，均占16%左右，其他产业发展规模继续保持稳步增长。

聚焦2022年以内的短期增长点来看，基础层得益于万物互联趋势日益显著和开源生态加速构建，智能传感器和算法模型产业将快速增长；技术层中，随着交互精准度的提升和边缘智能化的布局，语音识别和计算机可视化迎来良好的市场机遇；应用层中，应用场景多元化延伸拓展为智能机器人产业形成新增长点，全球高度关注公共安全治理推动智能安防产业快速崛起，垂直行业应用的不断深入激发智能内容推荐催生了海量的定制化需求。

聚焦2024年以内的中期增长点来看，基础层中，具有可重构能力的智能芯片作为新一代人工智能产业的基础硬件设施，从架构升级到应用场景落地，都有巨大的市场空间；技术层中，由于交互式智能服务渐成风口，自然语言处理向知识驱动持续迈进；应用层中，智能医疗随着行业升级需求日益迫切，逐步探索高效率、高质量应用，迎来良好的市场机遇。

第二章　新一代信息技术产业内部环境分析

第一节　政治维度

一、发展现状

政府部门在整个信息产业的发展过程中扮演着越来越重要的角色。世界各国都把促进信息产业的持续发展作为政府职能的重要组成部分，政府可以利用行政、经济、法律等手段来引导信息产业的发展。我国新一代信息技术产业在一些地区的形成和发展尤其离不开政府的支持和调控。高效的政府支持和调控体现在建立了完善高效的政府宏观调控体系，提出了有效推动产业发展的中长期战略及工程，适时推出了促进信息产业发展的政策及法律。

（一）电子信息制造业首要任务为突破核心关键基础技术

电子信息行业将重点突破集成电路、传感器等具有全局影响力、带动性强的核心关键环节；将瞄准产业制高点，选择新型计算、人工智能、生物智能传感器等前沿关键技术联合攻关，抢占产业发展主导权；将突破高端存储设备、智能传感、虚拟现实、新型显示等新技术，强化基础软硬件协调发展。

电子信息制造业有五大发展重点：一是突破核心关键基础技术；二是促进产业链融合配套发展，优化产业空间布局；三是提升产业支撑国家重大战略部署保障能力；四是加快发展信息安全产品；五是加强产业国际化布局，全面提升产业国际话语权。

针对突破核心关键技术的具体措施，采取鼓励提升电子信息企业创新研发投资强度的税收政策，制定政策引导国内企业加强核心零部件产品的自主创新能力等。

中国在集成电路和芯片产业上的布局已经受到发达国家的关注。中国的高端芯片、制造装备、工艺与材料依赖进口，受制于人，必须像解决钢铁问题一样，解决"中国芯"问题，以支撑中国未来30年的发展。

《中华人民共和国国民经济和社会发展第十三个五年规划纲要（草案）》还提出十余项涉及信息产业未来发展的具体措施，其中包括发展量子通信与量子计算机项目，实施"互联网+"现代农业战略，培育集成电路产业体系、人工智能、智能硬件、新型显示、移动智能终端、5G、先进传感器和可穿戴设备等产业成为新增长点，加速北斗、遥感卫星商业化应用，建设高速大容量光通信传输系统，建设物联网应用基础设施和服务平台，支持公共云服务平台建设、布局云计算和大数据中心，加快国家统一电子政务网络建设应用，打造电子商务国际大通道，构建国家网络安全和保密技术保障体系等措施[①]。

其中，培育集成电路产业体系，培育人工智能、智能硬件、新型显示、移动智能终端、5G、先进传感器和可穿戴设备等成为新增长点，以及建设物联网应用基础设施和服务平台等措施和当前产业发展趋势高度吻合，将对我国未来信息产业发展起重大促进作用。

信息产业将是我国未来经济发展的重大基础设施，不但会为经济提供必要的支撑，自身也将进入快速发展期，为经济增长贡献重要的力量。

（二）推动软件和信息技术服务产业规模进一步扩大

2016年底，工业和信息化部为贯彻落实《中华人民共和国国民经济和社会发展第十三个五年规划纲要》，加快建设制造强国和网络强国，推动软件和信息技术服务业由大变强，印发了《软件和信息技术服务业发展规划（2016—2020年）》。

《软件和信息技术服务业发展规划（2016—2020年）》[②]提到，到2020年，产业规模进一步扩大，技术创新体系更加完备，产业有效供给能力大幅提升，融合支撑效益进一步突显，培育壮大一批国际影响力大、竞争力强的龙头企业，基本形成具有国际竞争力的产业生态体系。业务收入突破8万亿元，年均增长13%以上，占信息产业的比例超过30%，其中信息技术服务收入占信息产业的比例达到55%。信息安全产品收入达到2000亿元，年均增长20%以上。软件出口超过680亿美元。软件从业人员达到900万人。以企业为主体的产业创新体系进一步完善，软件业务收入前100家企业研发投入持续加大，在重点领域形成创新引领

---

① "十三五"体现中国国家战略的百大工程项目. http://www.xinhuanet.com/politics/2016lh/2016-03/05/c_1118240939.htm.
② 软件和信息技术服务业发展规划（2016—2020年）. https://www.ndrc.gov.cn/fggz/fzzlgh/gjjzxgh/201706/t20170622_1196824.html.

能力和明显竞争优势。基础软件协同创新取得突破，形成若干具有竞争力的平台解决方案并实现规模应用。人工智能、虚拟现实、区块链等领域的创新达到国际先进水平。云计算、大数据、移动互联网、物联网、信息安全等领域的创新发展向更高层次跃升。重点领域标准化取得显著进展，国际标准话语权进一步提升。与经济社会发展融合水平大幅提升。工业软件和系统解决方案的成熟度、可靠性、安全性全面提高，基本满足智能制造关键环节的系统集成应用、协同运行和综合服务需求。工业信息安全保障体系不断完善，安全保障能力明显提升。关键应用软件和行业解决方案在产业转型、民生服务、社会治理等方面的支撑服务能力全面提升。培育一批国际影响力大、竞争力强的龙头企业，软件和信息技术服务收入百亿元级企业达20家以上，产生5~8家收入千亿元级企业。扶持一批创新活跃、发展潜力大的中小企业，打造一批名品名牌。中国软件名城、国家新型工业化产业示范基地（软件和信息服务）建设迈向更高水平，产业集聚和示范带动效应进一步扩大，产业收入超1000亿元的城市达20个以上。

（三）新一代信息技术是国家信息化建设重要内容

2016年12月，国务院发布《"十三五"国家信息化规划》[①]。《"十三五"国家信息化规划》提出，到2020年，"数字中国"建设取得显著成效，信息化发展水平大幅跃升，信息化能力跻身国际前列，具有国际竞争力、安全可控的信息产业生态体系基本建立。信息技术和经济社会发展深度融合，数字鸿沟明显缩小，数字红利充分释放。信息化全面支撑党和国家事业发展，促进经济社会均衡、包容和可持续发展，为国家治理体系和治理能力现代化提供坚实支撑。

核心技术自主创新实现系统性突破。信息领域核心技术设备自主创新能力全面增强，新一代网络技术体系、云计算技术体系、端计算技术体系和安全技术体系基本建立。集成电路、基础软件、核心元器件等关键薄弱环节实现系统性突破。5G技术研发和标准制定取得突破性进展并启动商用。云计算、大数据、物联网、移动互联网等核心技术接近国际先进水平。部分前沿技术、颠覆性技术在全球率先取得突破，成为全球网信产业重要领导者。

信息基础设施达到全球领先水平。"宽带中国"战略目标全面实现，建成高速、移动、安全、泛在的新一代信息基础设施。固定宽带家庭普及率达到中等发达国家水平，城镇地区提供1000Mbit/s以上接入服务能力，大中城市家庭用户带宽实现 100Mbit/s 以上灵活选择；98%的行政村实现光纤通达，有条件的地区提供

---

① 国务院关于印发"十三五"国家信息化规划的通知. http://www.gov.cn/zhengce/content/2016-12/27/content_5153411.htm.

100Mbit/s 以上接入服务能力，半数以上农村家庭用户带宽实现 50Mbit/s 以上灵活选择；4G 网络覆盖城乡，网络提速降费取得显著成效。云计算数据中心和内容分发网络实现优化布局。国际网络布局能力显著增强，互联网国际出口带宽达到 20Tbit/s，通达全球主要国家和地区的高速信息网络基本建成，建成中国—东盟信息港、中国—阿拉伯国家等网上丝绸之路。北斗卫星导航系统覆盖全球。有线、无线、卫星广播电视传输覆盖能力进一步增强，基本实现广播电视户户通。

信息经济全面发展。信息经济新产业、新业态不断成长，信息消费规模达到 6 万亿元，电子商务交易规模超过 38 万亿元，信息化和工业化融合发展水平进一步提高，重点行业数字化、网络化、智能化取得明显进展，网络化协同创新体系全面形成。打破信息壁垒和孤岛，实现各部门业务系统互联互通和信息跨部门跨层级共享共用，公共数据资源开放共享体系基本建立，面向企业和公民的一体化公共服务体系基本建成，电子政务推动公共服务更加便捷均等。电信普遍服务补偿机制进一步完善，网络扶贫成效明显。

信息化发展环境日趋优化。网络空间法治化进程全面推进，网络空间法律法规体系日趋完善，与信息社会相适应的制度体系基本建成，网信领域深度融合迈上新台阶。信息通信技术、产品和互联网服务的国际竞争力明显增强，网络空间国际话语权大幅提升。网络内容建设工程取得积极进展，媒体数字化建设成效明显。网络违法犯罪行为得到有力打击，网络空间持续清朗。信息安全等级保护制度得到全面落实。关键信息基础设施得到有效防护，网络安全保障能力显著提升。

"十三五"信息化发展主要指标见表 2-1。

表 2-1 "十三五"信息化发展主要指标

指标	2015 年	2020 年	年均增长率/%
总体发展水平			
1.信息化发展指数	72.45	88	—
信息技术与产业			
2.信息产业收入规模/万亿元	17.1	26.2	8.9
3.国内信息技术发明专利授权数/万件	11.0	15.3	6.9
4.信息技术项目投资占全社会固定资产投资总额的比例/%	2.2	5	[2.8]
信息基础设施			
5.光纤入户用户占总宽带用户的比率/%	56	80	[24]
6.固定宽带家庭普及率/%	40	70	[30]
7.移动宽带用户普及率/%	57	85	[28]
8.贫困村宽带网络覆盖率/%	78	90	[12]
9.互联网国际出口带宽/(Tbit/s)	3.8	20	39.4

续表

指标	2015年	2020年	年均增长率/%
信息经济			
10.信息消费规模/万亿元	3.2	6	13.4
11.电子商务交易规模/万亿元	21.79	>38	>11.8
12.网络零售额/万亿元	3.88	10	20.8
信息服务			
13.网民数量/亿名	6.88	>10	>7.8
14.社会保障卡普及率/%	64.6	90	〔25.4〕
15.电子健康档案城乡居民覆盖率/%	75	90	〔15〕
16.基本公共服务事项网上办理率/%	20	80	〔60〕
17.电子诉讼占比/%	<1	>15	〔>14〕

注：〔 〕表示五年累计数

资料来源：《"十三五"国家信息化规划》

（四）构建新一代信息技术等产业成为经济发展新支柱

2016年12月，国务院印发《"十三五"国家战略性新兴产业发展规划》[①]。《"十三五"国家战略性新兴产业发展规划》提出，到2020年，形成新一代信息技术、高端制造、生物、绿色低碳、数字创意等5个产值规模10万亿元级的新支柱，并在更广领域形成大批跨界融合的新增长点，平均每年带动新增就业100万人以上。

《"十三五"国家战略性新兴产业发展规划》提出，推动信息技术产业跨越发展，拓展网络经济新空间。实施网络强国战略，加快建设"数字中国"，推动物联网、云计算和人工智能等技术向各行业全面融合渗透，构建万物互联、融合创新、智能协同、安全可控的新一代信息技术产业体系。

二、发展趋势

新一代信息技术政策环境持续利好。新一代信息技术是国务院确定的九个战略性新兴产业之一，分为六个方面：下一代通信网络、物联网、三网融合、新型平板显示、高性能集成电路和以云计算为代表的高端软件。新一代信息技术的发

---

① 国务院关于印发"十三五"国家战略性新兴产业发展规划的通知. http://www.gov.cn/zhengce/content/2016-12/19/content_5150090.htm.

展是互相促进、不可分割的。当然，政策利好也是保证国内相关产业快速发展的前提。

2019年，随着《扩大和升级信息消费三年行动计划（2018—2020年）》《工业互联网APP培育工程实施方案（2018—2020年）》《促进新一代人工智能产业发展三年行动计划（2018—2020年）》等国家政策的深入推进和贯彻落实，云计算、大数据、人工智能等新一代信息技术将加速渗透经济和社会生活的各个领域，软件产业服务化、平台化、融合化趋势更加明显。同时，我国国民经济各个领域对软件和信息技术服务产业的需求持续强劲，产业发展进入融合创新、快速迭代的关键期，产业整体将保持平稳健康发展态势。

第二节 经 济 维 度

一、发展现状

（一）新一代信息技术推动社会经济创新发展

2018年，在政策引导和市场需求双轮驱动下，新一代信息技术加速创新突破和融合应用，成为经济社会创新发展的重要驱动力量。一是面向智能经济发展的技术体系正在加速构建。云计算推动数据存储和软件运行环境日益柔性与可靠，大数据采集传输、分析挖掘、可视化等核心技术取得明显突破，5G快速发展推动各类智能终端规模化使用，语音识别、人脸识别准确率均超过95%。商品知识图谱、数智团、阿里新一代行走机器人、华为区块链服务（blockchain service，BCS）、京东区块链防伪追溯解决方案等新技术新产品不断涌现。二是新一代信息技术集聚效应进一步凸显。移动互联网、大数据、超级计算、传感网、脑科学、人工智能等技术加快集成、融合，在量子政务网、智能制造、智能网联汽车、机器人、无人机、智能家居、工业互联网、制造业创新创业等领域形成了一批特色鲜明的应用案例。三是新一代信息技术与制造业加速融合。互联网、大数据、人工智能与制造业在发展理念、业务模式、生产体系、技术和产品等方面以更快速度、更广范围、更深程度进行融合，不断产生化学反应、聚合效应、倍增效应，加速制造业数字转型，推动形成数据驱动的敏捷生产模式。

在各界积极推进新一代信息技术突破应用、融合发展的大趋势下，大数据、人工智能、区块链将加快在智慧城市、公共安全、政府服务、金融等领域深化应用，引领产业升级、产品开发和服务创新。量子通信应用进一步向政务、金融、电力、企业云存储、数字中心等领域渗透。5G 将在智能手机、远程医疗、增强现实/虚拟现实、救援、人际交互、全息通话、工业互联网、自动驾驶等多个领域开展业务应用。新一代信息技术的通用目的性作用更加凸显，带动经济社会创新发展的"头雁效应"日益显著。

（二）新兴信息技术快速发展，为培育新动能发挥积极作用

新兴业态拉动软件业加快发展，已成为新的增长点。我国特有的人口基数庞大、互联网普及程度高、基础数据资源丰富等特点有力促进了云计算、大数据以及人工智能技术的快速落地和应用发展。2018 年，云计算相关的运营服务收入同比增长 21.4%，在信息技术服务中占比达 30.0%；电子商务平台技术服务收入同比增长 21.9%，占比 13.9%，两项收入直接拉动软件和信息技术服务业市场规模增长 4.9 个百分点，成为产业增长的重要动力来源。同时，云计算、大数据和人工智能技术全面影响传统软件开发领域，使开发、交付和盈利等模式转型，引发计算平台重构并带来新的市场空间，使平台软件、应用程序等快速兴起，软件产品收入增长 12.1%。

新兴信息技术与传统产业融合加深，为经济发展注入新动能。新一代信息技术在经济社会各领域开展广泛应用和模式创新，支撑制造业、农业、金融、能源、物流等传统产业优化升级，为传统产业"赋智赋能"，出现越来越多的典型应用案例。特别地，信息技术在工业领域的应用加快，2018 年工业软件收入增长 14.2%，工业互联网正在成为新一轮科技革命和产业变革的焦点；信息技术支持智慧城市、智慧交通、智慧社区、智慧医疗等建设，帮助解决社会管理和民生问题的同时，创造新的市场需求；对重点龙头软件企业的监测显示，交通、安防领域的信息技术需求增长明显。

（三）数字经济规模快速增长，成为驱动经济发展的重要力量

云计算、大数据、物联网、移动互联网、人工智能等新一代信息技术的发展正加速推进全球产业分工深化和经济结构调整，重塑全球经济竞争格局。我国应抓住全球信息技术产业新一轮分化和重组的重大机遇，进一步推动前沿技术突破，实现产业链、价值链和创新链等各环节协调发展，推动我国数字经济发展迈上新台阶。

当前，数字经济正成为驱动我国经济发展的重要力量。统计数据显示，2017 年我国数字经济总量达到 27.2 万亿元，占国内生产总值的比例达到 32.9%。发展数字经济是促进经济转型升级的必由路径，也是落实网络强国战略的重要内容。

经过数十年的发展，我国发展数字经济所依托的基础软硬件技术和产业取得了较大进展，初步形成了比较完整的产业链。未来10年，得益于我国政策规划的红利效应、新一代信息技术驱动下的产业结构升级效应、数据资源禀赋效应、中国模式的国际扩散效应，我国数字经济将迎来飞速发展。

一是政策规划的红利效应。党的十八大以来，《国家信息化发展战略纲要》《中华人民共和国网络安全法》先后出台，明确了"宽带中国"战略、"互联网+"行动计划、《"十三五"国家信息化规划》等顶层设计，绘制了信息化发展蓝图，也给全社会释放了积极有利的信号，将迎来信息化政策规划红利充分释放极为关键的重要历史时期。

二是新一代信息技术驱动下的产业结构升级效应。当前，信息技术已成为我国第一、二、三产业融合发展的平台和枢纽。在工业生产领域，信息技术促进生产向协同化和智能化方向发展，设计、工艺、装备、管理、服务全面升级，柔性制造、网络制造、绿色制造、智能制造不断发展，基于大数据技术的精确预判、精益生产、精细管理、精准营销充分发展，生产效率、产品质量和经济效益获得极大提升；在服务消费领域，平台经济、分享经济、体验经济发展迅速。现代物流、在线金融服务、数据资源支撑等配套电子商务要素不断完善，基于自媒体、网络直播、社交网络、微视频等新型传播手段的商业模式创新不断涌现。数字经济发展迎来难得的历史机遇。

三是数据资源禀赋效应。数据资源是数字经济发展的主要驱动，也是提升信息社会智能水平和运行效率的关键要素，被视为决定未来竞争能力的战略资产。我国拥有大国市场优势，网民数量巨大；网络企业运营能力优秀；本土互联网企业发展迅速；网络媒体、电子政务、网上银行、医疗信息等领域数字化水平较高。这些数据资源禀赋使我国在获取数据、积累数据和开发数据等方面具有得天独厚的优势。

四是中国模式的国际扩散效应。当前，世界经济依旧处于后金融危机时代的深度调整期，我国拥有相对完整的信息产业链和较高的生产能力，随着共建"一带一路"国家信息化建设的深入，我国网信企业将迎来难得的成长机遇。

二、发展趋势

（一）我国经济发展进入新常态，是新旧动能转换、经济转型升级的关键时期

我国经济由高速增长阶段转向高质量发展阶段，必须重视经济结构的优化、发展方式的转变、增长动力的转换，推动质量变革、效率变革、动力变革。而创

新是引领发展的第一动力，我国如果不走创新驱动发展道路，新旧动能不能顺利转换，就不能真正强大起来。我们要抓住机遇，加大创新投入，加快实现新旧动能转换。

经过30多年的持续高速增长，我国经济发展进入增长新阶段。从国际环境看，当前世界经济持续复苏乏力，经济形势错综复杂，国际贸易下降，金融风险增加，这些都对我国经济产生了一定的影响。从国内环境看，我国经济发展进入新常态，经济发展方式正从规模速度型粗放增长转向质量效率型集约增长，经济结构正从增量扩能为主转向调整存量、做优增量并存的深度调整，经济发展动力正从传统增长点转向新的增长点。

新常态是新旧产业和发展动能转换的接续关键期。在传统动能由强变弱时，特别需要新动能异军突起和传统动能转型，形成新的"双引擎"，才能推动经济持续增长、跃上新台阶。因此在我国当前新旧动能转换的关键时期，必须培育壮大新动能，加快发展新经济。加快发展新经济，对于引领新常态，着力推进供给侧结构性改革，实现新旧动能转换，保持中国在世界经济发展中的"火车头"地位，甚至在当代世界经济竞争中"弯道超越"其他发达国家，具有战略性的重要作用。

新经济是相对于传统经济而言的，主要指在经济全球化背景下，由信息技术革命带动的、以高新技术产业为龙头的经济，包括"互联网+"、物联网、云计算等重要内容。目前，对新、旧经济的理解多从技术角度展开，新经济往往具有较高的技术水平或者较为先进的商业模式。从经济动能转换和供给侧结构性改革的角度来看，新经济事实上代表的是未来的需求发展方向和经济发展方向，其覆盖面和内涵是很广泛的。

加快发展新经济是我国供给侧结构性改革的重要内容。一方面，加快发展新经济，将形成新旧动能接续转换，为我国经济保持中高速增长提供新动力。当前我国经济发展进入新常态，需要新动能异军突起和传统动能转型，才能推动经济持续增长、跃上新台阶。通过大力发展各种新技术、新产业、新业态，同步建立健全新制度、新体制、新机制，将产生源源不断的新动力。同时，新动能成长起来，创造大量就业岗位，就能为传统产业增效升级和人员分流创造条件，从而带动传统产业的转型升级，使传统经济焕发出新动力。另一方面，加快发展新经济，将为我国追赶发达国家甚至"弯道超车"提供历史机遇。近年来，我国以互联网经济为主要特征和内容的新经济得以快速发展，在互联网购物消费配送、互联网社交微信应用、互联网金融创新等方面保持了一定程度的领先优势。加快发展新经济，将巩固和扩大我国互联网经济方面的优势，并培育和形成其他领域如以新一代信息技术为代表的新经济的优势，这就为我国"弯道超车"提供了现实可能性。

（二）缩小数字鸿沟，中国收获数字红利

1. 中国已经极大地缩小数字鸿沟

2000年，胡鞍钢和周绍杰指出中国与发达国家存在巨大的信息差距和知识差距，强调加速中国网络经济的发展，尽快缩小与发达国家知识和信息发展差距是21世纪新的"追赶战略"的核心所在。2001年，胡鞍钢和周绍杰提出了中国面临的三大信息差距，即我国与发达国家以及部分新兴工业化国家存在的明显的信息差距、各个地区之间的信息差距以及悬殊的城乡之间的信息差距。2002年，胡鞍钢和周绍杰把数字鸿沟视为全球新的贫富差距。总体而言，这些研究的核心观点为：第一，20世纪末，在互联网商业化蓬勃发展的初始阶段，中国面临着巨大的数字鸿沟和信息鸿沟；第二，缩小数字鸿沟将为中国创造发展机遇，有利于缩小中国与发达国家之间的发展差距。经历了十几年的发展，中国在缩小数字鸿沟方面取得了极大的成就，不仅成功地缩小了与发达国家的数字鸿沟，而且城乡之间的数字鸿沟显著缩小。

首先，中国的互联网普及率（每100人的互联网用户数）已经大大缩小了与高收入国家的差距，即极大地缩小了与高收入国家的数字鸿沟。2000年，中国的互联网普及率仅为1.8%，同期的高收入国家为26.1%，美国为43.1%。如图2-1所示，2018年，中国的互联网普及率达到59.6%，相比2017年增长0.8个百分点，大大缩小了与高收入国家（80%，其中美国为87.4%）的相对差距，明显高于印度（18%）。

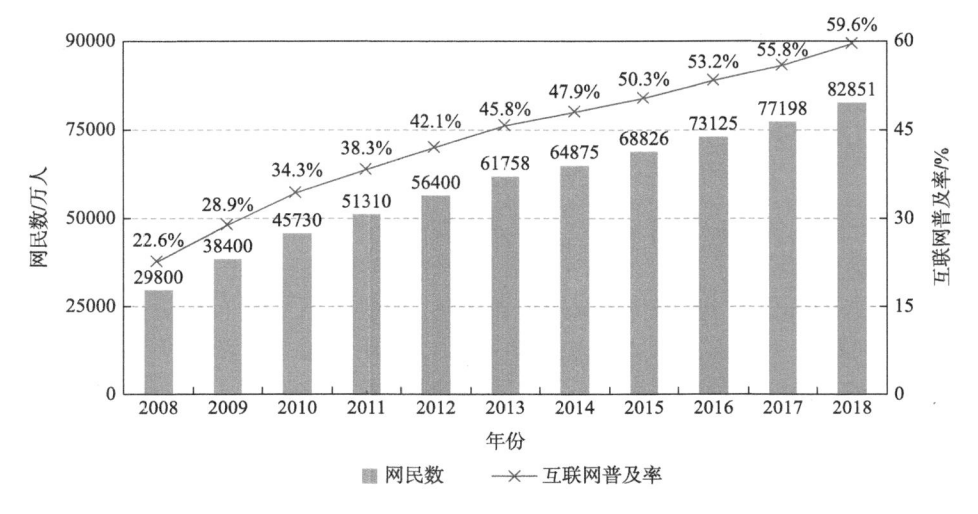

图2-1 中国网民数和互联网普及率

资料来源：中国互联网络信息中心

其次，城乡之间的数字鸿沟显著缩小。截至 2018 年底，城镇网民数为 6.07 亿人，超过美国和日本的人口总数，占比为 73.2%；农村网民数为 2.22 亿人，占比为 26.8%。尽管城乡之间仍旧存在突出的数字鸿沟问题，但是城乡之间的数字鸿沟总体上趋于缩小。其中，2005～2010 年，城镇互联网普及率由 16.9%上升到 53.4%，平均每年提高 7.3 个百分点；农村互联网普及率由 2.6%上升到 17.5%，平均每年提高 3.0 个百分点，明显低于城镇。然而，2010～2015 年，城乡互联网普及率平均每年分别提高 2.1 个百分点和 3.0 个百分点。到 2018 年，城乡互联网普及率分别达到 74.6%和 38.4%（图 2-2），农村互联网普及率与城镇互联网普及率的绝对差值在缩小。总体而言，城乡之间的数字鸿沟呈现先扩大、后缩小的发展态势。预计我国的城镇互联网普及率已经进入平稳发展阶段，农村互联网普及率将继续呈现相对较高速度的增长态势，两者的绝对差距和相对差距将进一步缩小。

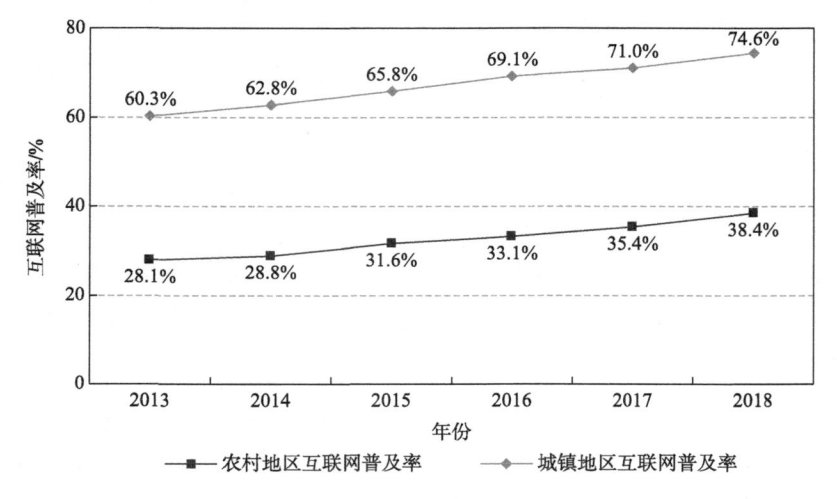

图 2-2　城乡互联网普及率
资料来源：中国互联网络信息中心

总体而言，无论是我国与发达国家之间的数字鸿沟，还是我国城乡之间的数字鸿沟，均显著缩小。那么，这两类数字鸿沟在未来是否会进一步缩小，以及可以缩小到什么程度，需要我们对这两类数字鸿沟的影响因素进行分析。大致来看，影响因素可以分为供给因素和需求因素，其中，供给因素主要涉及可接入性问题，而需求因素主要涉及个体是否有意愿、有能力使用互联网。

根据中国互联网络信息中心 2019 年 2 月的报告，非网民不使用互联网的原因中，当地无法连接互联网的比例在 2018 年仅为 4.3%。这就表明，可接入性（供给因素）不是数字鸿沟的主要原因。而需求因素与个体特征密切相关。不懂计算机（网络）或者年龄太大（或者年龄太小）则是非网民不使用互联网的主要原因，两者的比例分别为 54%和 33.4%。总体来看，这两类群体均缺乏使用互联网的能力。因此，以上分析表明，非网民不使用互联网主要不受供给因素影响，而受需求因素影响。

以上分析表明，中国已经成功地缩小了 21 世纪初中国互联网普及所面临的两大突出的数字鸿沟问题。这也表明，中国在 2000~2018 年从互联网普及的"落伍者"成为成功的"入局者"，中国已经全面进入以互联网快速普及为特征的信息化社会，成为世界"数字革命"的受益方。预计未来中国的互联网普及率将进入平稳发展阶段，与发达国家的数字鸿沟进一步缩小，城乡之间的数字鸿沟也会进一步缩小。

2. 中国在不同领域开始收获数字红利

中国在显著缩小两类数字鸿沟的同时，已经在不同领域开始收获数字红利，这包括企业信息化水平不断提高、数字技术领域的创新创业、以平台经济或者分享经济为特征的电子商务的快速发展等。

首先，即时通信行业稳步发展，用户规模和普及率实现进一步增长。截至 2018 年 12 月，即时通信用户规模达 7.92 亿人，较 2017 年底增长 7149 万人，占网民整体的 95.6%。手机即时通信用户规模达 7.80 亿人，较 2017 年底增长 8670 万人，占手机网民的 95.5%。即时通信作为基础的互联网应用不断开拓创新，不断进行产品功能探索、应用场景拓展和内容质量提升。

其次，个体参与电子商务活动呈现爆发式增长。截至 2018 年 12 月，我国网络购物用户规模达 6.10 亿人，较 2017 年底增长 14.4%，占网民整体的 73.6%。手机网络购物用户规模达 5.92 亿人，较 2017 年底增长 17.0%，占手机网民的 72.5%（图 2-3）。此外，网络零售平台已经扩展到海外以及农村地区。其中，部分网络零售企业（阿里巴巴、京东、苏宁等）开始在农村建立电商服务站，有望成为农村地区产业发展的重要支撑（淘宝村等）。此外，个体利用互联网消费的方式已经从一般的网购活动向多元化发展，互联网理财、旅行预订、团购、在线教育、互联网医疗等经济活动已经成为个体参与电子商务活动的重要形式，得到快速发展。

最后，电子政务快速发展，政府信息化水平不断提高，成为数字红利释放的重要渠道。政府网站、政务微博、政务微信公众号、政务应用程序等已经成为新时期政府服务的新工具和新平台。截至 2018 年 12 月，我国在线政务服务用户规模达 3.94 亿人，占整体网民的 47.5%。2018 年，我国"互联网+政务服务"得到进一步深化，各级政府运用互联网、大数据、人工智能等信息技术，通过技术创新和流程优化，增强综合服务能力，进一步提升政务服务效能。前端服务提供方面，相关部门不断推动线上线下集成融合，依托网上政务服务平台，实时汇入网

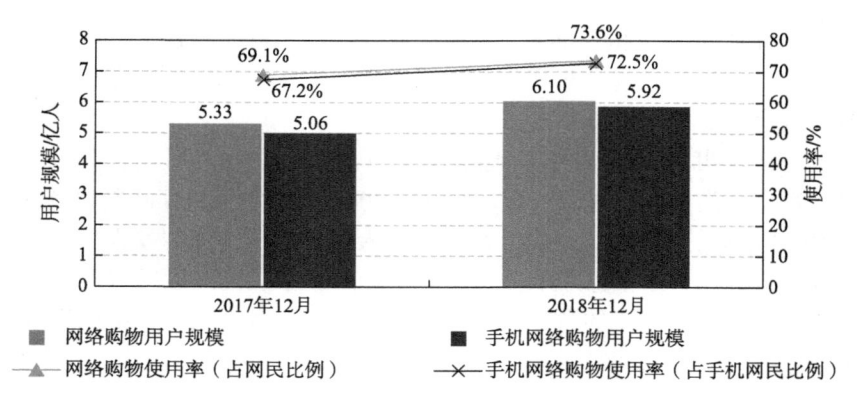

图 2-3　网络购物/手机网络购物用户规模及使用率
资料来源：中国互联网络信息中心

上申报、排队预约、审批（审查）结果等信息，实现线上线下功能互补、无缝衔接、全过程留痕，并推动基于互联网、自助终端、移动终端的政务服务入口全面向基层延伸，让群众"最多跑一次"。后端数据管理方面，各级政府加快完善政务数据资源体系，构建全国统一、多级互联的数据共享交换平台体系，强化平台功能、完善管理规范，使其具备跨层级、跨地域、跨系统、跨部门、跨业务的数据调度能力，让"数据多跑路"。

3. 中国从"数字革命"的"落伍者"转变为"入局者"

自世界工业化以来，技术的力量、市场的力量以及全球化的力量是推动全球发展的三大核心力量。同样地，从世界范围来看，这场"数字革命"也是这三大力量共同推动的结果。特别地，"数字革命"发展到现阶段仍旧是"进行时"。与以往的科技革命相比，以互联网为代表的"数字革命"的技术升级的速度更快、模式创新的周期更短、市场应用的前景更广阔，与世界市场的联系也更紧密。

2000年以来，中国从"数字革命"的"落伍者"转变为成功的"入局者"，极大地缩小数字鸿沟、收获数字红利，成为这场"数字革命"的受益方。

4. 中国放大数字红利，开创新经济措施

1) 主动抢占"数字革命"制高点，积极引领全球"数字革命"

第一，进一步大力发展互联网信息基础设施建设，推进信息化重大工程建设，完善新一代高速光纤网络建设，普及高速无线宽带，深入推进"三网融合"。构建政府、科研机构以及企业之间的合作伙伴关系，建立若干旨在提升数据技术能力的合作研究机构，提升互联网应用领域相关技术的竞争力，大力推进物联网、云计算、大数据应用以及网络安全技术。

第二，完善数字技术促进发展的配套机制。强化普遍服务责任，完善普遍服务机制，不断提高网速以及降低网络使用费率。加快建设国家政府数据统一开放平台，推动政府信息系统和公共数据互联开放共享，研究制定数据开放、保护等法律法规，完善政府信息资源管理办法。加强互联网信息安全的相关政策和监管机制，推进对信息隐私立法和消费者信息保护，保障网络和信息安全。

2）创新数字红利，推进新经济的快速发展

第一，大力推进"互联网+现代农业"。以"互联网+现代农业"为驱动，集成农业技术体系与农村信息服务体系，将农业科研人才、技术推广人员、新型农业经营主体等通过互联网实现跨界连接，推动发展"智能生产、精准营销、生态友好、安全高效"的农业生产、经营新模式，实现农业"小生产"与电商"大市场"的精准对接，使"互联网+"成为现代农业发展的引擎。建立国家农业大数据中心以及各地区农村信息化业务平台，整合农业科技信息、农资供求信息、农产品需求信息、涉农普惠金融信息、保险信息、补贴信息等，加速推进农业大数据应用服务，实现"互联网+"对现代农业发展的全方位支撑。

第二，大力推进"互联网+制造业"。大力推动制造业升级和提升全球竞争力是经济结构调整的重要内容。大力推进互联网与制造业的有机结合，积极布局工业互联网相关基础设施和平台建设，推进网络化制造和经营，加速研发设计、生产制造、业务重组等向全球体系演进，促进产业创新模式向高效共享和协同转变，推动工业从生产型制造向服务型制造转变。

第三，大力推进"互联网+服务业"。从发展前景看，"互联网+服务业"未来发展潜力和空间巨大，意义重大。进一步完善电子商务发展的制度环境，推动互联网在医疗、教育、交通、金融、公用事业、公益事业、公共服务等领域的快速发展。进一步完善"互联网+服务业"发展的制度环境，探索大数据共享机制，利用大数据、云计算等技术提高现代服务业的增加值，规范互联网金融发展。规范数字经济发展的市场环境，出台消费者信息保护的相关立法，加强各类电子商务经营企业的自律意识，严格保护消费者信息。

第四，大力推进"互联网+新型城镇化"。利用"数字机遇"推进新型城镇化建设。互联网的本质是创新、高效和包容，这与我国新型城镇化建设所遵循的高效、包容、可持续发展的目标是一致的。首先，大力推进电子政府，加强跨部门、跨层级的信息交流和共享，提高城市协同治理能力，以及基于电子政务的城市管理体系和应急快速反应体系。其次，推进"互联网+"行动计划，加强互联网在人口管理、交通管理、公用设施使用、公共服务提供等领域的广泛使用，推进大数据和物联网的发展和应用，建设智慧城市。

第五，大力推进"互联网+政务服务"。促进互联网与政府公共服务体系的深度融合，推动公共服务共建共享，提升政府治理能力和水平。首先，构建面向公众的一体化在线公共服务体系，提升企业与个人的便捷性和办事效率。其次，重视政务新媒体建设，搭建政府网络问政平台，提升政府网络反馈能力和高效决策能力。再次，实施重点领域大数据高效采集、有效整合，打通政府部门、企事业单位之间的数据壁垒，深化政府数据和社会数据关联分析、融合利用，并稳步推动公共数据、信用信息开放。最后，全面推进政务公开信息化，特别是公开"三公"经费等预算信息，把权力关进"数字铁笼"，以预防和减少腐败。

3）大力缩小内部数字鸿沟，为互联网弱势群体创造数字红利

第一，创新互联网普遍服务机制，支持农村及偏远地区宽带建设，缩小城乡之间的数字鸿沟。借助"宽带中国"战略实施方案，加快推进落实农村地区互联网基础设施建设，重点解决宽带"村村通"问题，加快研发和推广适合农民特征的低成本智能终端。

第二，为农村地区的发展创造数字红利。依托大型电商企业，大力加强农村电商节点建设，发挥基层政府、社会组织和电商企业的积极性，开展电商进入农村的综合示范项目，为广大农村参与电子商务提供便利条件，为农民创造就业机会、提高收入水平、降低农业生产的市场风险。

（三）智能化革命是未来发展主题

人工智能是一个宽泛的概念，有人将其划分为弱人工智能、强人工智能和超人工智能。从人工智能总体发展来看，一方面，深度学习只能在机器上建立浅层次的条件反射，是弱人工智能，真正意义上的人工智能即强人工智能尚未实现；另一方面，依托深度学习等新一代人工智能技术的新兴产业生态和行业应用的发展方兴未艾。

专用芯片、算法平台和特色数据成为企业打造人工智能生态体系的重要着力点。人工智能时代将会出现多种多样的计算终端，而不仅仅局限于计算机、手机等通用设备，在芯片领域将逐步出现为特定场景而定制的具备低功耗、低成本、高性能优势的专用芯片，将算法芯片化、产品化也成为一种趋势。与互联网时代地图服务类似，人工智能自然语言处理、计算机视觉等基础服务具有依赖数据更新不断迭代的特点，"数据+平台"的云服务模式将逐渐深化，人工智能基础服务提供商不断积累数据，提供更优质的服务。

人工智能产品将在不断的迭代中实现较大突破，在人们生产、生活中得到更广泛应用。目前，人工智能相对成熟的产品主要集中在安防监控设备等局部细分领域，智能扫地机器人、智能音箱、机器翻译机等产品普遍存在覆盖范围小、使用群体少、智能化水平偏低等问题，此外，还有更多的产品空白领域。虽然在短暂的未来，影视剧里面的那种具有自主意识的人工智能不会出现，但是通过机器

学习算法简化软件的复杂性、增强机器的智能化水平还有很广阔的发展空间。例如，虽然完全无人驾驶可能很长时间都不会出现，但是辅助驾驶系统将成为汽车的必备；家用电器会更加智能化，同时会出现家庭服务机器人等新型家电产品。

人机混合智能将成为人工智能典型应用模式，优化过程中机器智能比例会持续增大。人工智能（或机器智能）和人类智能各有所长，人机混合智能模式取长补短，将在未来有广阔的应用前景。人机混合智能可以把人对模糊、不确定问题分析响应的高级认知机制与机器强大的运算和存储能力紧密耦合，使得两者相互适应、协同工作，进行双向信息交流与控制，构成"1+1>2"的增强智能形态。人机协作、人机决策、脑机接口等人机混合智能将成为人工智能在各领域推广应用的主流方向，正如在医疗领域医生与外科手术机器人、新闻领域编辑审核人员与写作机器人的协作一样。此外，随着应用过程中智能技术的提升和协作机制的不断优化，机器智能将逐步接管更多工作。

第三节 社 会 维 度

一、发展现状

（一）新一代信息技术产业改变人民社会生活

习近平总书记在党的十九大报告中指出，"人民美好生活需要日益广泛，不仅对物质文化生活提出了更高要求，而且在民主、法治、公平、正义、安全、环境等方面的要求日益增长……新时代我国社会主要矛盾是人民日益增长的美好生活需要和不平衡不充分的发展之间的矛盾"[1]。

随着新一代信息技术的快速发展，我国居民经济社会生活正在发生翻天覆地的变化。

在乡村振兴方面，充分利用移动互联网、大数据、云计算、物联网等新一代信息技术与农业的跨界融合，创新基于互联网平台的现代农业新产品、新模式与新业态，是以"互联网+"为驱动，努力打造"信息支撑、管理协同、产出高效、产品安全、资源节约、环境友好"的现代农业发展升级版，加速乡村振兴发展。

在生态环境建设方面，随着制造业发展与资源环境制约的矛盾日益突出，为实现资源能源的高效利用和生态环境保护，绿色发展已经成为我国经济发展的主旋

---

[1] 习近平：决胜全面建成小康社会 夺取新时代中国特色社会主义伟大胜利——在中国共产党第十九次全国代表大会上的报告. http://www.gov.cn/zhuanti/2017-10/27/content_5234876.htm.

律、绿色制造等清洁生产过程日益普及。随着新一轮科技革命和产业变革不断深入，信息技术对绿色发展的关联和带动作用日益增强，以"互联网+绿色技术"为核心的绿色技术支撑体系逐步建立并促进信息技术与我国生态文明建设有机结合。

在公共安全方面，公共安全是每个公民最关心、最直接的利益所在，涉及公众生命、健康、财产等方面的安全。公共安全事件的不断发生既是我国社会转型进入新的历史阶段的反映，也考量着我们在新形势下应对公共安全危机的能力。得益于深度学习算法的突破、硬件计算能力的提升以及互联网数据的积累，计算机视觉、自然语言理解、语音识别等人工智能技术正逐步从实验室走向产业化，在公共安全领域主要包括犯罪侦查、交通监控、自然灾害监测、食品安全保障、环境污染监测等场景的应用。

（二）新型智慧城市建设成为我国建设智慧社会的重要载体

在中国共产党第十九次全国代表大会上，智慧社会与网络强国、数字中国一起被正式写进报告。如何把握面向知识社会的下一代创新的时代机遇，利用物联网等新一代信息技术形成的新网络、新数据环境，推动数字中国、智慧社会建设是落实党的十九大精神的重要课题。

（1）以数字经济和智慧产业为支撑的新型智慧城市已成为我国科技强国、网络强国、智慧社会等国家重大战略部署推进的主阵地。党的十九大报告提出，推动互联网、大数据、人工智能和实体经济深度融合，在中高端消费、创新引领、绿色低碳、共享经济、现代供应链、人力资本服务等领域培育新增长点、形成新动能[1]。这一重大部署指明了我国产业发展方向和路径，坚定了我们加快发展智慧经济、智慧城市建设的信心和决心。全国各级城市积极落实党的十九大精神，坚持创新、协调、绿色、开放、共享的发展理念，坚持以数字经济和智慧产业为龙头，稳步推进新型智慧城市建设。我国新型智慧城市建设已稳步进入新时代，成为智慧社会建设的重要组成部分。

（2）新型智慧城市建设的核心目标就是全心全意为人民服务，让人民群众在我国数字经济和智慧产业蓬勃发展过程获得越来越多的参与度、幸福感。2018年3月5日，李克强总理在第十三届全国人民代表大会第一次会议上多处提到智慧城市重要环节[2]：①发展壮大新动能，做大做强新兴产业集群，实施大数据发展行动，加强新一代人工智能研发应用，在医疗、养老、教育、文化、体育等多领域

---

[1] 习近平：决胜全面建成小康社会 夺取新时代中国特色社会主义伟大胜利——在中国共产党第十九次全国代表大会上的报告. http://www.gov.cn/zhuanti/2017-10/27/content_5234876.htm.

[2] 政府工作报告——2018年3月5日在第十三届全国人民代表大会第一次会议上. http://www.gov.cn/xinwen/2018-03/22/content_5276608.htm.

推进"互联网+",这可以通过智慧医疗和智慧养老不断完善。②提高新型城镇化质量,优先发展公共交通,健全菜市场、停车场等便民服务设施,这需要各级城市不断加强智慧交通、智能停车以及智慧小区和"互联网+生鲜蔬果"的智慧物流、智慧仓储等的建设。③实施健康中国战略和打造共建共治共享社会治理格局,这是对智慧医疗和智能安防提出的更高要求。总之,新型智慧城市建设的核心目标就是为人民服务,我们必须想人民之所想、急人民之所急、办民之所需、干民之所盼,满足人民群众日益增加的物质、文化和生活需要,让人民群众在我国数字经济和智慧产业蓬勃发展过程中获得越来越多的参与度、幸福感、满足感。

(3)我国新型智慧城市建设工作已从原先国家层面自上而下政策驱动转变为自下而上各个城市智慧产业支撑、数字经济强市的内在发展需要和经济结构调整/地区转型升级的关键动能。随着网络技术与数字经济的发展,我国智慧城市建设在创新科技领域逐渐显示其优越性,极大地缩短了与先进国家水平的差距,其中一些涉及民生服务的关键技术和应用已处于国际领先水平。截至2017年12月已有290个城市入选国家智慧城市试点,并有超过300个城市分别与BAT(特指中国三大互联网公司百度、阿里巴巴、腾讯)、华为、中兴、软通动力等优秀的数字经济和智慧城市运营服务企业签署了战略合作框架协议。

部分中西部、西南部城市(如成都、西安、贵阳、长沙)在数字经济和智慧产业双轮驱动下焕发出全新的活力和前所未有的发展潜能。在中国作为当今世界第一的高铁动车、基建桥梁核心技术以及日益便捷的移动互联网、大数据支撑的数字技术双重作用下,内陆城市起步晚、人口多、基础薄、交通不便的不足被迅速弥补,而其气候凉爽、人杰地灵的优势则被迅速放大,内陆城市人口红利在移动互联网经济的强大集聚效应下焕发全新动能和勃勃生机。从成都举办的欧美同学会数字经济与人工智能大会到西安举办的世界西商大会,从贵阳举办的国际大数据产业博览会到长沙举办的互联网岳麓峰会等全国性、世界性的"互联网+智慧产业"大会为各城市吸引全国乃至全球创业者、投资者的关注,极大地推动了城市数字经济和智慧产业发展。这些都充分说明各城市对新型智慧城市工作的高度重视,从党的十八大前自上而下的政策驱动转变为党的十九大后各城市自下而上的智慧产业支撑、数字经济强市的内在发展需要,也是推动我国内陆城市经济结构调整、产业转型升级的关键动能。

(4)我国新型智慧城市整体建设水平取得进步,"城市大脑""放管服""互联网+政务服务"等工作正全面加速推进。我国各大城市把新型智慧城市建设作为城市建设、政务服务、智慧产业等的核心载体,智慧经济基础设施继续完善,"城市大脑"逐步构建,建设工作进一步深入。随着"放管服""互联网+政务服务""政务信息资源共享管理""政务信息系统整合共享"等工作的全面推进,以"人民为中心"的智慧政府和服务型政府建设取得了长足发展,网上办事和服务能力得到有效加强，各大城市均开通了政务服务网，逐步实现"一网通办"，智慧管理服务整体得分比较高，凸显政府在智慧城市发展中的引领作用。

（5）我国新型城市化极大地推进智慧城镇、智慧小镇的各方面工作，数字经济的影响逐步向中西部等较偏远城镇、乡镇渗透。在国家大力推进的科技振兴、文化旅游、自然资源牵引下，各地依据自身优势，发展多种新型产业，智慧城镇、智慧小镇也取得更加健康的发展。这些智慧城镇、智慧小镇分布地区广、覆盖范围大，都是既具有产业特色、又富有经济活力和生态宜居的优秀典型，凸显了数字经济、智慧产业的适用性非常强等特点，能结合不同地区不同情况发展各自特色的区域模式，为我国新型城镇化、新农村建设向内陆及中西部地区纵深发展树立了典型，做好了表率。

我国智慧城市建设自2008年起步，至今取得了十分显著的成就，人民群众的数字化生存、互联网生活、移动化工作的积极性、参与度都处于全球领先水平。因此，面对愈加复杂的国际国内形势，面对世界百年未有之大变局，我们更应该在习近平新时代中国特色社会主义思想的指引下，准确把握住当前的历史发展机遇，全面深化改革开放，进一步推动我国社会和城市智库建设，推动数字经济、智慧产业以及核心技术的创新突破，把科技发展的主动权牢牢掌握在自己手里。

（三）技术发展对国家管理和社会治理提出了全新课题与挑战

政务信息化是指为了迎接信息时代的到来，利用信息技术、通信技术、网络技术、办公自动化技术，对传统政府管理和公共服务进行改革。当前，大数据、云计算、移动互联网等新技术对全球治理、国际竞争、经济运行、产业发展、社会生活等诸多方面产生深远影响，也对国家管理和社会治理提出了全新课题与挑战，创新政务信息化工作十分必要和迫切。根据国务院批复要求（国函〔2017〕93号），国家发展改革委正式印发《"十三五"国家政务信息化工程建设规划》，作为规范和指导我国政务信息化工程建设的纲领性文件。《"十三五"国家政务信息化工程建设规划》贯彻落实党的十八大以来党中央、国务院关于政务信息化发展的新要求，紧密结合我国政务信息化工作面临的新形势，提出了"十三五"政务信息化发展的新要求，对国家重大政务信息化工程建设进行了系统性设计，标志着我国政务信息化迈入了创新发展的新阶段。

1. 我国高度重视政务信息化工作

党中央、国务院高度重视政务信息化工作。习近平总书记在第三十六次中共中央政治局集体学习时指出，"我们要深刻认识互联网在国家管理和社会治理中的作用，以推行电子政务、建设新型智慧城市等为抓手，以数据集中和共享为途径，建设全国一体化的国家大数据中心，推进技术融合、业务融合、数据融合，实现跨层级、跨地域、跨系统、跨部门、跨业务的协同管理和服务"[①]。2017年6月13日，李克强总理在全国深化简政放权放管结合优化服务改革电视电话会议上对政务信息系统整合共享工作提出了明确要求[②]。在新的历史时期，政务信息化工作的重要意义已经远远超出技术范畴，成为推进国家治理体系和治理能力现代化题中应有之义，必须从全面深化改革的高度凝聚发展共识、明确发展方向。

2. 我国电子政务发展取得较大进步

随着互联网、大数据、人工智能等信息技术的发展，群众的生活方式、获取公共服务需求方式都发生了重大的变化。党的十八大以来，以习近平同志为核心的党中央高度重视网信事业的发展。在全国网络安全和信息化工作会议上，习近平总书记作出了一系列重要指示，为推进新时代我国电子政务发展提供了依据。近几年来，中国EGDI排名总体上不断提升，2018年列居全球第65位（图2-4）。2003~2018年，中国EGDI从0.42提升至0.68；OSI从0.33提升至0.86；TII从0.12提升至0.47；HCI从0.80下降为0.71（全球HCI均下降）。总体上，我国电子政务发展在各方面均取得了进步，未来依然有很大的提升空间。

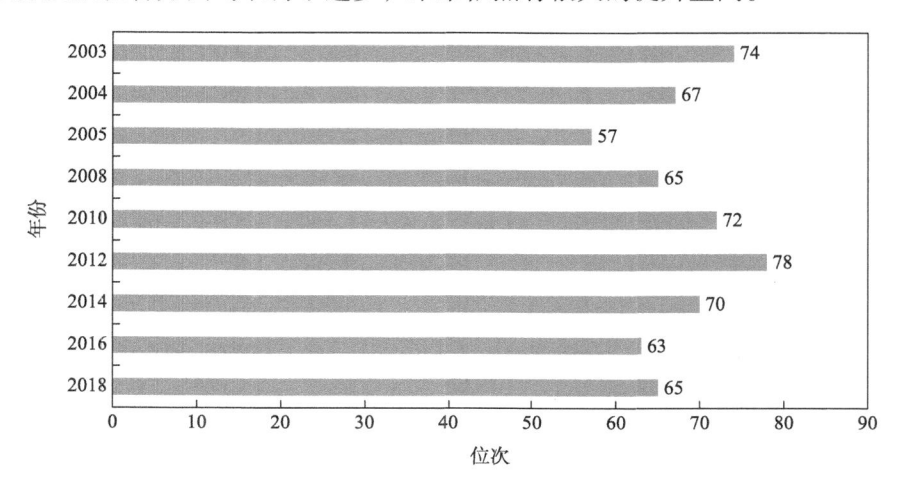

年份	位次
2003	74
2004	67
2005	57
2008	65
2010	72
2012	78
2014	70
2016	63
2018	65

图2-4　2003~2018年中国EGDI排名变化情况

---

① 中共中央政治局就实施网络强国战略进行第三十六次集体学习. http://www.gov.cn/xinwen/2016-10/09/content_5116444.htm.

② 李克强在全国深化简政放权放管结合优化服务改革电视电话会议上的讲话. http://www.gov.cn/premier/2017-06/29/content_5206812.htm.

二、发展趋势

（一）新一代信息技术为我国发展信息社会带来新机遇

新一代信息技术之所以被称为新科技革命支柱，不仅是因为它对国内生产总值增量贡献最大，为其他各产业的发展提供技术支撑，更重要的是它将对整个社会政治、经济、文化生活（从电子政务、电子商务、网上银行、现代服务业到新媒体和文化产业）产生重大影响。

信息社会是脱离工业化社会以后信息将起主要作用的社会，即后工业社会。信息经济在国民经济中占据主导地位，并构成社会信息化的物质基础。信息社会的概念进一步演进为知识社会，知识社会的概念则包含更加广泛的社会、伦理和政治方面的内容，而信息社会仅仅是实现知识社会的手段。信息技术革命带来社会形态的变革，从而推动面向知识社会的下一代创新（创新2.0），其特点是大众创新、共同创新、开放创新。知识社会也使得创新的来源从少数科技精英拓展到广泛的大众，推动了创新的民主化进程。

在新科技革命推动下的信息社会演进发展过程中出现了激烈变动的时代特征。互联网商业化后整个社会政治、经济和文化生活出现了巨大的变革，新的基于互联网的现代服务业态正在兴起，称为 E（electronic）时代。随着传统传播方式的解构和重建，又出现了 C（connected）时代的概念。在 E 时代和 C 时代，各种模式的商业形态虽然越来越让人眼花缭乱，其仍然围绕计算、云、信息交互、移动领域来展开。数字技术对宇宙的三个基本维度（时间、空间和物质）的渗透逐渐衍生出了三个新维度：非时间、非空间和非物质。计算能力和互联网进入了我们的口袋、客厅、汽车，即泛在计算、泛在网络和泛在社会。改变的不仅仅是计算和链接的方式，也不仅仅是技术的趋势和产业的形态。人与人之间、人与社会之间，乃至人类精神表达层面的艺术形式，都会发生巨大的变化。我们从今天已经发生的事情和特征可以看到未来社会的踪影，有人称为已经发生的未来。

（二）新一代信息技术驱动社会、文化及国家治理变革意义深远

每一次生产力革命都给人类生产、生活带来深刻影响，而当前以互联网为代表的信息革命向生产、生活领域和政务领域深度渗透，带动了信息技术产业的发展，也构成国家治理、社会治理的基础环境和一个重要工具，改变了人们思考社会的知识范畴、治理社会的行为方式和模式，塑造着人类社会生活新的空间和秩序。

1. 社会形态的历史嬗变：从农业社会、工业社会到信息社会

信息技术与经济社会的交汇融合引发了数据迅猛增长，数据已成为国家基础性战略资源，大数据正日益对全球生产、流通、分配、消费活动以及经济运行机制、社会生活方式和国家治理能力产生重要影响。信息革命不仅在改变着人们习以为常的社会生活方式，而且在改变着社会权力的运行状态和社会秩序的治理模式。与工业时代的社会生活状态相比，在当代信息技术的驱动下，年轻人保持联系将不再困难，他们都能够通过谷歌搜索到对方，并且在Facebook或其他网站上建立永久牢固的联系，社会生活的网络化正在使得数字社会日趋演变为新的社会形态。在农业时代，人与人之间的社会联系基本上是地域性的小规模熟人网络，人们彼此的交往深受地理阻隔、交通成本限制和主权疆域限制；即使在高度现代化的工业时代，社会生活中的每个个体也在彼此影响不深的社会情境下进行独立决策，并有充足的时间进行谨慎思考和理性抉择，例外主要发生在战争或突发事件等需要做出迅速决策的情形之中。

由于当代通信技术的进步特别是社交网络和即时通信工具的普及应用，传统社会决策模式正在遭受前所未有的挑战。几乎在一夜之间，全球单个个体都被纳入同一张社交之网，以前相隔万水千山的人当下彼此相互影响、相互牵连，世界正在加速走向一体化、系统联动性和高复杂不确定性。在这样一个人人彼此相联、社交网络四通八达的世界中，我们既无法仅仅依靠捕捉几个有限变量而进行社会管理和政治决策，也没有充足的时间直面汹涌而来的信息洪流而专注于谨慎思考，更为重要的是社会生活的网络化正使得人们越来越习惯于各种"政治围观"和"社会吐槽"运动，并越来越深度地卷入有关社会治理的各项政治决策之中。如今任何一个网民不经意的微小举动如随手拍、点赞或网络发帖都可能扰动整个社会系统的平衡和稳定，甚至某种程度上重建新的社会结构和新的人际互动模式。

2. 国家治理方式的转变：从单向控制、代议互动到数字协商

各种证据表明，人类社会的发展史就是一部从弱连接状态到强连接状态、从低度信息化向高度信息化逐步演变的历史过程，未来的时代更是一个以人机互动、高度智能化为主导特征的崭新时代。传统上，由于人们的社交圈子、活动半径和互动密度都比较小且固定，有关人们社会生活和政治运行的信息通常都是地域性、粗略性和稀疏性的，加上数据采集和数据分析手段的限制，很多时候政治决策和社会运行管理要么建立在单个事件研判甚至历史经验直觉的基础上，要么以分析小体量结构化数据、阐述平均规律或概率事件为主，如我们耳熟能详的人均国内生产总值、人均占有量、人口密度及基尼系数等。显见，这些根植于传统社会形

态的国家治理决策是由当时的社会生产力水平和信息采集手段所决定的。在有限获取数据和有限提取信息的条件下，有关社会管理的诸多决策通常只能专注于问题的某一侧面而无法顾及全局，有时甚至无法洞悉和还原事件的本来面目，在此情形下，会经常性地出现政府宏观指导与微观社会问题之间脱节的决策偏差。

当代社会的复杂程度和演进速度已远超农业时代和工业时代，我们正在遭遇新的生活方式、置身于新的数字决策环境。在网络化的社会生活中，每个个体早已不再是可以特立独行的社会存在，而是彼此互动又相互影响的，恐慌、游行和动乱等也早已不再是地域性的可控社会现象，而是变得像传染病那样骤然暴发、迅速传导且四下蔓延；决策的本质越来越偏离传统的"理性抉择"与"精英共识"，越来越滑向社会网络中的多变量扰动与信息聚合。显而易见，社会形态的改变已经使得每个人的决策根植于更宽广的社会信息网络之中，使得每个人正在演变成为整个社会决策的有机组成部分；有关社会运行管理的政策产出越来越体现为不同民意之间的妥协而不是精英之间的共识。就此而言，数字社会是一种全新的社会形态。数字政府作为一种新型国家治理方式，其特点主要体现为以下三个方面：第一，社会生活的全面"信息化"与"网络化"，由于信息采集技术的进步和信息存储成本的降低，人们的社会生活越来越具有高频互动性，同时人们的日常行为也越来越具有可记录性、可监测性和可预测性；第二，政府服务的"智能化"与"精准化"，政府各部门数据日趋融通、开放和具有可计算性，政府服务由以前粗放式管理日趋转向针对具体个人、具体问题的精准化治理；第三，信息传播的"扁平化"与"多中心化"，在社会生活中信息的生产与流动不再局限于精英之间，每个具备一定信息技术能力的社会个体都可以成为信息的生产者、传播者和消费者，从而使得知识和信息资源有可能在社会全体成员之间自由流动，也从而使得有关社会公共问题的治理走向多主体参与和多主体协商。

3. 数字政府治理：从统计管理、数据融通到智慧服务

传统的农业社会和工业社会的政府职能以统计管理为主，目标是为统治者和精英决策层提供决策数据与信息支撑，而信息社会的政府职能以数据融通和提供智慧服务为主，着力解决信息碎片化、应用条块化、服务割裂化等问题，确保信息数据在政府与社会、市场及公民之间畅通，以更好地提供基于个性化的政府服务，以信息化推进国家治理体系和治理能力现代化。二者最大的不同点在于，前者主要力图管控社会，后者则主要谋求服务社会。从"统计政府"到数字政府的转变，既是人类技术进步的客观结果，又体现了人类社会治理理念的巨大转变。具体来讲，数字政府并非仅指政府办公流程的数字化和政务处理的电子化，其真实含义更多的是政府通过数字化思维、数字化理念、数字化

战略、数字化资源、数字化工具和数字化规则等治理信息社会空间、提供优质政府服务、增强公众服务满意度的过程。就此而言,它至少包含以下两个方面含义:第一,政府内部通过数字战略的实施,打通政府各部门、各层级之间的信息孤岛,建立起基于政府内部数据融通的高效办事网络,节省社会交易成本;第二,政府对外通过开放数据战略的实施,促进社会公共信息在社会成员之间的共享与获取,从而释放数据活力、推进社会稳定与繁荣。整体上,建设数字政府是数字化时代社会成员对政府服务的更新更高要求,同时也是政府对社会演进到数字形态的自我适应与改变。

总而言之,数字政府治理是一种全新的治理理念与治理方式,各国政府及国际社会都面临着全球数字化所带来的"内忧外患"的巨大挑战。以互联网为代表的新技术拓展了国家治理和全球治理的领域与内容,并为其提供了可资利用的手段。"数字地球"已将人类社会连成一体,当今的政府治理必须站在全球一体化的高度上,突破民族、国家、疆域的限制,着力打造与全球治理理念和治理体制相适应的数字政府治理体系。换句话说,数字政府治理体系建构与全球治理体制变革要做到关联互嵌,实现某种程度上的动态同构。

全球范围内建设数字政府、利用信息化技术推动经济发展和提升社会治理水平正成为历史大潮,有关发达国家相继制定了数字政府相关战略性文件。当今世界,信息技术日新月异,以数字化、网络化、智能化为特征的新一轮信息化浪潮已经兴起。信息技术的不断革新不仅改变了人们传统的工作、学习、生活和娱乐方式,而且改变着国家和政府的存在形式。

第四节 科技维度

一、发展现状

(一)新一代信息技术创新突破为科技革命和产业变革带来重大机遇

新科技革命或将在新一代信息技术、生物技术、新能源技术、新材料技术、智能制造技术等领域取得突破。新一轮科技革命和产业变革对我国既是机遇也是挑战。牢牢抓住新科技革命和产业变革的"机会窗口",以推进新一代信息技术创新及其产业化为重点,加快破除阻碍"创造性毁灭"的体制障碍,着力增加创新要素、提高人力资本存量、前瞻布局信息基础设施等,提高生产要素的配置效率,促进生产要素积累和全要素生产率提升。

1. 新一轮科技革命和产业变革的基本趋势

历次科技革命通过科技成果的产业化、市场化，催生新的行业、改造传统的产业、塑造产业格局，推动产业变革爆发。孕育发展中的新科技革命和产业变革也不例外。

科技革命是产业变革的先导。科技发展受多重因素影响，既有人类的好奇心和科技发展的惯性等内在动力，也有与经济和安全紧密相关的社会需求和投入因素。未来的科技发展将更加以人为本，促进和保障人与自然、人与社会和谐相处成为科技创新的基本理念，绿色、健康、智能将成为引领科技创新的重点方向，或将在新一代信息技术等领域取得突破。

新产业变革是新科技革命的结果。一方面，无论是从重大科学发现和技术演进趋势来看，还是从人类共同面临的可持续发展需求来看，孕育发展中的新产业变革的爆发将更基于多重技术的交叉融合；另一方面，尽管第二次科技革命和第二次产业革命爆发以来，科技革命到产业革命的时间越来越短，但是从目前最有可能催生新产业变革的科技领域来看，还未出现有广泛关联性和全局性并对人类社会生产、生活各个方面产生深刻、持续影响的重大科技突破和发明应用，或许还需要一段时间的积累。此外，孕育发展中的新产业变革将有可能从根本上改变技术路径、产品形态、产业模式，推动产业生态和经济格局重大深刻调整，对制度的要求也将更为苛刻，更可能发生在具备良好制度条件的国家和地区。

2. 新一轮科技革命和产业变革对我国经济增长的影响

理论上，新一轮科技革命和产业变革对经济增长的影响本质上是新生产要素替代旧生产要素、新生产方式替代旧生产方式、新动能替代旧动能的"创造性毁灭"过程。实践上，新一轮科技革命和产业变革将为我国转变经济发展方式、优化经济结构、转换增长动力提供机遇。考虑到我国发展基础，也存在一系列挑战。

1）推动产业结构转型升级

新一轮科技革命和产业变革将改造传统生产模式与服务业态，推动传统生产方式和商业模式变革，促进工业和服务业融合发展。一方面，推动传统产业转型升级。新一代信息技术和智能制造技术融入传统制造业的产品研发、设计、制造过程，将推动我国传统制造业由大批量标准化生产转变为以互联网为支撑的智能化个性化定制生产，大幅提升传统产业发展能级和发展空间；新能源技术广泛应用于传统产业，将直接降低传统产业能耗水平。另一方面，促进制造业和服务业融合发展。新一代信息技术、智能制造技术等全面嵌入制造业和服务业领域，将打破我国传统封闭式制造流程和服务业态，促进制造业和服务业在产业链上融合。

随着产业高度融合、产业边界逐渐模糊，新技术、新产品、新业态、新模式将不断涌现，现代产业体系还将加速重构。

2）催生新的经济增长动能

新技术及其广泛应用将促进生产效率提高，直接提升我国潜在经济增长率，而新技术的产业化与商业化将打造新的业务部门和新的主导产业，催生新的经济增长点。一方面，提升潜在经济增长率。新一代信息技术、智能制造技术等突破应用，将改造传统的资源配置和生产组织方式，促进全社会资源配置效率提高；智能机器人等广泛应用将替代低技能劳动、简单重复劳动，将缓解劳动力紧缺并提高劳动生产率。另一方面，形成新的经济增长点。新技术在生物、新能源、新材料、智能制造等领域取得突破，将催生关联性强和发展前景广阔的生物、新能源、新材料、智能制造等产业，尤其是依托纵深多样、潜力巨大的国内市场需求，必将发展成为我国产业重要新增长点。

（二）我国与世界领先技术水平缩小差距

1. R&D 经费保持较快增长，投入强度再创历史新高

2017 年，我国 R&D 经费投入总量为 17606.1 亿元，比上年增加 1929.4 亿元，增长 12.3%，增长率较上年提高 1.7 个百分点；R&D 经费投入强度（R&D 经费与国内生产总值的比值）再创历史新高，达到 2.13%，较上年提高 0.02 个百分点。

与发达国家相比，我国 R&D 经费呈现四个特点：一是投入总量与美国的差距正逐年缩小。2013 年，我国 R&D 经费投入总量首次跃居世界第二，约为同期位列世界第一的美国的 40%。二是年净增量超过 OECD 成员国增量总和。2016 年，我国 R&D 经费净增量为 1506.9 亿元，超过同期 OECD 成员国增量总和（973.7 亿元）。三是增长率保持世界领先。2013~2016 年，我国 R&D 经费年均增长 11.1%，而同期美国、欧盟和日本的增长率分别为 2.7%、2.3% 和 0.6%。四是强度已达到中等发达国家水平。2016 年，在 OECD 35 个成员国中，我国 R&D 经费投入强度为 2.11%，介于列第 12 位的法国（2.25%）和第 13 位的冰岛（2.10%）之间。

2. 研发投入结构向好，资源配置进一步优化

1）基础研究经费占比进一步提升

2017 年，我国基础研究经费为 975.5 亿元，比上年增加 152.6 亿元，增长 18.5%；增长率较上年提高 3.6 个百分点，为 2012 年以来的最高；基础研究经费占 R&D 经费的比例为 5.5%，较上年提高 0.3 个百分点，延续了 2014 年以来稳步回升的态势。其中，高等学校、政府属研究机构和企业分别为 531.1 亿元、384.4 亿元和 28.9

亿元，分别比上年增长 22.8%、13.9%和 11%。高等学校对全社会基础研究增长的贡献率为 64.6%，较上年提高 25.8 个百分点，对全社会基础研究占比的稳步回升起到积极的推动作用。

2）企业拉动作用依然强劲

随着创新驱动发展战略深入实施及创新型国家建设不断推进，企业、政府属研究机构、高等学校三大执行主体 R&D 经费投入力度进一步加大，增长率均有所提高。2017 年，我国企业、政府属研究机构和高等学校 R&D 经费增长率分别较上年提高 0.9 个、2.0 个和 10.7 个百分点，对全社会 R&D 经费增长的贡献率分别为 78.6%、9.1%和 10.0%。虽然企业的贡献率较上年回落 5.2 个百分点，但依然是拉动全社会 R&D 经费增长的主要力量。

3）行业集聚效应加强

2017 年，我国规模以上工业企业中 R&D 经费超过 500 亿元的行业大类有 8 个，R&D 经费合计 7828.9 亿元，比上年增长 10.7%，增长率高于规模以上工业企业 0.9 个百分点；这 8 个行业的 R&D 经费占规模以上工业企业 R&D 经费的 65.2%，较上年提高 0.6 个百分点。高技术制造业和装备制造业 R&D 经费投入强度分别为 2.00%和 1.65%，较上年分别提高 0.10 个和 0.14 个百分点，较制造业平均水平分别高 0.86 个和 0.51 个百分点。

4）东部地区继续保持领先

2017 年，我国东、中、西和东北地区 R&D 经费分别为 11884.8 亿元、2820.2 亿元、2196.6 亿元和 704.5 亿元，分别比上年增加 1195.4 亿元、442.1 亿元、252.3 亿元和 39.6 亿元，分别比上年增长 11.2%、18.6%、13.0%和 6.0%，对全社会 R&D 经费增长的贡献率分别为 61.9%、22.9%、13.1%和 2.1%。东部地区 R&D 经费继续保持优势地位，中部地区 R&D 经费增长率提高显著。

3. 政府投入力度加大，政策环境进一步改善

2017 年，国家财政科学技术支出 8383.6 亿元，比上年增加 622.9 亿元，增长 8.0%；财政科学技术支出占当年国家财政支出的比例为 4.13%，保持了上年水平。

2017 年，全社会 R&D 经费实现较快增长，这得益于政府鼓励支持科技活动政策落实效果的显著提升和政策环境的进一步改善。以规模以上工业企业为例，2017 年，企业享受的 R&D 经费加计扣除减免税和高新技术企业减免税分别为 569.9 亿元和 1062.3 亿元，分别比上年增长 16.5%和 26.0%，增长率分别较上年提高 7.6 个和 6.0 个百分点。

我国研发投入总量逐年加大，结构不断优化，有力地推动了我国创新驱动发展战略的实施，夯实了我国创新型国家建设的基础。但与发达国家相比，我国研发整体水平仍然存在大而不强、多而不优的情况。例如，基础研究占比与发达国

家（15%～20%）相比有较大差距；又如，研发投入强度与创新型国家（2.5%以上）相比还有一定差距；再如，企业研发投入的行业分布与美国相比不尽合理，非制造业企业研发投入占比仅为 14.9%，远低于美国 33.1%的水平。未来几年，我国应进一步引导全社会加大对研发的投入力度，尤其是前瞻性和应用性基础研究领域；进一步优化我国研发资源配置，突出以企业为主体、市场为导向、产学研深度融合；进一步发挥政府对研发的管理优势，加强国家创新体系建设，深化科技体制改革。

二、发展趋势

新一代信息技术主要是物联网、5G、云计算、大数据以及人工智能等技术的发展；从各技术领域上看，物联网所需技术均已成熟或基本成熟，已经达到世界级水平；而 5G 方面，三大运营商加快了 5G 网络部署，2019 年 5G 实现商用，而 5G 商用将进一步促进物联网技术的发展；云计算技术已经成熟，在电网、交通、物流、智能家居、节能环保等领域具有较多应用；大数据技术在电子商务、电信领域应用度和成熟度较高。综合来看，新一代信息技术所需支撑技术均已发展成熟或在建设的最后阶段，未来这些技术将进一步助力新一代信息技术行业发展，进而提高生产效率，转变生产模式。

第三章　我国新一代信息技术产业阶段特征

第一节　新一代信息技术产业发展经验及存在的问题

一、新一代信息技术产业发展成果分析

（一）下一代通信网络政策持续发力，关键技术取得突破

近年来，在"宽带中国"战略带动下，中国陆续出台了一系列产业支持政策，下一代通信网络产业发展迎来良好政策机遇期，逐步成为支撑和引领经济社会发展的重要驱动力，特别是在通信领域取得了多项重大突破，涵盖了5G、虚拟运营、智能终端、信息安全、新兴互联网应用等。

工业和信息化部数据显示，2018年，我国电信业务总量达到65556亿元（按照2015年不变单价计算），比上年增长137.9%，增长率同比提高61.2个百分点。电信业务收入累计完成13010亿元，比上年增长3.0%。信息技术不断发展，通信网络和业务更新迭代，用户通信水平和便利性得到极大提高。固定互联网宽带接入光纤化和4G网络快速覆盖，带动网络视频、手机购物、网络游戏、各种线上线下生活服务等互联网应用加快普及，刺激移动数据业务流量爆发式增长，2018年移动数据及互联网业务总量同比增长196.1%，在电信业务总量中占比86%，是电信业务总量高速增长的主要动力，也是通信业保持平稳发展的助推器。

当前，通信技术创新活力和应用潜能裂变式释放，5G、工业互联网、车联网、物联网等新型网络形态不断涌现，人工智能、区块链、边缘计算等应用层技术不断升级，可穿戴设备、无人机、机器人等智能终端形态不断扩展，共享经济、科技金融等新应用、新模式、新业态不断推陈出新，网络空间从人人互联向万物互联演进，泛在网络时代已崭露头角。通信行业需继续发挥基础支撑和创新引领作

用，加强对新技术、新应用的跟踪研究和规划部署，补足核心技术短板，加快应用服务创新，深化供给侧结构性改革，加速自身转型升级，担当起新时代的历史使命，引领和支撑经济社会转型升级。

（二）物联网产业规模快速增长，应用领域逐渐深化

截至 2018 年 6 月，我国物联网产业规模保持高速增长，江苏、浙江、广东等省产业规模均超 1000 亿元，福建、重庆、上海、北京、江西等省市"十三五"期末达到千亿元规模。根据各省区市产业规模进行测算，2018 年我国物联网总体产业规模达到约 1.2 万亿元，距"十三五"期末目标值已完成 80%。

截至 2018 年 6 月，中国移动物联网连接数达到 3.8 亿个，中国电信达到 7419 万个，中国联通达到 8423 万个，我国公众网络机器到机器（machine to machine，M2M）连接数共计 5.4 亿个，距"十三五"期末目标值已完成 31.8%。窄带物联网（narrow band internet of things，NB-IoT）在"十三五"上半程处于网络建设阶段，相关应用在下半程规模推进，其连接数呈现加速增长态势。

当前，中国在芯片、传感器、智能终端、中间件、架构、标准制定等领域取得了一大批研究成果。光纤传感器、红外传感器技术达到国际先进水平，超高频智能卡、微波无源无线射频识别、北斗芯片技术水平大幅提升，微机电系统传感器实现批量生产，物联网中间件平台、多功能便携式智能终端研发取得突破。

与此同时，中国物联网应用领域逐渐深化，对工业、农业、能源、物流等行业的提质增效、转型升级作用明显，物联网与移动互联网融合推动家居、健康、养老、娱乐等民生应用创新空前活跃，在公共安全、城市交通、设施管理、管网监测等智慧城市领域的应用显著提升了城市管理智能化水平。物联网应用规模与水平不断提升，在智能交通、车联网、物流追溯、安全生产、医疗健康、能源管理等领域已形成一批成熟的运营服务平台和商业模式，高速公路电子不停车收费（electronic toll collection，ETC）系统实现全国联网，部分物联网应用达到了千万个用户级规模。

（三）新型显示产业发展态势向好，部分领域实现领先

2018 年，在大尺寸、全面屏、4K 超高清市场增长驱动下，全球新型显示产业出货面积继续保持增长态势，同比增长 8%。国内新型显示产业在国际市场带动和国内产业政策引导下，产业发展继续呈现良好发展态势，薄膜晶体管液晶显示器（thin film transistor liquid crystal display，TFT-LCD）面板市场份额位于世界第一，主动矩阵有机发光二极管（active-matrix organic light-emitting diode，AMOLED）

量产进程稳步推进，上游材料和设备本土配套能力不断增强，投融资势头依然高涨。我国新型显示产业继续保持正向增长，TFT-LCD优势进一步巩固，AMOLED量产进程稳步推进，配套体系建设日趋完善，集聚发展态势明显。

2018年，一方面，在电视面板大尺寸和新产品、新需求的带动作用下，全球新型显示产业保持增长态势，显示面板出货面积达到2.2亿m^2；另一方面，受TFT-LCD面板价格不断下降的影响，显示产业总体营收出现缩减，缩减规模在4%左右。我国新型显示产业近年来进步明显，尤其是在TFT-LCD领域，已取得突破性进展，产能、产量位居全球第一，综合竞争力不断攀升。2018年，京东方合肥10.5代线顺利实现量产，中电熊猫咸阳8.6代线、华星光电11代线相继点亮投产，进一步提升我国新型显示产业的市场规模和竞争能力。2018年前三季度，京东方、华星光电、天马等三家龙头企业营收规模达到1100亿元，同比增长10.4%。京东方在电视显示屏、智能手机液晶显示屏、平板电脑显示屏、笔记本电脑显示屏、显示器显示屏等五大领域出货量均保持全球第一。天马依托低温多晶硅（low temperature poly-silicon，LTPS）领域的优势，2018年上半年LTPS手机面板出货量继续保持全球第一，华为、小米、OPPO、vivo、联想等众多知名品牌下多款旗舰产品，如中高端智能手机、平板电脑、超级本等均采用天马LTPS显示屏。华星光电大尺寸液晶面板出货量保持全球第五，32in液晶面板产品市场占有率居全球第二，依托产业链垂直整合能力，华星光电在惠州投资96亿元建设模组整机一体化智能制造产业基地，进一步增强国内企业在TFT-LCD领域的工业能力和竞争优势。

（四）我国集成电路产业高速增长

2018年，全球半导体市场基本保持增长势头，市场规模达到4779.4亿美元，同比增长15.9%，相比2017年21.6%的大幅增长有所放缓（图3-1）。从产品类别看，存储器受涨价影响仍为增长最快的半导体产品，同比增长33.2%；分立器件和光电器件紧随其后，同比增长11.7%和11.2%。从区域分布看，亚太地区仍为全球最大的半导体市场，但是美国近年来增长迅速，2018年其半导体市场同比增长19.6%，为半导体市场增长速度最快的区域。受经贸关系和市场增长乏力影响，2018年我国集成电路产业增长率同比有所下降，国内集成电路设计、制造、封测三业增长率同比上年均略有下降，其中，设计业销售额为2502.7亿元，同比增长20.7%；制造业销售额为1836.2亿元，同比增长26.8%；封测业销售额为2235.5亿元，同比增长18.3%（图3-2）。

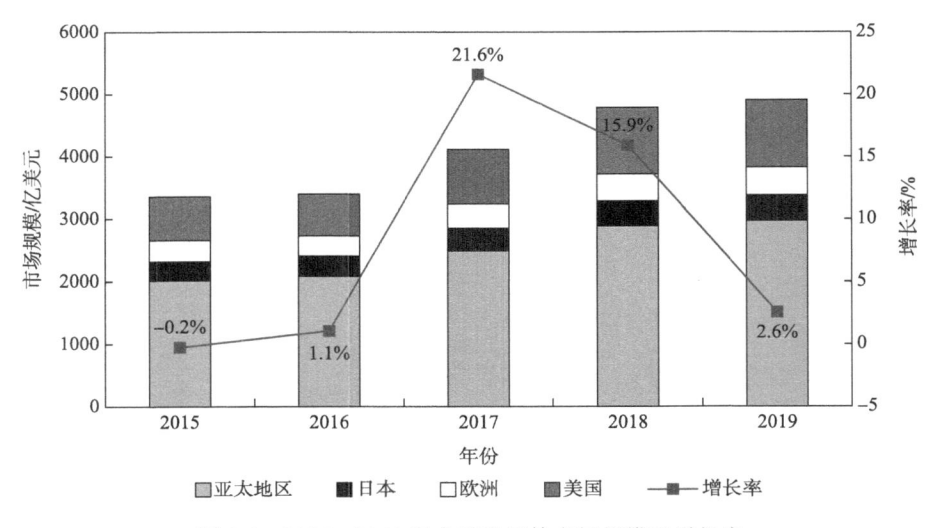

第三章 我国新一代信息技术产业阶段特征

图 3-1　2015~2019 年全球半导体市场规模及增长率
资料来源：WSTS、赛迪智库

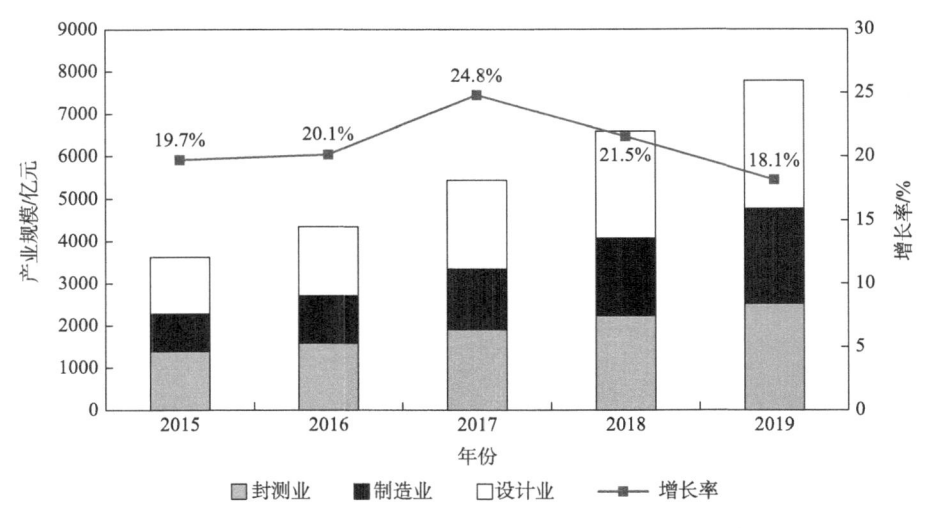

图 3-2　2015~2019 年我国集成电路产业规模及增长率
资料来源：WSTS、赛迪智库

（五）云计算市场需求爆发，企业纷纷布局

自 2006 年谷歌公司首次提出"云计算"的概念以来，各国政府和企业纷纷布局云计算，几乎颠覆了整个信息技术产业格局。随着互联网、物联网等技术在各领域的广泛应用，数据量呈现井喷式发展，云计算市场需求爆发性增长。

我国公有云市场保持 50%以上增长。2017 年我国云计算整体市场规模达 691.6 亿元，增长率为 34.32%。其中，公有云市场规模达到 264.8 亿元，相比 2016 年增长 55.7%（图 3-3）；私有云市场规模达 426.8 亿元，较 2016 年增长 23.8%（图 3-4）。

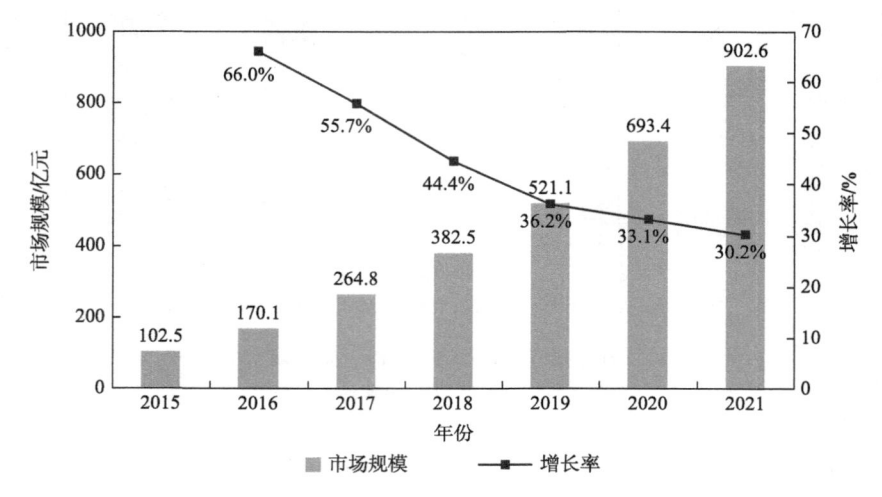

图 3-3 中国公有云市场规模及增长率
资料来源：中国信息通信研究院

图 3-4 中国私有云市场规模及增长率
资料来源：中国信息通信研究院

基础设施即服务（infrastructure as a service，IaaS）成为公有云中增长最快的服务类型。2017 年，公有云 IaaS 市场规模达到 148.7 亿元，相比 2016 年增长 70.1%。

截至2018年6月底,共有301家企业获得了工业和信息化部颁发的云服务(互联网资源协作服务)牌照,随着大量地方行业IaaS厂商的进入,预计未来几年IaaS市场仍将快速增长。平台即服务(platform as a service,PaaS)整体市场规模偏小,2017年仅为11.6亿元,较2016年增加52.6%。SaaS市场规模达到104.5亿元,与2016年相比增长39.1%(图3-5)。

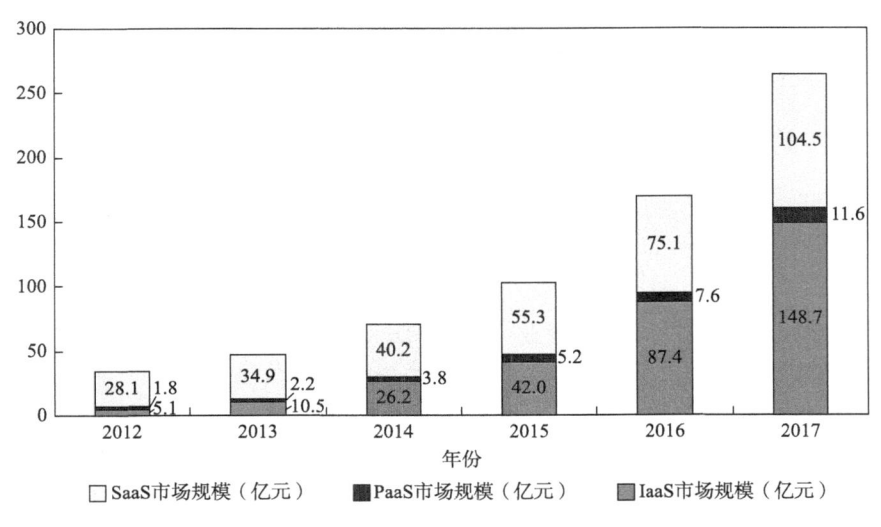

图3-5 中国公有云细分市场规模

资料来源:中国信息通信研究院

硬件依然占据私有云市场的主要份额。2017年私有云硬件市场规模为303.4亿元,占比71.1%,较2016年略有下降;软件市场规模为66.6亿元,占比达到15.6%,与2016年相比上升了0.2个百分点;服务市场规模为56.8亿元,较2016年提高了0.4个百分点(图3-6)。根据中国信息通信研究院的调查统计,超过半数的企业采用硬件、软件和服务整体采购的方式部署私有云,少数企业单独购买软件和服务。未来,随着硬件设备标准化程度和软件异构能力的提升,软件和服务的市场占比预计将会有明显提升。

(六)大数据产业规模不断扩大

2018年,我国大数据产业规模不断扩大,产业链条加速完善,企业实力不断增强。包括大数据硬件、大数据软件、大数据服务等在内的大数据核心产业环节的产业规模突破5700亿元。与此同时,国内大数据公司业务覆盖领域日益完备,在数据采集、数据存储、数据分析、数据安全与数据可视化等领域均成长起了一

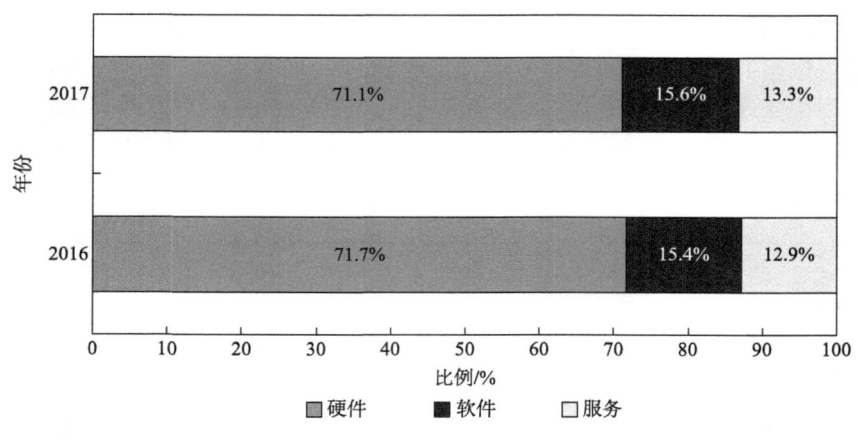

图 3-6 中国私有云细分市场构成

资料来源：中国信息通信研究院

批有一定实力与特色的大数据企业代表。阿里巴巴、华为、百度、腾讯等企业的平台处理能力跻身世界前列，华为、联想等企业在数据存储、处理等软硬件设备市场的优势则逐渐显著。围绕大数据的创新创业企业发展势头正热，在《中国大数据独角兽企业 TOP20 榜》中，平安医保、商汤科技、旷视科技、云从科技、金山云等一批优秀企业项目上榜。

在国内巨大的应用市场需求与日新月异的新一代信息技术发展的双重推动下，我国大数据产业整体仍保持较高增长率。随着我国大数据企业核心竞争力的不断提升，大数据产业链条将更为完备，围绕产业链上下游的布局趋于合理，协同创新能力将不断提升。

（七）人工智能技术创新日益活跃

2018 年，人工智能领域核心基础技术的带动溢出效益增强。在算法层面，深度学习算法在利用各类型深度神经网络处理海量数据方面具有优势，将通过在计算机视觉和图像识别、语音识别、搜索引擎、广告推荐计算等领域的持续应用，不断革新传统的计算机算法框架。在算力层面，中央处理器（central processing unit，CPU）特征尺寸已不断逼近物理极限，采用现场可编程门阵列（field programmable gate array，FPGA）、浮点运算单元（float point unit，FPU）、特殊应用集成电路（application specific integrated circuit，ASIC）等 CPU+X 的异构计算模式可基本满足对处理器更快速、更高效、更方便的使用要求，寒武纪、地平线机器人、中星微电子、华为等国内企业均在上述领域展开核心基础技术研发。在数据层面，全球物联网设备数量于 2020 年达到 204 亿个规模，超大规模数据中心数量达 485

个，随着分布式网络传输架构应用逐渐广泛，5G商用进程加速，可穿戴设备、智能网联汽车等快速发展，大规模结构性数据的感知、获取、传输、分析、存储能力均取得飞跃。2019年，人工智能产业发展的算法、算力、数据基础更趋成熟，我国计算机视觉、智能语音语义处理、智能机器人、智能驾驶、消费级无人机处于国际先进行列，智能网联汽车、智能服务机器人、智能无人机爆发应用商机。

边缘智能成为人工智能应用布局的创新方向。随着人工智能应用的不断扩展，定位于数据中心等云端的人工智能应用普遍存在功耗高、实时性低、带宽不足、数据传输安全性较低等问题，人工智能将逐渐从云端向边缘侧的嵌入端迁移。边缘智能对算法的要求相对高，边缘智能的人工智能计算将成为重点产业创新重点领域，例如，在对实时性有严格要求的工业环境下，边缘智能将成为工业物联网得以实施的重要条件，目前已有越来越多的硬件厂商开始提供边缘服务器、智能网关等边缘处理的强化产品。根据HIS数据测算，边缘侧人工智能市场需求在2018年开始爆发，从2017年的4亿美元增长至2018年的19亿美元，其中智能手机、智能家居、智能网联汽车、工业互联网等市场规模最大。2019年，更多人工智能应用和产品部署于网络边缘，实现更低延迟性、更低能耗、更小体积和更低成本的人工智能技术应用路径。

人工智能产业链条逐步形成。截至2018年初，我国人工智能领域相关企业达2000家，正逐步在底层基础支撑、核心技术创新、上层行业应用之间建立初步产业链条。在基础领域，涌现出寒武纪、地平线机器人、深鉴科技、耐能、西井科技等一批创新技术企业。在技术创新方面，格林深瞳、旷视科技等企业深耕计算机视觉，百度、搜狗、科大讯飞等企业在自然语言处理领域技术较为领先，腾讯、阿里巴巴、华为等企业在机器学习和云计算等领域具有行业优势。在行业应用方面，我国在智能机器人、智能金融、智能医疗、智能安防、自动驾驶、智能教育、智能家居等重点领域涌现出一批具有代表性的相关企业。2019年，我国人工智能产业链条关联性、协同性显著增强，人工智能产业协同能力进一步提升。

地方性、特色性产业集聚初见规模。2018年以来，我国人工智能产业在长三角、珠三角、京津冀三大城市群呈爆发式增长，北京、上海、天津、广东、安徽、浙江等地初步形成特色人工智能产业集群。北京高居全国人工智能企业数量榜首，上海和广东分列第二、三位，浙江和江苏也集聚了一定规模的人工智能企业。其中，北京以395家人工智能企业数量位列全国第一，聚集了近半数国内人工智能企业，形成了领军企业、以独角兽为代表的高成长企业及潜力初创企业协同发展的产业生态。上海紧抓人工智能产业机遇，立足作为金融中心的引力优势，促进芯片、软件、图像识别、类脑智能等基础层和技术层发展，加速人工智能在金融、制造、教育、健康、交通等领域的落地，促进人工智能与实体经济深度融合。深圳创业创新氛围浓厚，投融资发达，促进了初创企业的快速成长，深圳人工智能相关的投融资总频次达到 172 次，投资金额总量达 87 亿元，占全国的比例超过 5%，腾讯、华为等企业通过股权投资、技术交易等方式，加强与初创企业的联系，深圳市政府设立总规模 2.5 亿元的深圳湾天使基金，共同促进初创企业的发展，形成了以腾讯、华为等大型龙头企业为引领，众多中小微企业蓬勃发展的产业格局。

二、新一代信息技术产业发展现存问题

从发展情况来看，中国新一代信息技术的发展需要加强产学研合作，促进知识应用和转化。目前，新一代信息技术的众多核心领域还处于实验室研究阶段，5G、人工智能等核心技术水平有待提升，尽管它们具有非常丰富的应用场景，但商业化并不明显。从企业角度来看，我国新一代信息技术相关企业发展马太效应明显，互联网巨头企业在技术研发及商业化发展方面具有较强的竞争力，部分领域甚至领先全球水平，但大部分中小企业还处于初创阶段。

此外，在新一代信息技术的发展给人们带来更加丰富灵活的应用场景的同时，随着语音识别、人脸识别、机器学习算法的发展和日趋成熟，企业可以通过分析客户画像真正理解客户，精准、差异化的服务使得客户的被重视、被满足感进一步增强。但网络空间的虚拟性使得个人数据更易于被收集与分享，极大地便利了身份信息编号、健康状态、信用记录、位置活动踪迹等信息的存储、分析和交易过程，对个人数据隐私造成了一定程度的威胁。此外，开放的产业生态使得监管机构难以确定监管对象，也令法律的边界变得模糊。使用人工智能技术进行学习与模拟，生成包括图像、视频、音频、生物特征在内的信息，突破安防屏障。从潜在风险来看，无人机、无人车、智能机器人等都存在遭到非法侵入与控制，造成财产损失或被用于犯罪。

第二节 新一代信息技术产业发展的阶段性特征分析

一、新一代信息技术产业发展形势分析

未来 5~10 年是全球新一轮科技革命和产业变革从蓄势待发到群体迸发的关键时期。信息革命进程持续快速演进，物联网、云计算、大数据、人工智能等技术广泛渗透于经济社会各个领域，信息经济繁荣程度成为国家实力的重要标志。

创新驱动的信息产业逐渐成为推动全球经济复苏和增长的主要动力，引发国际分工和国际贸易格局重构，全球信息产业发展进入新时代。

当前是我国由全面建成小康社会向基本实现社会主义现代化迈进的关键时期，也是我国把握全球新一轮科技革命的战略机遇，在新一代信息技术领域实现突破，跻身世界领先国家的重要时期。

我国信息产业所需的体制环境更加完善，人才、技术、资本等要素配置持续优化，信息消费规模进一步升级扩大，关键技术领域攻克速度加快，市场空间日益广阔。但也要看到，我国新一代信息技术产业一些领域的核心技术受制于人的情况依然存在，要想全面突围，未来的一段时间仍迫切需要统筹规划和政策扶持，全面营造有利于新一代信息技术产业蓬勃发展的生态环境，创新发展思路，提升发展质量，加快发展壮大新一代信息技术的核心领域，推动新一代信息技术产业成为促进经济社会发展的强大动力。

二、新一代信息技术产业发展阶段特征

（一）我国新一代信息技术的发展已与其他国家站在同一赛道

新一代信息技术是新科技革命支柱，在为国内生产总值做出巨大贡献的同时，也为其他各产业的发展提供技术支撑，加速各产业创新发展。更重要的是，未来它将对我国现代经济体系建设、政治建设、社会建设、生态文明建设等方面产生重大影响。

党的十九大报告提出，加快建设创新型国家。创新是引领发展的第一动力，是建设现代化经济体系的战略支撑。要瞄准世界科技前沿，强化基础研究，实现前瞻性基础研究、引领性原创成果重大突破。加强应用基础研究，拓展实施国家重大科技项目，突出关键共性技术、前沿引领技术、现代工程技术、颠覆性技术创新，为建设科技强国、质量强国、航天强国、网络强国、交通强国、数字中国、智慧社会提供有力支撑。加强国家创新体系建设，强化战略科技力量。深化科技体制改革，建立以企业为主体、市场为导向、产学研深度融合的技术创新体系，加强对中小企业创新的支持，促进科技成果转化。倡导创新文化，强化知识产权创造、保护、运用。培养造就一大批具有国际水平的战略科技人才、科技领军人才、青年科技人才和高水平创新团队[①]。

新一代信息技术属于全球研发投入最集中、创新最活跃、应用最广泛、辐

---

① 习近平：决胜全面建成小康社会 夺取新时代中国特色社会主义伟大胜利——在中国共产党第十九次全国代表大会上的报告. http://www.gov.cn/zhuanti/2017-10/27/content_5234876.htm.

射带动作用最大的技术创新领域,它在第四次科技革命中所占的比例很大。新一代信息技术应用范围广泛,涉及众多产业。无论是需要创新技术支撑的传统产业还是由新一代信息技术衍生的新兴行业,都为新一代信息技术的研发提供了巨大的需求动力。例如,我国的华为、阿里巴巴、百度等企业在5G、云计算、无人驾驶等领域的研发取得了一系列成就,可以说在新一轮的信息技术革命中,我国在一定程度上已经与其他国家站在了同一赛道。抢抓新一代信息技术发展新机遇,大力推进新一代信息技术与各产业深度融合发展,将成为我国未来发展的重大突破口。

(二)新一代信息技术已经成为新旧动能转换的强劲引擎

随着新一轮信息技术的出现和深化应用,影响当代经济活动的生产要素和生产关系发生了变化。物联网、互联网、云计算、大数据和人工智能等成为新的生产要素,而以共享经济、众包、网络协同为代表的生产活动重构了新的生产关系,这些因素的变化催生了数字经济,新一轮科技革命及其带来的产业变革正在全球蓬勃发展。

党的十九大报告提出,加快建设制造强国,加快发展先进制造业,推动互联网、大数据、人工智能和实体经济深度融合,在中高端消费、创新引领、绿色低碳、共享经济、现代供应链、人力资本服务等领域培育新增长点、形成新动能。支持传统产业优化升级,加快发展现代服务业,瞄准国际标准提高水平。促进我国产业迈向全球价值链中高端,培育若干世界级先进制造业集群[①]。

在供给侧结构性改革背景下,我国经济正逐渐从要素驱动向创新驱动转变,而技术创新是产业转型升级的重要驱动力。目前,我国已经正式进入由信息技术驱动的数字化转型阶段。以大数据、云计算、物联网、人工智能为代表的新一代信息技术对数字经济的发展起到了重要的推动作用,其中人工智能作为最前沿的数字技术,有望为数字经济的发展带来新的技术红利。

从数据上来看,我国数字经济规模保持快速增长,占国内生产总值的比例持续上升。2017年我国数字经济总量达到27.2万亿元,同比名义增长超过20.3%,显著高于当年国内生产总值增长率,占国内生产总值的比例达到32.9%,同比提升2.6个百分点,数字经济对国内生产总值的贡献为55%,接近甚至超越了某些发达国家水平,数字经济在国民经济中的地位不断提升。与此同时,随着数字经济蓬勃发展,我国数字经济领域就业加速增长,新就业形态不断涌现。2017年,

---

① 习近平:决胜全面建成小康社会 夺取新时代中国特色社会主义伟大胜利——在中国共产党第十九次全国代表大会上的报告. http://www.gov.cn/zhuanti/2017-10/27/content_5234876.htm.

我国数字经济领域就业人数达到 1.71 亿人，占当年总就业人数的 22.1%。

2018 年 9 月，国家发展改革委、教育部、科技部、工业和信息化部等 19 个部门联合印发了《关于发展数字经济稳定并扩大就业的指导意见》，提出到 2025 年，伴随数字经济不断壮大，国民数字素养达到发达国家平均水平，数字人才规模稳步扩大，数字经济领域成为吸纳就业的重要渠道。适应数字经济领域就业要求的法律制度框架基本完善，数字化公共就业创业服务能力大幅提升，人力资源市场配置效率明显提高，就业规模不断扩大，就业质量持续改善。

显然，由新一代信息技术驱动的数字经济已经成为我国经济新旧动能转换的强劲引擎。

在大力推动发展数字经济的浪潮中，政府应利用政策引导和扶持，从资金、人才和税收等方面营造能帮助各产业更好地应用信息技术以及大数据的大环境。以大数据为核心的信息技术将成为一个国家新的核心竞争力。

（三）我国新一代信息技术产业发展聚焦数字化、网络化、智能化

数字化、网络化、智能化是新一轮科技革命的突出特征，也是新一代信息技术的聚焦点。

大数据技术是统计学方法、计算机技术、人工智能技术的延伸与发展，是正在发展中的技术，当前的热点方向包括区块链技术、互操作技术、存算一体化存储与管理技术、大数据操作系统、大数据编程语言与执行环境、大数据基础与核心算法、大数据机器学习技术、大数据智能技术、可视化与人机交互分析技术、真伪判定与安全技术等。大数据技术的发展依赖一些重大基础问题的解决，这些重大基础问题包括大数据的统计学基础与计算理论基础、大数据计算的软硬件基础与计算方法、大数据推断的真伪性判定等。实施国家大数据战略是推进数据化革命的重要途径。自 2015 年我国提出实施国家大数据战略以来，我国大数据快速发展的格局已初步形成，但也存在一些亟待解决的问题：数据开放共享滞后，数据资源红利仍未得到充分释放；企业盈利模式不稳定，产业链完整性不足；核心技术尚未取得重大突破，相关应用的技术水平不高；安全管理与隐私保护还存在漏洞，相关制度建设仍不够完善等。因此，我国大数据产业将重点聚焦产业安全、产业链布局的完善以及相关制度的建立。

物联网是互联网的自然延伸和拓展，它通过信息技术将各种物体与网络相连，帮助人们获取所需物体的相关信息。物联网使用射频识别、传感器、红外感应器、视频监控、全球定位系统、激光扫描器等信息采集设备，通过无线传感网络、无线通信网络把物体与互联网连接起来，实现物与物、人与物之间实时的信息交换和通信，以达到智能化识别、定位、跟踪、监控和管理的目的。物联网的核心技

术包括传感器技术、无线传输技术、海量数据分析处理技术、上层业务解决方案、安全技术等。从我国物联网产业链中各层级发展成熟度来看，设备层当前已进入成熟期。其中，M2M 服务、中高频射频识别、二维码等产业环节具有一定优势，但基础芯片设计、高端传感器制造及智能信息处理等高端产品仍依赖进口。连接层（包括通信芯片模块及网络传输）在国内发展较为成熟，竞争较为集中。其中，华为海思、中兴物联等开发的面向物联网的通信模块，在国际市场竞争力突出。平台层分为网络运营和平台运营。其中，网络运营主要是三大电信运营商，相对于国外 IBM、PTC、Jasper 等巨头，我国平台运营仍处于起步阶段，尚未出现平台层巨头。随着上述基础设施的不断完善，物联网对工业、交通、安防等各行业应用渗透不断提高，应用市场将成为物联网最大细分市场。我国物联网产业加速发展已经形成一定市场规模的智能制造、车联网、消费智能终端等领域，与此同时，继续投入核心技术研发，不断完善物联网各层级基础设施建设，提高各行业物联网的渗透率，拓展物联网下游应用场景。

在"十四五"期间，与提供信息交互与应用的公用基础设施不同，信息物理系统发展的聚焦点在于研发深度融合感知、计算、通信和控制能力的网络化物理设备系统。从产业角度看，信息物理系统的涵盖范围小到智能家庭网络、大到工业控制系统乃至智能交通系统等国家级甚至世界级的应用。更为重要的是，这种涵盖并不仅仅是将现有的设备简单地连在一起，而是会催生出众多具有计算、通信、控制、协同和自治性能的设备。

智能化是信息技术发展的重要方向之一，实现这一方向的主要途径是发展人工智能技术。深度学习是新一代人工智能技术的卓越代表。目前，我国人工智能领域核心基础技术持续突破，边缘智能加速应用布局；产业链条正在形成，集聚效应初具规模；融合应用水平大幅拓展，智能经济形态雏形初现；国内产业政策加速落地，国际产业博弈更加激烈。与此同时，我国面临一些问题与挑战：人工智能技术发展能力不均衡，基础层存在短板弱项；技术产品创新快于应用创新，技术创新的商业应用模式不明朗；产业生态体系尚不完善，协同发展势头尚未形成；环境建设尚不健全，产业安全风险加剧，等等。因此，在"十四五"期间，我国人工智能产业应以推动核心技术攻关为目标，加大对重点技术产品研发的资金支持；以深化与实体经济融合发展为目标，加强场景化应用推广和辐射引导；以构建有机协同的产业生态为目标，提升服务支撑能力；以营造发展环境为目标，培育多元化发展格局。

有数据表明，2018 年人工智能行业总产值为 1.2 万亿美元，同比增长 70%以上。到 2030 年，人工智能将推动全球生产总值增长 14%，对世界经济贡献达 15.7 万亿美元，中国和北美有望成为人工智能的最大受益者。2030 年，我国人工智能核心产业规模超过 1 万亿元，带动相关产业规模超过 10 万亿元。由此可见，随着智能经济在制造、教育、环境保护、交通、商业、健康医疗、网络安全、社会治理等领域的应用程度越来越深，智能经济和高端装备制造、航空航天、卫星及应用、轨道交通、海洋工程装备、高端新材料等新兴产业融合程度不断加深，智能经济相关产业规模庞大，对经济社会发展的带动作用也将逐步提升。

（四）新一代信息技术将引领智能制造高速发展

从互联网技术发展到物联网技术，从虚拟现实技术发展到增强现实技术，从网络计算技术发展到云计算技术，从机器学习技术发展到深度学习技术。在新一代信息技术的引领下，出现了人机交互、混合现实、大数据、人工智能等新兴技术领域及新兴信息产业，这些产业给制造业的发展带来了巨大的改变。

我国机械装备制造业正从机械化向电气化、信息化和智能化方向发展。我国制造业的优势在于具有很强的加工能力，但是产品自主设计能力薄弱，自主品牌较少，而产品创新往往需要技术加持。例如，美国提出了先进制造业国家战略计划，强调三大优先突破技术，包括金色的感知控制技术、智能制造的技术平台和先进材料制造；德国也提出了"工业 4.0"，强调智能工厂、智能生产和智能物流。美国的先进制造业国家战略计划、德国"工业 4.0"都聚焦了智能制造，都把智能制造作为一个重点。目前，我国新一代信息技术在某些领域已经处于世界领先水平，因此，新一代信息技术的崛起对我国制造业创新产品研发具有极大的推动作用。

我国企业发展要重点把握所属的核心技术，加速推进新一代信息技术的渗透作用，加强企业自身的自主创新能力，对产品前生命周期中设计加工装备等环节的制造活动进行知识表达与学习、信息感知分析、智能决策与执行，实现制造过程、制造系统与制造装备的知识推理、动态传感和自主决策。把人工智能技术和设计制造技术有机结合起来，推动产品向高端化、定制化、智能化等方向转型。

（五）新一代信息技术发展带动新型基础设施建设

在"十四五"期间，新一代信息技术重点发展的一个方向就是新型基础设施建设。新型基础设施建设的本质是通过人工智能、5G 等前沿技术对传统产业进行改造。目前国内物联网、人工智能等技术非常先进，从自身半导体产业出发，可以推动整个行业打破旧有平衡、重新组合资源。2018 年 12 月举行的中央经济工作会议上，特别明确了 5G、人工智能、工业互联网、物联网等新型基础设施建设的定位。一方面，大力推进信息基础设施建设，推动高速光纤宽带网络跨越发展，推进超高速、大容量光传输技术应用，升级骨干传输网，提升高速传送、灵活调度和智能适配能力。加快 5G 和 IPv6 的全面商用部署，加速产业链成熟，加快应用创新。有效推动宽带网络提速降费，特别是大幅降低中小企业互联网专线接入资费水平。另一方面，促进云计算创新发展，鼓励工业云、金融云、政务云、医疗云、教育云、交通云等各类云平台加快发展，打造具有国际水准的产业互联网平台，促进实体经济数字化转型，掌握未来发展主动权。

第三节 经济高质量发展对新一代信息技术产业的发展需求

一、新常态下我国经济需要新一代信息技术带来发展新动能

当前，我国经济发展进入新常态，面临着外部环境复杂严峻、下行压力较大等挑战。与之同时，我国也面临着新一代信息技术革命蓬勃发展、全球产业转移等重大机遇。

2018 年，我国产业结构进一步优化，其中，第一产业增加值 64734 亿元，比 2017 年增长 3.5%；第二产业增加值 366001 亿元，增长 5.8%；第三产业增加值 469575 亿元，增长 7.6%，第三产业对经济的支撑作用进一步强化。

目前，我国新一代信息技术产业发展正保持高速创新发展态势，信息技术正步入全面普及、深度融合、加速创新、引领转型的新阶段。从信息网络看，光纤宽带接入成为主流，截至 2018 年 6 月，我国固定宽带接入用户总数达 3.78 亿户，其中光纤接入用户总数达 3.28 亿户，占固定宽带接入用户总数的 86.8%，光纤接入用户占比居世界首位。网络下载速率大幅提高。截至 2018 年第二季度末，我国固定宽带和 4G 网络下载速率双双超过 20Mbit/s，同比提升均超 50%。

加快新一代信息技术的发展，有利于通过数字化手段加快传统服务模式创新，培育服务业新动能。通过引导数据要素渗透入服务业各领域各环节，提升服务体验，有效助力消费升级。互联网和数据打破传统服务业增长受人力数量和时间的线性约束，使服务业更具工业化的质量和效率。数字化手段能够促进全产业融合，利用数据资源互联化、融合化的特点，不断拓展服务业发展新空间，促进第一、二、三产业融合发展，持续优化产业结构。发展数字文化娱乐产业，能够发掘优秀文化成果，刺激信息消费，培育和提升全民数字生活水平，满足民众文化精神生活需求。此外，有利于发挥大数据驱动创新作用，激发创新创业活力。发挥大数据在发展众创、众包、众扶、众筹等新模式中的作用，有效促进生产与需求对接、传统产业与新兴产业融合，形成创新驱动发展新格局。通过鼓励企业和社会机构深入发掘公共服务数据，运用开放数据资源开展大数据应用创新，有效推动

大数据在社会治理、社会服务、产业发展、宏观调控等方面的应用，提高政府治理精细化和科学化水平。

新兴业态拉动软件业加快发展，已成为新的增长点。近年来，我国软件和信息技术服务业总体保持平稳较快发展，产业规模进一步扩大，盈利能力稳步提升，行业就业形势保持稳定，产业服务化、平台化、融合发展态势更加明显，在为制造强国和网络强国建设提供基础支撑、为经济高质量发展提供新动能等方面作用进一步凸显。2018年，信息传输、软件和信息技术服务业增加值同比增长30.7%，增长率居国民经济各行业之首，占国内生产总值的比例达3.6%，已成为经济平稳较快增长的重要推动力量。

加快推动数字经济领域技术创新发展，推动互联网、移动互联网、物联网、大数据、云计算、人工智能、区块链、增强现实/虚拟现实等数字技术的突破和融合发展，带动群体性突破，拓展增长空间，能够不断强化未来新兴产业发展动力。通过加快推动数字经济快速发展，释放新兴产业数字化转型发展需求，积极发挥数字技术在新兴产业高质量发展中的核心驱动作用，进一步释放网络经济、高端制造、绿色经济、生物经济、创意经济等新兴经济数字化转型发展需求，加快新技术、新产业、新模式规模化发展。

二、新一代信息技术革命加速产业融合并催生新业态高速发展

新兴信息技术与传统产业融合加深，为经济发展注入新动能。我国新一代信息技术在经济社会各领域开展广泛应用和模式创新，支撑制造业、农业、金融、能源、物流等传统产业优化升级，为传统产业"赋智赋能"，出现越来越多的典型应用案例；特别是在工业领域的应用加快，2018年工业软件收入增长14.2%，工业互联网正在成为新一轮工业革命和产业变革的焦点；支持智慧城市、智慧交通、智慧社区、智慧医疗等建设，帮助解决社会管理和民生问题的同时，创造出新的市场需求，对重点龙头软件企业的监测显示，交通、安防领域的信息技术需求增长明显。

随着基础科学发展、工程工艺进步、商业应用创新和产业融合变革，新一代信息技术正加速演进换代。传统产业因为新一代信息技术的推动逐步走向深度融合发展，例如，互联网与商务、金融、交通、制造、生活服务等领域的深度融合重新定义了消费理念及消费方式，并在很大程度上丰富了消费内容。基于互联网平台的现代服务业快速崛起，线上线下融合发展趋势明显，共享经济、平台经济等新模式新业态得到蓬勃发展。

数据资源能够改变价值链结构，改变价值链的重心。生产者因拥有消费者的

数据而实时准确地洞察潜在的需求，从而从大规模制造转向个性化定制，效益更加凸显。智能化生产、智能化产品和智能化服务改变了传统产业的形态，以数据为核心、网络为连接、平台为驱动的新型产业体系正在逐步成型。以数据为核心的个性化营销、柔性化生产和社会化供应链的不断演绎，以及它们之间的协同互动，成为支撑和推动个性化定制不断展开的基石，同时也是推动生产模式、管理范式和发展方式转变的原动力。利用互联网优化配置各种资源，引领生产方式的变革，将生产与消费、企业与市场以及制造商、供应商、销售商、消费者等利益相关方互联互通，能够实现无缝连接，集聚交汇产生新的动能。

当前，我国核心信息技术研发加速，产业升级步伐加快。摩尔定律还将延续，计算、网络、感知等核心技术加速融合互动创新，计算网络化、网络智能化、传感智能化的整体性发展，带动通信技术生产能效呈指数级增长。另外，5G、卫星通信、工业互联网、物联网等新一代信息技术不断取得突破，高速宽带、万物互联、泛在融合的智能化综合信息基础设施正在加速形成。物联网、工业互联网、大数据、云计算、工业控制等技术的突破与融合形成了深度学习、生物传感、虚拟及增强现实、人脑模拟等新型智能技术。新一代感知、传输、存储、计算技术加速创新，量子通信、生物计算、全息显示等前沿基础性技术处于突破性创新前夜，新一代信息技术与制造、能源、材料、生物等技术加速交叉融合，人工智能、机器人、智能制造等技术和应用有望实现突破，信息产业向各行业各领域加速融合渗透，并拓展创造了智能材料、生物芯片、智能汽车、智能无人系统、智能机器人等新产品，未来将覆盖更多领域、更多维度的应用场景。

三、构建网络强国需要新一代信息技术做强有力的支撑

近年来，在建设网络强国的背景下，我国高度重视互联网、发展互联网、治理互联网，走出了一条中国特色网络强国之路。信息化为我国经济发展带来了千载难逢的机遇。现如今，电子商务、电子支付等新经济不断为经济发展提供新动能，网络直播、网络综艺等文化艺术新形式极大地丰富了人民群众精神生活，通过网络走群众路线、推进"互联网+政务"等为群众带去实实在在的便利，网络安全的铜墙铁壁有效捍卫了国家利益、人民利益等。我国加快推进网络基础设施建设，锚定人工智能、大数据、5G等核心技术刻苦攻关，加速推进互联网及新一代信息技术与各行业深度融合，充分发挥网络强国对我国经济建设的推动作用。

从全球发展情况来看，新一轮科技革命的浪潮中，各国摩拳擦掌，围绕互联网开展的竞争日趋激烈。掌握互联网，就能掌握时代的主动权。从我国内部发展来看，要想提升经济发展质量，需要不断释放新动能。然而核心技术卡脖子的情

况屡屡出现，"缺芯少魂"的短板教训深刻，互联网安全形势不容乐观。

目前，随着云计算、大数据技术逐渐成熟和落地，大多数软件企业创新发展和业务应用的主流方向已经转向新一代信息技术领域；人工智能、区块链等技术开辟了新的创新路径，初步形成多种创新应用成果，在计算机视觉、语音识别等领域引领发展；开源社区改变传统开发模式，正在成为新的创新原动力；以应用拉动创新的体系，催生出大量新兴业态，吸引了来自不同行业与领域的投资和资源，不断向软件和信息技术服务业倾斜。

建设网络强国，需要紧紧围绕新一代信息技术及相关新兴产业的发展，加快5G研发和商用步伐，推进IPv6规模部署；深入实施智能制造工程，推动互联网、云计算、大数据、人工智能与制造业深度融合；加快制造业数字化转型，提升制造业数字化、网络化、智能化水平，推进信息技术产业发展助力信息化建设。

构建网络强国基础设施。信息基础设施在建设网络强国和推动经济社会转型发展中的关键支撑作用日益突出。深度推进"宽带中国"战略，加快构建高速、移动、安全、泛在的新一代信息基础设施。重点从四个方面做出了明确部署：一是大力推进高速光纤网络建设，光网覆盖、接入能力等关键指标已远超"宽带中国"战略目标；二是加快构建新一代无线宽带网，重点是推动4G网络向城镇和人口密集行政村延伸覆盖，同时加快5G研发和优化频谱资源配置，亮点是对平流层通信和卫星通信等空间设施进行部署，打造天地一体信息网络；三是统筹发展应用基础设施，加强物联感知、云计算中心、大数据平台、内容分发网络等应用基础设施的部署；四是加强国际合作，围绕共建"一带一路"等，加强国际连接和互联互通，增强网络通达性和业务接入能力。

四、融入全球化发展需要新一代信息技术产业提升我国核心竞争力

历史经验一次又一次表明，每一次世界级的经济危机都孕育着新的技术突破，催生新的产业变革。目前我国经济发展已经步入新常态，经济增长需要新一代信息技术的强力驱动。新一代信息技术产业涉及材料、制造、信息等高技术领域，涵盖通信、软件、电子信息制造、系统集成等多个领域，将引发国际信息产业重新洗牌，成为衡量一个国家科技发展水平的标志，也给我国追赶世界先进水平提供了一次千载难逢的机会。

新一代信息技术的发展改变了传统的资源配置方式，扩大了可利用资源的范围。新技术的利用使得信息交流更加及时与便捷，且成本很低，这就为市场交易的扩大、分工的明确以及全球范围内的配置资源奠定了技术基础。为了取得最大的经济利益，有实力的企业会倾向于利用全球资源进行优化配置。未来的竞争必

将更加表现为全球的技术竞争、信息竞争，单纯地局限在一国内部发展，生存空间有限。要想在全球化进程中占有一席之地，我国必须依靠新一代信息技术及其覆盖的众多新兴产业，提升经济实力与核心竞争力，不断寻求新的经济增长点，抓住全球化机遇，向发达国家行列迈进。

五、国家战略安全和战略利益的维护需要信息技术保障

随着信息技术的革命性发展，人与人、物与物、人与物的联系将越发紧密，世界终将进入一个人机一体、万物互联、信息融通、普适计算的后人类时代。那时，战略前沿技术将会进一步成为国家安全大系统稳定的触发点，核心技术的发展水平直接关系到国家安全。以人工智能、量子信息、移动通信、物联网、区块链为代表的新一代信息技术发展日新月异，对世界格局、经济社会、国家安全、军事斗争等产生了重大而深远的影响。当前，网络信息技术已成为全球研发投入最集中、创新最活跃、应用最广泛、辐射带动作用最大的技术创新领域，特别是人工智能已成为引领这一轮科技革命和产业变革的战略性技术，在诸多新兴技术领域跨界融合，催生新的前沿技术，极大地推动经济社会发展，也改变了战斗力生成模式和制胜机理，智能化已成为未来军事领域制高点。

第四章　新一代信息技术产业发展重点方向研究

第一节　新一代信息技术产业发展总思路

一、新一代信息技术产业发展指导思想

以习近平新时代中国特色社会主义思想为指导，全面贯彻党的十九大和十九届二中、三中全会精神，统筹推进"五位一体"总体布局，协调推进"四个全面"战略布局，紧紧抓住新一轮科技革命和产业变革的重要机遇，以增强自主创新能力、打造具有核心竞争力的产业生态体系为主线，加强新一代信息技术产业核心基础软硬件研发和产业化，促进生产方式和经济发展模式转变，推进产业转型升级攻坚战，提升产业整体效率和效益，持续推动信息资源开放共享，保障网络和信息安全，加快推进信息技术与制造技术以及社会各行业、各领域的深度融合，为我国开创新时代现代化社会建设新局面提供有力支撑。

二、新一代信息技术产业发展主要原则

（1）创新驱动。坚持把创新摆在新一代信息技术产业发展全局的核心位置，完善有利于创新的制度环境。以技术创新、产品创新、服务创新、模式创新等多种形式，提升新一代信息技术产业质量和效益，增强核心基础元器件、先进基础工艺、关键基础材料和产业技术基础等基础软硬件技术产品的自主创新能力。推动跨领域跨行业协同创新，突破一批重点领域关键共性技术，促进新一代信息技术数字化、网络化、智能化，走创新驱动的发展道路。建设一批高水平创新主体，坚持发挥企业作为创新主体的积极作用，加强对创新型中小企业的支持。

（2）开放合作。坚持以开放的姿态与相关行业深度融合发展，主动适应新技术、新业务、新业态发展需求，充分利用民资和外资等资源，加强国际合作，开拓国际市场，积极拓展行业服务空间。结合"一带一路"倡议，进一步提高对外开放水平，加强与共建"一带一路"国家的信息产业合作和产能输出，提升产业国际化布局和运营能力。

（3）协调推进。坚持产业集聚、统筹规划、区域协调。集约集聚是新一代信息技术产业发展的基本模式。要以科技创新为源头，加快打造新一代信息技术产业发展策源地，提升产业集群持续发展能力和国际竞争力。以产业链和创新链协同发展为途径，培育新业态、新模式，发展特色产业集群，带动区域经济转型，形成产业集聚发展新格局。各区域产业布局合理，形成差异布局、协同共进、分工合作的良性局面，杜绝新一代信息技术产业园区的盲目建设和恶性竞争。坚持产、学、研、用协调发展，结合上下游产业链的发展和需求进行整体定位，加强产业链条之间以及区域间各类创新资源要素的共享和能力配套。

（4）融合发展。深入推进人工智能、大数据、云计算与实体经济深度融合，大力发展新业态、新模式，激发传统产业新活力，促进新旧动能转换，打造创新产业生态链、生态圈，实现经济发展质量变革、效率变革、动力变革。坚持信息技术产业与传统行业的融合发展，促进传统行业提质增效。坚持信息产业与高端制造等其他战略性新兴产业的融合发展，推动跨界融合和集成创新。

（5）安全可控。着眼网络强国战略，坚持发展自主可控的软硬件产品，推进自主可控产品示范应用。完善通信基础设施，大力提升网络与信息安全保障能力，统筹建立安全可控的保障体系。统筹协调好发展和安全之间的关系，以安全保发展、以发展促安全，推进行业自律和社会监督，加快健全关键信息基础设施安全保障体系，在发展中提升信息安全保障能力。坚持正确的网络安全观，安全是发展的前提，发展是安全的保障，安全与发展要同步推进，大力提升网络与信息安全保障能力，突破网络与信息安全核心技术并加强安全管理，全天候全方位感知网络安全态势，为维护国家安全与社会稳定提供强有力的保障。

（6）绿色低碳。在电子信息产品设计、产品生产制造及重大工艺等方面，坚持绿色发展、循环发展和低碳发展。加快信息技术在经济社会各领域应用，助力传统产业绿色化转型。加强行业生态文明制度建设，深入推进基础设施共建共享，支持采用绿色节能技术和设备。贯彻执行电子产品能效标准，加强软件开发与硬件设计，不断提高电子产品能效。强化以信息技术改造提升传统产业，促进传统产业绿色发展。

三、新一代信息技术产业发展总体部署

以创新、引领、突破为核心,创新发展新一代信息技术产业,在云计算、人工智能、大数据、智能网联汽车、工业互联网等领域实现国际领先水平,持续引领产业中高端发展。着眼全球新一轮科技革命和产业变革的新趋势、新方向,突破关键核心技术,以应用为导向,以企业为主体,集中力量补短板、强弱项,推动我国新一代信息技术产业可持续健康发展。遵循新一代信息技术产业发展的基本规律,打造一批新一代信息技术产业发展策源地、集聚区和特色产业集群,形成区域增长新格局。加快基础设施建设。持续推进"宽带中国"建设,加快 IPv6 规模部署,组织 5G 规模组网建设。实施工业互联网创新发展工程,加快数字产业化和产业数字化进程,推动数字经济发展。大力发展信息产业,实施产业基础工程,大力推进新一代信息技术在研发设计、生产制造、经营管理、市场营销、售后服务等产品全生命周期、产业链全流程各环节的应用,不断发展壮大信息产业。努力营造良好环境。进一步深化"放管服"改革,开放民营资本进入基础电信领域竞争性业务。鼓励支持相关企业在资本市场融资。支持高校设置新一代信息技术相关专业,大力弘扬企业家精神和工匠精神,培养一批创新型优秀企业家、领军人才和技能人才。深化国际交流与合作,把握推进共建"一带一路"契机,以更开放的视野高效利用全球创新资源,提升新一代信息技术产业的国际化水平。鼓励跨国公司、国外机构等在国内设立技术研发机构、示范工厂。支持国内企业与国际优势企业加强合作。深化与国际组织、相关国家在标准制定、知识产权等方面的交流与合作。

四、新一代信息技术产业优先发展领域

(一)物联网

发展物联网成为国家落实创新驱动,培育发展新动能,建设制造强国和网络强国,实现智慧社会、工业互联网等一系列国家重大战略部署的重要举措。物联网成为全面构筑经济社会数字化转型的关键基础设施,根据国家重大战略部署新要求,我国将紧抓物联网发展新机遇,加快推进物联网基础设施升级,加快培育新技术、新产业,推动传统行业数字化转型,拓展经济发展新空间,充分发挥物联网对经济发展、社会治理和民生服务的关键支撑作用,推进国家治理体系和治理能力现代化,打造国际竞争新优势。

技术的创新突破是物联网发展的关键。要支持建设一批重点实验室、工程中心、技术中心,支持重点科研基础设施和大型科技资源平台的整合与共享,组织

开展重点关键领域技术攻关。对关系国家安全的核心技术，要大力开展原始创新，努力实现自主可控。同时学习借鉴世界先进成果，博采众长，加强引进技术的消化、吸收、再创新。发挥企业在自主创新中的主体作用，增加研发投入。加快突破一批关键核心技术，形成从研发、生产到应用的完整创新链条。

重点支持物联网终端核心芯片、传感设备、系统平台及中间件等，支持治安防控、食品安全、交通物流等领域的智能化产品、系统及解决方案。

（二）通信设备

通信设备产业是利用现代通信技术获取、传递、处理和应用信息的系统和装置，是信息化的基础性产业。无线移动通信设备、新一代网络设备是通信设备产业两条重要的技术路线。

发展通信设备产业要对接国家知识产权战略，积极宣传我国通信领域知识产权取得的成果，继续优化知识产权商业和法律环境，强化知识产权保护和运营，推动自主知识产权国际运用。继续培育和优化我国通信设备产业市场空间，需要有重大专项继续支持，同时建议鼓励加强产业链上下游企业间、企业与政府间，以及行业市场之间的协同合作。建议5G频谱规划将移动通信、广电、卫星等频谱需求统一考虑，实现频谱利用价值的最大化和相关产业融合发展。落实共建"一带一路"，探索"资本+产业""建设+运营服务"的"走出去"新模式，建议建立部际协调机制并设立"走出去"专项基金，推动我国通信设备产业"走出去"，打造信息丝绸之路。

（三）智能网联汽车

智能网联汽车（车联网）是指搭载先进的车载传感器、控制器、执行器等装置，并融合现代通信与网络技术，实现车与X（车、路、人、云等）智能信息交换、共享，具备复杂环境感知、智能决策、协同控制等功能，可实现"安全、高效、舒适、节能"行驶，并最终可实现替代人来操作的新一代汽车。智能网联汽车是新一轮科技革命的新兴产业，可显著改善交通安全、实现节能减排、消除拥堵、提升社会效率，并拉动汽车、电子、通信、服务、社会管理等协同发展，对促进我国产业转型升级具有重大战略意义。

制定并实施中国版智能网联汽车和车对外界的信息交换（vehicle to everything，V2X）的国家规划，制定出台智能网联汽车与新能源汽车、物联网、智能交通网络、智能电网及智慧城市的跨行业、跨部门协同共建与合作创新的组织体系、技术体系和产业体系，滚动更新多领域联动的中国版智能网联汽车自主创新发展战略规划；促进重点领域核心技术的自主研发和产业化应用能力的突破，推动形成跨界产业集群新生态和智慧城市、智能交通和智能生态融合的新兴产业应用示范效应。加快建立国家智能网联汽车创新中心，支持关键零部件企业发展。设立智能网联汽车专项资金，支持智能网联汽车的技术开发和产业推广。完善智能网联汽车相关的法律和法规体系，建立新型智能网联汽车共享商业化运行模式，完善配套管理机制。制定出台国家层面的智能网联汽车车载环境感知传感器、网络通信、网络安全及信息服务等技术标准。完善企业考评机制，对智能网联转型发展突出的企业给予政策与税费支持。

（四）集成电路

集成电路产业是关系国民经济和社会发展全局的基础性、先导性和战略性产业，是信息产业的核心和基础，也是关系到国家经济社会安全、国防建设的极其重要的核心产业。集成电路产业的竞争力已成为衡量国家间经济和信息产业发展水平的重要标志，是各国抢占经济科技制高点、提升综合国力的重要领域。

根据产业发展需求，逐步扩大国家集成电路产业投资基金规模或设立二期、三期基金。加强现有政策和资源的协同，如集成电路研发专项、国家科技重大专项支持共性技术研发，国家集成电路产业投资基金支持产业化发展，这些资源要加强协同，形成合力。加强人力资源培养和引进，加强微电子学科建设。制定技术引进、消化、吸收政策，给予扶持。建立知识产权保护联动机制。

重点支持通信设备、移动智能终端、数字电视、信息安全、物联网、显示驱动和触控、数据存储、汽车电子、先进制造、航空航天与军工等领域芯片设计、封装及产业化。

（五）操作系统与工业软件

操作系统与工业软件是制造业数字化、网络化、智能化的基石，是新一轮工业革命的核心要素。发展实时工业操作系统及高端制造业嵌入式系统，以工业大数据平台与制造业核心软件为代表的基础工业软件，面向先进轨道交通装备、电力装备、农业装备、高端数控机床与机器人、航空航天装备、海洋工程装备与高技术船舶等重点领域的工业应用软件，对我国工业领域安全可靠具有重要意义。

发展操作系统与工业软件要以制造业企业为主体，鼓励相关企业等加入工业运用云平台生态系统，开展跨领域资源和价值链整合，构建具有全球竞争力的工业生态系统。建立重点领域工业软件体系与标准，加强操作系统与工业软件标准的制定与修订工作，鼓励有实力的单位牵头制定国际标准。鼓励中国企业参与国际主流开源社区。建立操作系统与工业软件的国家测评与认证标准体系。

（六）智能制造核心信息设备

智能制造核心信息设备是制造过程各个环节实现信息获取、网络通信、数据交互、运算处理、决策分析和控制的关键基础设备。智能制造核心信息设备主要包括智能制造基础通信设备、智能制造控制系统、新型工业传感器、制造物联设备、仪器仪表和检测设备、制造信息人机交互设备、制造信息安全保障产品。

发展智能制造核心信息设备要加快制定智能制造标准化体系，研究制定制造信息互联互通与网络安全标准。重点支持智能装备、数字化车间/工厂等领域技术标准和规范的研制。支持联合筹建国家级智能制造核心信息设备实验室，加强智能制造核心信息设备关键技术和产品的研发，形成面向智能制造的专业解决方案。

（七）其他领域

在新一代信息网络领域重点支持下一代互联网（IPv6、SDN、NFV 等技术）、新一代移动通信（5G、4G-LTE 等）、光通信、无线宽带接入及专网通信、边缘计算领域的产品及解决方案；在移动互联网领域重点支持基于移动互联网的可穿戴设备、智能终端、网络和信息安全产品、应用系统及解决方案；在卫星应用领域要重点支持北斗卫星导航系统在手机、平板、M2M 终端等载体上的推广；在平板显示领域要重点支持薄膜晶体管（thin film transistor，TFT）、LTPS、有机发光二极管（organic light-emitting diode，OLED）、激光显示、3D 显示、高清节能 LED 显示、柔性显示、曲面显示、透明显示、全息显示等新型显示技术产品及关键材料、零组件和设备的研发及产业化，支持 4K、8K 级新型编解码技术及端到端解决方案；在新型元器件领域要重点支持片式容阻感元件、微机电器件、高频器件、新型光电子器件及高精度高可靠性传感器等。

第二节 新一代信息技术产业发展目标

一、总体发展目标

近期发展目标：新一代信息技术产业销售收入将达 35 万亿元，信息消费规模将达 9.5 万亿元。我国形成具有较强核心竞争力的新一代信息技术全局发展体系，实现与第一、二、三产业的深度融合，带动实体经济实现大幅提升，国际影响力显著增强，部分领域达到国际领先水平。全面建成高速、移动、安全、泛在的新一代信息基础设施，初步形成网络化、智能化、服务化、协同化的现代互联网产业体系，自主创新能力显著增强，新兴业态和融合应用蓬勃发展，提速降费取得实效，通信业支撑经济社会发展的能力全面提升，在推动经济提质增效和社会进步中的作用更为突出。

远期发展目标：新一代信息技术产业发展成为推动我国经济持续健康发展的重要力量，我国成为世界信息产业重要的制造中心和创新中心，形成一批具有全球影响力和主导地位的创新型领军企业。

二、具体发展目标

（一）物联网

近期发展目标：蜂窝物联网连接主要由 4G 和 NB-IoT 来承载，5G 网络将发挥高可靠低时延通信（ultra reliable low latency communication，uRLLC）的功能，承载车联网、工业自动化等低时延的关键物联网业务。

远期发展目标：一对一和一对多的智慧连接完全实现。

（二）下一代通信网络

1. 无线移动通信

近期发展目标：国产移动通信系统设备、移动终端、移动终端芯片产业均进入国际第一阵营。国产移动通信系统设备、移动终端、移动终端芯片分别具有满足国内市场需求 80%、80%和 40%的供给能力，具有满足国际市场需求 40%、45%和 20%的供给能力，移动通信测试仪表实现国内领先和国际市场突破。

远期发展目标：国产移动通信系统设备、移动终端、移动终端芯片分别具有满足国内市场需求 85%、85%和 45%的供给能力，具有满足国际市场需求 45%、55%和 25%的供给能力，移动通信测试仪表实现国际领先。

2. 新一代网络

近期发展目标：国产光通信设备具有满足国际市场需求 60%的供给能力，光通信设备关键元器件实现国产化突破。国产路由器与交换机产业进入国际第一阵营，具有满足国际市场需求 25%的供给能力。

远期发展目标：国产光通信设备具有满足国际市场需求 70%的供给能力。国产路由器与交换机产业具有满足国际市场需求 30%的供给能力。

（三）智能网联汽车

近期发展目标：基本建成自主的智能网联汽车（车联网）产业链与智慧交通体系。具有知识产权的国产汽车信息化产品具有满足市场需求 80%的供给能力，驾驶辅助（driver assistance，DA）、部分自动（驾驶）（partial autonomous，PA）、有条件自动（驾驶）（conditional automation，CA）级新车装配率达 80%以上；高度自动驾驶级自动驾驶汽车开始进入市场。自动驾驶汽车传感器、控制器达到国际先进水平，掌握执行器关键技术，拥有供应量在世界排名前十的供应商企业 1 家；自动智能驾驶卡车开始形成一定规模出口；实现汽车全生命周期的数字化、网络化、智能化，初步完成汽车产业转型升级。提出车辆相关的智慧交通解决方案，汽车交通事故数降低 80%，道路交通效率提升 30%。由于采用智能化和网络化技术，可分别降低油耗与排放 20%。

远期发展目标：部分智慧城市与高速公路的智慧交通体系示范运营。

（四）天地一体化信息网络

地面网络的建设已较为完善和成熟，而天基网络还没有形成体系能力，因此依据天基网络的能力将天地一体化信息网络的发展划分为两个阶段。

近期发展目标：建设天网地网。整合、提升天基网络资源，逐步建立统一的天基网络，构建基于高、中、低轨道的天基信息服务体系，提供全球信息保障能力。

远期发展目标：建设天地融合的统一网络。提升天基网络的技术水平，消除天地网络能力差距，逐渐将天基网络和地面网络融合成统一的网络，建立一个高可靠、高可用、自主可控的全球信息基础设施。

（五）集成电路

面向国家重大战略部署和产业发展两个需求，着力发展集成电路设计业，加速发展集成电路制造业，提升先进封装测试业发展水平，突破集成电路关键装备和材料。

近期发展目标：中国集成电路市场规模为 2400 亿美元,全球市场占比为 60%；本地产值为 1400 亿美元，具有满足国内市场需求 58%的供给能力；产业规模达到

1400亿美元，全球市场占比达到35%，国内市场占比达58%；各类集成电路龙头企业进入世界前列，通过市场配置资源，实现可持续发展。

远期发展目标：中国集成电路市场占到全球市场的70%。中国集成电路的本地产值达到3000亿美元，满足国内80%的市场需求。集成电路产业链主要环节达到国际先进水平，一批企业进入国际第一梯队，实现跨越式发展。

（六）操作系统与工程软件

近期发展目标：绝大部分核心技术取得突破，形成安全可靠的操作系统与工业软件及其标准体系，自主工业软件市场占有率超过45%。形成3~5个达到国际水准的工业互联网平台。形成基于智能化互联网产品的自主工业软件的工业互联网。

远期发展目标：部分核心技术达到国际领先水平，自主工业软件市场占有率超过50%。

（七）智能制造核心信息设备

近期发展目标：建成自主可控、安全可靠、性能先进的智能制造核心信息设备产业生态体系和技术创新体系，国产智能制造核心信息设备在国内市场占据主导地位，具有满足国内市场需求60%以上的供给能力，总体技术水平达到国际先进水平。

远期发展目标：重点行业领域核心信息设备全面实现国产化，国际市场占有率显著提高；制造业智能化、网络化、服务化和安全可控能力全面提升，具有满足国内市场需求80%以上的供给能力。

第三节 新一代信息技术产业发展方向

一、新一代信息技术产业加速融合发展

工业化是现代化的前提和基础，信息化是现代化的引领和支撑。推进信息化和工业化深度融合，运用信息技术特别是新一代信息技术改造传统产业、发展新兴产业，加快产业转型升级，是坚持走中国特色新型工业化道路的内在要求，也是以信息化驱动现代化的必然选择。

（一）信息技术加速向制造业渗透融合

信息技术与制造技术的融合发展是新一轮产业变革的重要特征。回顾历史不难发现，每一次工业革命和产业变革总是与重大技术突破及其广泛应用如影随形、相伴而生。二十多年来，以互联网为代表的信息技术对人类的生活、生产、生产力发展起到了持续而巨大的推动作用。当前，信息技术创新与迭代速度不断加快，并与制造技术、生物技术、新材料技术、新能源技术呈现出加速交叉融合趋势，带动了以绿色、智能、泛在为特征的群体性重大技术革新，正在催生新一轮科技革命和产业变革。在本轮科技革命与产业变革中，信息技术向其他产业特别是制造业快速渗透融合的特征尤为突出。信息技术与制造技术的融合不仅直接或间接地促进了生产效率的大幅提升，也催生出数据这一新的生产要素和生产资源，引发了包括研发、设计、生产、管理、营销、服务等在内的制造业全产业链的系统性变革。

2008 年全球金融危机之后，发展实体经济、振兴制造业再次成为全球主要国家的发展共识。发达国家纷纷实施"再工业化"战略，推动信息技术与制造业加快融合，积极抢占新一轮产业变革的制高点。总的来看，不论是德国的"工业 4.0"还是美国的工业互联网联盟，其本质都是在现有工业体系基础上，顺应制造业数字化、网络化、智能化发展趋势，围绕推进信息技术与制造技术深度融合做出的战略部署。

（二）紧抓制造业与互联网融合发展历史机遇

18 世纪中晚期以来，不论是蒸汽时代、电气时代还是自动化时代，我国始终处于后知后觉、跟随追赶状态，在文明转型的国际竞争中逐渐掉队落伍。当前，以信息技术与制造技术深度融合为重要特征的新一轮科技革命和产业变革为我国实现换道超车、由大变强提供了难得的历史机遇。综合分析看来，我国具备抢抓这一重大历史机遇的基础和条件。

从制造业角度看，我国是制造业大国。中华人民共和国成立特别是改革开放40 多年以来，我国制造业取得了长足发展，建成了门类齐全、独立完整的产业体系。根据 IBM 公司的统计，我国是世界上工业门类最为齐全的国家，拥有 39 个工业大类、191 个中类、525 个小类，具有全球最为完备的工业体系和产业配套能力。就产量而言，在联合国公布的 500 余种主要工业产品中，我国有 220 多种产量位居世界第一。

从互联网角度看，我国是互联网大国。截至 2018 年 12 月，我国网民数量达 8.29 亿人，网民规模全球第一，互联网普及率达到 59.6%。信息基础设施建设发展迅速，建成了全球规模最大的宽带网络。涌现出一批进入世界行列的信息技术企业和互联网企业。从总体看，我国在互联网应用方面走在了世界前列，是名副其实的互联网大国。

当前，我国互联网在消费端应用已日渐成熟，正加速向供给端、制造端迈进。把握并发挥好制造大国和网络大国的双重优势，推动制造业与互联网融合发展，充分释放和激发"制造业+互联网"的叠加效应、聚合效应和倍增效应，将有助于促进制造业向产业链高端延伸，增强制造企业核心竞争力，催生经济发展新动能，实现制造大国向制造强国转变。

（三）推动大企业搭建基于互联网的创新创业平台

推动大企业创新创业平台建设是深化制造业与互联网融合发展的重要抓手。大众创业、万众创新是我国经济保持中高速增长、迈向中高端水平的基本依托，是培育发展新动能、改造提升传统动能的重要举措。创新创业既是小微企业生存之路，又是大企业繁荣兴盛之道。制造业是创新创业的主战场，大型企业是创新创业的重要主体，大企业创新创业平台是制造业与互联网深度融合的重要载体。

推动大企业搭建基于互联网的创新创业平台，既有助于发挥我国工业体系完备、人才资源丰富、市场空间广阔的基础优势，也有助于发挥互联网具有广域开放共享、可以突破地域界限、能够高效配置资源等优势，对激发创业创新活力、提升传统制造业发展潜力、加速先进制造业发展步伐、促进制造业向生产服务型转型具有重要意义。

推动大企业搭建基于互联网的创新创业平台，是当前时期推进信息化和工业化深度融合的关键举措。创新创业平台建设对引导企业自主转型、打造信息化背景下的新型能力具有重要牵引作用，有助于企业实现发展理念、战略、组织、流程、管理和商业模式的创新，其内涵和价值与两化融合一脉相承。具体体现在四个方面：一是创新创业平台建设过程是企业综合集成水平不断提升的过程；二是创新创业平台建设过程是管理模式持续创新的过程；三是创新创业平台建设过程是产业生态逐步完善的过程；四是创新创业平台建设过程是新型能力培育的过程。

当前，基于互联网的大企业开放式创新创业平台不断涌现，有力促进了大众创业、万众创新。一方面，海尔、中航工业、中信重工、荣事达等制造企业通过打造创新创业平台，开放各类资源，构建新型研发、生产、管理和服务模式，有效提升了企业内部整体创新能力和水平，对于推动制造业转型升级发挥了重要作用；另一方面，中国移动、中国电信、阿里巴巴、腾讯、百度等基础电信运营商和互联网企业充分发挥自身优势,努力构建为中小制造企业服务的第三方创新创业平台,并积极营造大中小企业合作共赢的创新创业新环境,通过"大手拉小手"开创了大中小企业联合创新创业的新局面。

二、新一代信息技术产业重视人才发展

历史上曾有过的三次科技革命,中国都错失了机遇。争取在第四次科技革命中抓住机遇、取得突破、走在前头,是中国科技人的理想。

必须承认,主要由于历史因素,目前中国还做不到在新一轮科技革命中"领跑",但也肯定不是"跟跑",而是努力实现"并跑"。以专利为例,我国专利的数量虽然增加很快,但是往往偏重应用方面,缺少基础性的专利。从整体看,由于我国在过去几百年落后的历史,不能指望这一局面在短时间内得以全部改变。

现在许多评论认为,新一轮科技革命有可能在新一代信息技术、生命科学、新能源、量子计算等方面取得突破,而就中国的实际情况而言,新一代信息技术可能属于最有希望取得突破之列。

首先,新一代信息技术属于"全球研发投入最集中、创新最活跃、应用最广泛、辐射带动作用最大的技术创新领域",它在第四次科技革命中所占的比例很大,而且很年轻,发达国家领先优势远不如在传统领域那么明显,因此相对来说,中国比较容易在这一领域取得突破。

其次,中国市场大也是我们发展新一代信息技术的一大优势,这一点已经被中国在互联网行业的地位所证明。信息技术的边际成本极低,相比传统产品,市场大的好处在信息产品或服务身上体现得更加明显。因此,中国市场大的优势在新一代信息技术领域也将发挥比在传统技术领域更加强大的作用。

最后,应该充分认识中国的人才资源优势。众所周知,人才是第一资源,而在信息技术领域,人才资源的作用往往比在传统技术领域更为突出,特别是主要依赖软件的技术,人才不仅是第一资源,有时几乎是"唯一"资源。中国的人才资源不但数量领先,在质量上也极为优秀。可以说,中国人的聪明才智与创新能力是很突出的。至于中国人的勤奋,在世界上几乎无出其右。基于此,中国在新一代信息技术领域有较大的竞争优势,能够在很大程度上弥补基础差的问题。

当然,我们也要冷静地看到,中国过去几百年落后所造成的一些问题不可能在几十年内全部解决,对此,我们应该有足够的思想准备。我们要努力争取在新一代信息技术领域从跟跑到并跑,再到领跑,即使这个目标不能全部实现,也至少能做到并跑,如果能在某些方面做到领跑,那就更好了。

当前在指导思想上，我们应当明确"发展是第一要务、人才是第一资源、创新是第一动力"的指导思想。相应地，在支持创新的一些具体政策、措施上，也要积极跟进。

要充分发挥科技人员的积极性。科技人才留不住，经费使用没能发挥出作用，这是科研领域的"老大难"问题。这方面，要学习发达国家的经验，给科技人员更多地放权。现阶段外部势力对我国科技企业以及科技人才的封锁和打压是不以我们意志为转移的。我们应该更加坚定地立足于自己，同时依然要坚持开放，在有条件的情况下，尽可能地学习先进技术。另外，要高度重视人才培养，中国的未来、中国的希望在年轻人的身上。应当指出，人才培养要跟上科技革命的步伐，不能一成不变。例如，古代需要教学生以珠算技能，而现代则需要教学生以计算机技能。有人认为，要不了多久，人工智能可以使一般的多语言互译、交流等技能变成随手可得，在这种情况下，对培养一般的工程技术人员而言，外语教学有可能予以简化。

总之，在新的科技革命方兴未艾之时，我们要抓住机遇，充分发挥第一资源——人才的作用，为实现"两个一百年"奋斗目标，完成中华民族伟大复兴的中国梦而努力奋斗。

三、新一代信息技术产业创新驱动发展

党的十八大以来，习近平总书记从中国特色社会主义现代化建设的全局出发，高度重视依靠创新推动我国经济社会持续健康发展问题。习近平总书记在参加上海代表团审议时强调："创新是引领发展的第一动力。"[①] 目前，全社会对创新的关注前所未有，企业对创新的需求前所未有，创新成为积极应对、适应和引领经济发展新常态的第一推动力，创新驱动发展必将加快"两个一百年"奋斗目标的实现。

创新是一个民族进步的灵魂，是一个国家兴旺发达的不竭动力，也是一个地区持续健康发展的引擎。人类社会历史发展的实践证明，创新是引领发展的重要动力。未来社会发展的大趋势也要求，必须把创新作为引领新一代信息技术发展的第一推动力。

创新是推动一个国家和民族向前发展的重要力量，也是推动整个人类社会持续发展的重要力量。在人类社会发展的漫长历史上，世界各国的经济增长速度在较长的历史时期内都处于很低的水平。直到 18 世纪 60 年代，由蒸汽机发

---

① 习近平到上海代表团审议：创新是引领发展第一动力. https://www.chinanews.com/gn/2015/03-06/7108692.shtml.

明所带来的第一次工业革命才推动生产效率实现了质的飞越，为世界市场扩展和人类文明进步奠定了雄厚的物质基础与先进的技术基础。以电动机发明为标志的第二次工业革命更是极大地提高了人类的生产效率和生活质量。进入20世纪60年代，在信息技术、新能源技术、生物技术、空间技术和海洋技术等领域掀起的技术革命再一次极大地推动了社会生产力的发展，促进了社会经济结构和社会生活结构的变化。人类社会发展历史充分证明，创新是经济社会发展的重要动力或引擎。

以创新引领发展是顺应科技与经济社会全面融合发展趋势的应有之义。随着物联网、云计算、大数据等新一代信息技术的发展和推广应用，科学技术与经济社会的关系日益紧密，科技活动显现出更多的社会功能，经济社会出现科技高度社会化、社会高度科技化的趋向。现代经济社会的发展已经离不开科技创新的推动，尤其是面对全球新一轮科技革命与产业变革的重大机遇和挑战，把创新作为引领新一代信息技术发展的第一动力成为必然趋势。

四、新一代信息技术产业加强开放合作

共建"一带一路"已经成为推动构建人类命运共同体的重要实践平台。以信息技术为核心的新一轮科技革命和产业变革孕育兴起，共建信息丝绸之路、促进共建"一带一路"国家在新一代信息技术领域深度合作已成为共建"一带一路"重点。中方坚持遵循共商共建共享原则，与共建"一带一路"国家建立合作机制，推动行业标准体系互认，开展跨境电子商务合作，提高通关、物流等数字便利化水平，发掘合作潜力，加强与共建"一带一路"国家的经贸往来。充分发挥我国在"互联网+"领域的技术先发优势和产业实力，加强我国与共建"一带一路"国家通信领域标准化合作，支持我国通信运营企业与制造企业、互联网企业以及相关标准化机构推动通信领域重要标准在共建"一带一路"国家的应用，更好地服务共建"一带一路"国家信息和数据基础设施互联互通建设。

在新一代信息技术领域，引领5G、物联网、云计算、信息技术服务、大数据、人工智能、虚拟现实/增强现实、超高清视频等技术发展，加强与共建"一带一路"国家合作，在国际标准化组织（International Organization for Standardization，ISO）、国际电工委员会（International Electrotechnical Commission，IEC）、ITU等国际组织共同开展相关国际标准制定；加快智能可穿戴设备等智能硬件标准的国际化进程；推动共建通信设备及产品的检测实验室，促进通信技术和服务、网络设备、智能硬件等标准的应用。

在智慧城市领域，在逐步完善我国智慧城市相关顶层设计及智慧成熟度分级

分类评价标准体系的基础上，推动建立面向共建"一带一路"国家的智慧城市建设标准对接合作沟通机制；加强与东盟、中亚、海湾等地区的标准化合作，推进智慧城市建设标准互认；加强云计算、大数据环境下的电子商务领域标准化合作，推动电子数据交换协议标准研制与互认，加快电子商务领域追溯体系标准建设，实现追溯数据共享交换。

在通信工程建设领域，鼓励我国通信运营企业和建设工程企业协助共建"一带一路"国家建立跨境陆缆和国际海缆、通信管道、光纤到户、宽带网络、新一代移动通信基站、数据中心和室内分布系统等通信工程建设标准体系以及配套设施与产品标准体系；积极推动我国通信工程设计、施工、验收、监理、设施及产品等标准的海外应用。

在网络互联互通领域，加强下一代移动通信、车联网、物联网、工业互联网等领域频率资源规划和使用标准的协调与统一；加强与各国开展长期演进语音承载（voice over long-term evolution，VoLTE）、嵌入式用户身份识别卡（embedded-subscriber identity module，eSIM）等新技术、新业务网间互联和业务互通标准的协商；加强与相关国际组织、共建"一带一路"国家合作，推动跨国陆地光缆转接电路结算等国际标准研制，加快推进构建陆上信息大通道。

在电信业务服务领域，鼓励我国通信运营企业积极参与共建"一带一路"国家通信网络建设与运营，共同开展"互联网+"环境下电信新兴业务开发和应用规范、电信业务能力开放技术标准等研究；加强电信监管机构合作，逐步推广我国电信业务服务标准和质量标准。

五、新一代信息技术产业实现自主可控

没有网络安全，就没有国家安全。无论是重大基础设施还是智慧城市，无论是实体经济的数字化转型还是关系国计民生的关键行业和部门，它们都面临着运行安全和数据安全等一系列挑战。保卫网络安全就是保障国家主权，而自主可控就是保障网络安全、信息安全的基本前提。

自主可控技术就是依靠自身研发设计，全面掌握产品核心技术，实现信息系统从硬件到软件的自主研发、生产、升级、维护的全程可控。简单地说就是核心技术、关键零部件、各类软件全部国产化，自己开发、自己制造，避免受制于人。自主可控是国家信息化建设的关键环节，是保护信息安全的重要目标之一，在信息安全方面意义重大。

建立自主可控的信息产业保障体系。加大人力、物力和财力投入力度，组织网络科研力量集中攻关，开发网络空间安全防护模型等系统，创新网络空间安全

技术，抢占网络空间安全制高点；进一步夯实基础研究，加大对国产信息安全产品的支持力度，制定自主可控的高端信息安全产品整体解决方案，从源头提升我国网络安全保障能力。

随着我国自主可控技术不断提升和产业链上下游逐渐打通，自主可控设备新品层出不穷，应用也在全面铺开。自主可控筑起信息技术新的长城，同时创造出新的产业发展空间。

第五章 面向 2035 的新一代信息技术产业研究

第一节 面向 2035 年我国对新一代信息技术产业的需求

一、面向国家重大战略部署和国家利益的重大需求

在拓展经济空间、海洋边疆、太空边疆、网络空间的过程中，我国面临的国际形势会越来越复杂。一是围绕经济、领土、能源、军事的摩擦和争端会越来越频繁，这对我国快速响应、决策解决问题的能力提出重大挑战，急需提升全球覆盖的新一代信息基础设施及"高速移动、无缝连接"的新一代信息网络服务能力；二是网络空间将成为国家安全关键，网络空间安全威胁向政治、经济、社会、生态、国防等领域渗透，对我国政治、经济、文化、社会、国防等方面造成严峻风险和挑战，急需提供完善强大的网络安全保障能力；三是随着全球化的推进，信息服务全球化成为基本趋势，共建"一带一路"国家信息化发展程度存在较大差距并且反恐形势严峻，需要我国提供新一代信息网络服务能力。

二、面向建立现代经济体系的需求

（一）数字经济构筑未来经济新版图

党的十九大报告提出，贯彻新发展理念，建设现代化经济体系[1]。当前我国经济已由高速增长阶段转向高质量发展阶段，正处于转变方式、优化经济结构、转

---

[1] 习近平：决胜全面建成小康社会 夺取新时代中国特色社会主义伟大胜利——在中国共产党第十九次全国代表大会上的报告。http://www.gov.cn/zhuanti/2017-10/27/content_5234876.htm。

换增长动力的攻关期，建设现代化经济体系是跨越关口的迫切要求和我国发展的战略目标。未来经济发展将加速向以数字和网络技术为重要内容的经济发展形态转变，新一代信息技术必将形成新的产业空间形态、生产方式和消费模式。需要推动新一代网络通信、云计算/边缘计算、人工智能、大数据、电子核心技术发展，构建完善的新一代信息技术产业体系，形成具有国际竞争力的新一代信息技术产业生态。

（二）新一代信息技术与各领域深度融合发展的需求

建立现代经济体系，必须把发展经济的着力点放在实体经济上。新一代信息技术与经济社会各领域深度融合，将推动传统产业优化升级，引发深远的产业变革，形成新的产业生产方式、产业形态、商业模式和经济增长点。因此需推动互联网、大数据、人工智能和实体经济的融合。当前，全球正进入以智能化为核心的智能经济时代，未来的技术变革将进一步深入，技术融合带动技术突破和创新的趋势将不断持续。

三、面向科技前沿占据科技竞争制高点的需求

（一）解决关键核心技术受制于人的紧急局面

新一代信息技术将成为掌握全球信息资源的战略性平台，必将推动政治、军事、经济和文化等方面的力量快速发展。具体而言，微电子、光电子、新一代通信装备等技术已经成为发达国家强化其经济、社会和军事优势的重要手段；最具代表性的集成电路的产业技术、产业规模已经成为一个国家综合国力的重要标志。推动操作系统、核心工业、集成电路芯片制造工业、知识产权、电子设计自动化及支撑技术、芯片制造装备和材料、新一代通信系统光芯片/电芯片等关键核心技术发展，有助于打破关键核心技术受制于人的尴尬局面。

（二）突破核心技术，占据国际竞争制高点的需求

信息技术日益成为平台型共用技术，不断促进各领域新兴技术的跨界融合创新，不断拓展重要技术领域的研究范畴和方法手段，不断催生新的交叉科学和新的技术方向。因此需要加快发展新型计算技术、新一代网络通信/网络安全技术、人工智能技术，占据国际信息领域竞争的制高点。新型计算需要构建新型计算体系架构，发展量子计算、类脑计算、边缘计算等新兴计算技术；物联网、人工智

能是未来支撑万物智联、泛在感知的重要基础技术，需要加强学科交叉，突破技术瓶颈。

四、面向新型社会治理及人民美好生活水平的需求

（一）国家治理体系和社会治理现代化需要新一代信息技术支撑

党的十九大报告提出，到2035年，国家治理体系和治理能力现代化基本实现[①]。在当前，社会治理智能化是在大数据背景下的一个发展阶段，数字政府是以网络化和网络平台为基础，运用大数据、云计算、物联网、人工智能等新一代信息技术，实现社会精准分析、精准服务、精准治理、精准监督、精准反馈机制和过程的具体实践。数据是社会治理智能化的基础，需构建起全面覆盖、统一调度、信息共享、动态更新的社会信息系统和社会治理云服务平台。在此基础上，以新型智慧城市建设为抓手，拓展信息技术在社会治理领域的实体应用范畴。

未来的信息社会，人类的生产、生活方式发生巨大变化，国家治理与政府管理将充分尊重和遵循信息社会的特征和规律，信息化将成为加强党的领导、转变政府职能、实现治理体系和治理能力现代化、建设智慧社会的重要物质基础和必经之路。大数据背景下，电子政务、新型智慧城市、智能安防是当前国家依托现代信息技术实现治理体系与治理能力现代化的具体实践，在未来将进一步实现从单向管理向多元协同转变、从粗放管理向精细管理转变，不仅需要网络与通信、大数据、云计算等新一代信息技术的深度融合与运用，而且需要新型计算、人工智能技术的突破升级。综合运用新一代信息技术手段开展工作，推进国家治理能力现代化。

（二）使用新一代信息技术提升教育质量、提高人类健康水平的需求

党的十九大报告指出，带领人民创造美好生活，是我们党始终不渝的奋斗目标[②]。加强新一代信息技术与教育事业、医疗健康、社会服务的融合，形成强有力的技术支撑。为满足未来国民的健康医疗需求，需要新一代移动终端、机器人、人工智能、云计算、大数据等关键技术，需要实现信息技术与健康医疗技术的深

---

① 习近平：决胜全面建成小康社会 夺取新时代中国特色社会主义伟大胜利——在中国共产党第十九次全国代表大会上的报告. http://www.gov.cn/zhuanti/2017-10/27/content_5234876.htm.
② 习近平：决胜全面建成小康社会 夺取新时代中国特色社会主义伟大胜利——在中国共产党第十九次全国代表大会上的报告. http://www.gov.cn/zhuanti/2017-10/27/content_5234876.htm.

度融合，建立基本完备的健康信息技术支撑体系；为满足未来国民教育水平提高的需求，需要云计算、大数据、新一代网络通信作为支撑，建立数字教育资源公共服务体系和国家教育资源公共服务平台，增强普惠师生的能力。

第二节 面向 2035 的技术路线图

一、新一代移动通信

（一）产业概念与范畴

1. 移动通信技术发展历程

自麦克斯韦于 1864 年提出了电磁波理论以来，赫兹于 1887 年做实验证明了电磁波是真实存在的，马可尼于 1896 年在英国成功进行了 14.4km 的通信试验，移动通信作为产业正式登上历史的舞台。现代移动通信技术发展从 20 世纪 20 年代起至今，大致经历了五个阶段。

第一代移动通信技术（1st-generation，1G）产生于 20 世纪 80 年代，是指用模拟的频分多址（frequency division multiple access，FDMA）技术来传送语音业务的蜂窝系统。1G 的设计没有考虑移动通信的长途漫游，只是一种区域性的移动通信系统。1G 典型的系统包括美国的高级移动电话系统（advanced mobile phone system，AMPS）、英国的完全通路通信系统（total access communication system，TACS）等，显而易见，1G 的通信能力不高、业务单一、通信质量不高、制式繁多。

2G 采用数字传输技术，主要传输业务是数字语音和 SMS。2G 基本可分为两种：一种是基于时分多址（time division multiple access，TDMA）所发展出来的全球移动通信系统（global system for mobile communications，GSM）；另一种则是码分多址（code division multiple access，CDMA）。与 1G 相比，2G 具有数字通信机制、业务种类多、频谱效率高、保密性强、通信质量高等优点。2G 典型的系统包括欧洲的 GSM、美国的数字先进移动电话系统（digital advanced mobile phone system，D-AMPS）、中国的窄带 CDMA 等。

3G 在 2G 的基础上采用宽带 CDMA 技术，是一种能同时提供语音业务和数据业务的蜂窝系统。3G 针对 1G/2G 的主要弊端开展创新，3G 与 1G 和 2G 的主要区别是带宽的扩展和频谱效率的提高。3G 典型的系统包括欧洲的宽带 CDMA、美国的 CDMA2000、中国的时分同步码分多址（time division-synchronous code division multiple access, TD-SCDMA)等。

4G 诞生于 2008 年，国际电信联盟无线电通信部门（ITU-R）在 2008 年 3 月指定一组用于 4G 标准的要求，命名为 IMT-Advanced 规范。4G 是以正交频分复用（orthogonal frequency division multiplexing，OFDM）技术为基础的蜂窝系统。4G 下行链路速度为 100Mbit/s，上行链路速度为 30Mbit/s。4G 由于采用 OFDM 技术而带来的优点是显而易见的。OFDM 技术具有抗多径干扰的能力，可以为用户提供高质量（高数据速率、低时延等）的数据业务和语音业务，而且 4G 采用空分多址（space division multiple access，SDMA）技术，其网络容量是 3G 的 5~10 倍。4G 的典型系统包括分时长期演进（time division-long term evolution，TD-LTE）和频分双工长期演进（frequency division duplexing-long term evolution，FDD-LTE）两种制式。

5G 与前四代移动通信技术有本质的区别。前四代移动通信技术聚焦话音和/或数据业务，例如，1G 是模拟技术，2G 实现了数字化语音通信，3G 以多媒体通信为特征，4G 的通信速率大大提高而进入无线宽带时代。前四代移动通信技术都是单一的技术，主要面向消费者通信服务；而 5G 则扩展到面向产业应用。

5G 可以支持更加广泛的业务应用场景，一方面提供更高数据速率和更高质量的语音业务，另一方面支持传统的数据和语音之外的大连接和低时延业务。欧盟在 2013 年 2 月宣布，为了加快 5G 的发展，欧盟准备拨款 5000 万欧元用于促成可商用的 5G 标准。日本电信运营商 NTTDoCoMo 在 2014 年 5 月正式宣布与爱立信、诺基亚、三星等六家厂商共同合作，开始测试 5G 网络，借助契机，将 5G 网络正式投入大规模商用。2015 年 3 月，英国成功研制了 5G 网络，并进行了 100m 内的传输数据试验；2018 年 10 月，英国电信旗下移动电信业务公司 EE 在伦敦金丝雀码头蒙哥马利广场启动了国内首次 5G 调试项目，2020 年正式投入商用。2016 年 7 月，美国移动运营商 Verizon 宣布试用 5G 网络；2017 年 2 月，Verizon 宣布为美国 11 个城市的部分用户提供 5G 服务；2018 年 10 月，Verizon 宣布正式在美国推出第一个商业 5G 网络并且率先在美国 4 个城市提供 5G 服务。在我国，5G 部署进程取决于三大运营商（中国移动、中国联通、中国电信）的推进计划。根据中国移动发布的 5G 推进时间表，2017~2018 年进行技术试验，2018~2019 年进行规模试验和预商用网络，2020 年实现 5G 的商用。

5G 是新一代移动通信技术发展的主要方向，是未来新一代信息基础设施的重要组成部分。与 4G 相比，5G 不仅将进一步提升用户的网络体验，而且将满足未来万物互联的应用需求。

2. 5G 的定义

5G 作为 4G 的延伸，将在全社会数字化转型进程中担负着不可替代的重要使命。5G 时代，人与人、人与物和物与物之间原有的互联互通界限将被打破，所有的人和物都将存在于一个有机的数字生态系统里，数据或者信息将通过最优化的方式进行传递。从全球视角来看，目前 5G 在技术、标准、产业生态、网络部署等方面都取得了阶段性的成果，5G 落地的最后一环——应用场景正逐渐成为业界关注的焦点。

相较于 4G，在传输速率方面，5G 峰值速率为 10~20Gbit/s，提升至 10~20 倍，用户体验速率将达到 0.1~1Gbit/s，提升至 10~100 倍；流量密度方面，5G 目标值为 10Tbit/(s·km^2)，提升至 100 倍；网络能效方面，5G 提升至 100 倍；可连接数密度方面，5G 可联网设备的数量高达 10^6 个/km^2，提升至 10 倍；频谱效率方面，5G 提升至 3~5 倍；端到端时延方面，5G 达到 1ms 级，提升至 10 倍；移动性方面，5G 支持速度高达 500km/h 的通信环境，提升至 1.43 倍。具体指标对比如表 5-1 所示。

表 5-1　5G 与 4G 关键性能指标对比

技术指标	峰值速率	用户体验速率	流量密度	端到端时延	连接数密度	移动性	网络能效	频谱效率
4G 参考值	1Gbit/s	10Mbit/s	0.1Tbit/(s·km^2)	10ms	10^5 个/km^2	350km/h	—	—
5G 目标值	10~20Gbit/s	0.1~1Gbit/s	10Tbit/(s·km^2)	1ms	10^6 个/km^2	500km/h	—	—
提升效果	10~20 倍	10~100 倍	100 倍	10 倍	10 倍	1.43 倍	100 倍	3~5 倍

资料来源：中国产业研究院

3. 6G 的概述

第六代移动通信技术（6th-generation，6G）是 5G 的延伸。6G 的传输能力可能比 5G 提升 100 倍，网络延迟也可能从毫秒降到微秒级。预计将在 2030 年左右上市。

从国际来看，2018 年芬兰开始研究 6G 相关技术，年底邀请媒体聆听其针对 6G 网络所引导的研究与工作进展。2019 年 3 月 24~26 日在芬兰拉普兰德举行关于 6G 的国际会议。

从国内来看，6G 概念研究在 2018 年启动。按照过去通信发展的规律推测，6G 的理论下载速度可以达到 1Tbit/s，预计 2030 年 6G 将投入商用。

当前，我们正处于 5G 商业化的前夜，不少人对 5G 巨大的资本开支、漫长的投资回报期感到忧虑，但瞄准 5G 之后的下一代网络——6G 已经启动。未来的通信网络将是多层次的，2G、3G、4G、5G、6G 并存。启动 6G 研究与 5G 的商用并不矛盾。过去往往也是交叠的状况，一般是上一代准备商用，下一代就开始做研究了。

5G 有三个应用场景，即大带宽、低延时、广连接。6G 可能在 5G 的三个场景上实现更好的应用，解决 5G 不能解决或解决不好的问题，6G 的传输速率相比 5G 提高 10 倍以上，并且可能使整个有线、无线网络结构发生革命性变化。

比如，目前来看，5G 在广连接也就是物联网上的应用还不太理想，6G 可能会在这个场景上向更广泛的层面、更高的空间扩展，如卫星移动，实现地空全覆盖的网络，实现真正无所不在的任意设备之间的信息传输，即真正的万物互联时代。

目前 6G 的概念研究主要涉及一些应用需求的调研，帮助达成一些共识，对各单位已经做的研究取得的阶段性成果进行评估、测试，看看哪些技术属于 5G 的演进，哪些技术属于 6G 新技术。

（二）发展需求

1. 全球发展需求

现在全球约有 2/3 的人口使用移动设备。2017 年净增达 1.8 亿用户，虽然数字仍然很庞大，但对比 2012 年净增 3 亿用户的巅峰时期而言，年增长速度正在放缓。这是移动用户占全球人口比例达 70%～80% 后的自然结果。剩下的部分是最难触达覆盖的，如老年人和偏远地区人口。最重要的转变是越来越多的移动用户使用互联网，使用互联网的移动用户比例将从 2017 年的 65% 上升到 2025 年的 86%。2017 年全球移动收入超过 10500 亿美元，到 2050 年将会突破 11500 亿美元。

2018 年全球 77 亿人口中有 50 多亿移动设备用户、约 35 亿移动互联网用户。到 2025 年，全球将达 82 亿人口，将有接近 60 亿移动设备用户、高达 50 亿移动互联网用户。约 1/2 的新增的移动互联网用户将来自五个市场：中国、印度、印度尼西亚、尼日利亚和巴基斯坦。移动互联网在新兴市场崛起的背后有两大主要因素：一是智能手机价格持续下降；二是移动数据资费下降。到 2025 年智能手机普及率将达 80%。

2017 年，全球 49 个国家的 77 家运营商已经开始试用 5G 网络。2017～2025 年，工业物联网设备连接数将增长 100.75 亿个，消费物联网连接数将增长 60.49 亿个，授权低功耗广域网（low-power wide-area network，LPWA）连接数将增长 18.28 亿个；3G 连接数将减少 1.38 亿个，4G 连接数将增长 25.70 亿个，5G 连接数将增长 13.56 亿个，受中国、日本、韩国和美国等少数市场的推动，5G 连接数将占全球移动连接数的 15%。

2. 中国发展需求

1）移动通信

2018年，中国移动通信业务实现收入9134亿元，比上年增长0.6%，在电信业务收入中占70.2%；移动数据及互联网业务收入6057亿元，比上年增长10.2%，在电信业务收入中占比从上年的43.5%提高到46.6%。交互式网络电视（internet protocol television，IPTV）业务收入比上年增长19.4%；物联网业务收入比上年大幅增长72.9%。2018年，各种线上线下服务加快融合，移动互联网业务创新拓展，带动移动支付、移动出行、移动视频直播、餐饮外卖等应用加快普及，刺激移动互联网接入流量消费保持高速增长。2018年，移动互联网接入流量消费达711亿GB，比上年增长189.1%，增长率较上年提高26.9个百分点。全年移动互联网接入月户均流量达4.42GB，是上年的2.6倍；12月当月移动互联网接入月户均流量高达6.25GB。其中，手机上网流量达到702亿GB，比上年增长198.7%，在总流量中占98.7%，全国净增移动通信基站29万个，总数达648万个。

2）5G核心产业

5G所具有的高速率、广覆盖、低时延特性为经济社会各行各业数字化智能化转型提供了技术前提和基础平台。依托技术领先、产业先发和市场庞大等优势，5G的快速发展将带动移动通信产业取得突破性进展。5G具有高速率大带宽的要求，需要优先进行骨干网升级，将明显驱动光模块、光纤光缆等通信设备产业优先发展，由于5G频段提升，5G基站数量会大幅增加，将进一步带动射频等通信设备产业爆发式增长。综合分析预计5G核心产业规模将在2025年达到1万亿元。

3）5G相关产业

5G和大数据、人工智能等新一代信息技术结合，催生多种新应用、新产品和新商业模式，推动虚拟现实/增强现实、超高清视频、车联网、联网无人机等产业升级，极大地满足了消费领域的多样化、高层次需求。预计5G带动相关垂直行业市场规模将在2025年达到3万亿元。

（1）虚拟现实/增强现实。融合5G的虚拟现实/增强现实产业将进一步充分渗透互动娱乐、智能制造、医疗健康、教育商业等相关产业，推动其产生全新模式的变革。预计到2025年，全球虚拟现实/增强现实应用市场规模将达到3000亿元，其中我国市场将超过35%。

（2）超高清视频。随着网络速率的提升、应用终端的逐步完善，移动互联网和产业互联网也将向超高清视频能力快速演进。预计2025年，在5G的带动下超高清视频应用市场规模将达到1.75万亿元。

（3）车联网。随着5G与汽车工业的结合，汽车生产商（如比亚迪、长安汽车、广汽集团、上汽集团等）积极布局智能网联汽车的生产。而运营商、设备商

（如中国联通、百度、中兴等）则通过与自动驾驶垂直领域合作伙伴（如福特、一汽等）的联合创新来构建协同化汽车驾驶生态系统。预计到2025年，我国5G联网汽车将达到1000万辆，市场规模将达到5000亿元。

（4）联网无人机。成熟的5G将增强无人机制造、各类传感器、无人机运营企业的产品和服务，同时拓展5G电信运营商、云服务商的业务范围。预计到2025年，小型无人机软件、硬件、应用和服务等市场规模将达到2000亿元。

（三）发展目标

近期目标：我国移动通信系统设备、移动终端、移动终端芯片产业均进入国际第一阵营。国产移动通信系统设备、移动终端、移动终端芯片分别具有满足国内市场需求80%、80%和40%的供给能力，具有满足国际市场需求40%、45%和20%的供给能力，移动通信测试仪表实现国内领先和国际市场突破。

远期目标：5G价值链将在中国创造9840亿美元经济产出，同时创造950万个工作岗位。

（四）关键技术

1. 重点产品

包括5G关键技术综合验证平台、5G系统设备（含基站、核心网设备、行业专网等）、5G仪器仪表（含终端综测仪、协议一致性测试仪等）、5G终端（含消费终端、行业终端、M2M终端等）、5G关键芯片[含基带芯片、射频芯片、系统级芯片（system-on-a-chip，SoC）等]和5G关键器件（如高频通信器件）等。

2. 关键技术

包括大规模天线阵列技术（峰值速率达数十吉比特/秒）、超密集组网技术[连接数密度大于10^6个/km^2，流量密度大于数十太比特/（秒·千米^2）]、新型多址接入技术、高频段通信技术（6GHz以上）、信道编码/终端间通信技术（含车联网等）、新型核心网架构技术（支持SDN、NFV等）、5G增强型技术（100Gbit/s、以用户为中心和具有高感知的接入网与核心网）等关键技术。

（五）保障措施

1. 加快商用部署，培育壮大产业链

及时启动5G网络建设，着力构建高速率、广普及、全覆盖、智能化的新型

基础设施，努力打造 5G 精品网络。加强自主创新，加快 5G 的终端网络平台、系统集成等领域的研发和产业化，带动 5G 产业全面成熟，培育壮大完整的 5G 产业链。

2. 推动融合应用，服务经济社会发展

以先导性应用为引领，开展重点行业、重点企业试点示范，重点支持 5G 在工业互联网、智慧交通、智能制造、智慧医疗、数字农业等领域的应用。推动 5G 和实体经济深度融合，加快 5G 在教育、医疗等公共服务领域的融合应用，增强人民群众的获得感。

3. 加强能力建设，构建安全保障体系

加强顶层设计和前瞻布局，统筹推进 5G 网络基础设施安全保障能力建设，积极应对 5G 带来的网络安全挑战。健全网络安全治理体系，探索多方协同共治的模式，形成政府、行业、企业、社会协同共治的新格局。

4. 强化政策协同，优化市场发展环境

研究制定 5G 商用的配套政策，推进站址保障和共建共享，加强标准制定、安全保障、资源配置等方面的政策协同，完善法规体系，促进 5G 融合应用。创新发展，努力营造包容、审慎、鼓励创新、公平有序的发展环境，形成广覆盖、强互动、有活力的融合应用生态系统。

5. 深化国际合作，打造开放产业生态

5G 是经济全球化浪潮下的创新成果，开放发展是必由之路。推动政府部门、行业组织和企业层面构建多层次的 5G 国际合作体系，深化技术、标准、频率、产业应用等多层面的国际合作，共同打造开放共赢的 5G 产业生态。

二、下一代网络

（一）产业概念与范畴

1. 定义

下一代网络指以软交换为代表，以 IP 多媒体子系统（IP multimedia subsystem, IMS）为核心框架，以分组交换为业务统一承载平台，传输层适应数据业务特征及带宽需求，能够为公众灵活提供大规模视讯话音数据等多种通信业务，可运营、维护、管理的通信网络。下一代通信网络中光网络的建设、软交换的建设尤为关键。

软交换的概念起源于美国。当时在企业网络环境下，用户采用基于以太网的电话，通过一套基于 PC 服务器的呼叫控制软件（call manager、call server），实现网络电话交换机（IP-private branch exchange，IPPBX），并以 IPPBX 为基础，将传统的交换设备部件化，分为呼叫控制与媒体处理，二者采用标准协议且使用纯软件处理，软交换技术应运而生。

下一代网络架构由业务/应用层、控制层、传送传输层、接入/媒体层等 4 层组成。其中，接入/媒体层和传送传输层负责将用户连接至网络，实现业务量的集中和业务传送功能；控制层完成呼叫控制和相应业务处理信息的传送；业务/应用层负责提供各种增值业务和管理功能。

从传统电信网到下一代网络的变迁是一个逐步演进的过程，有两种演进策略：基于软交换技术的重叠网策略和基于综合交换机的混合网策略。重叠网策略的基本思想是保留现存的电信网，对于日益增长的数据业务和 IP 业务，通过建设一个重叠的分组网络，并利用网关设备实现两个网络的互联互通。混合网策略的基本思想建立在电路交换的基础框架上，通过新一代的支持同步转移模式（synchronous transfer mode，STM）、异步转移模式（asynchronous transfer mode，ATM）和 IP 的综合交换机实现多业务在物理节点上的融合。一般认为，重叠网策略更加切合实际。

2. 发展历程

下一代网络的概念自 1997 年问世以来，以快速发展的态势在世界范围内不断推广、应用，以软交换为核心技术的下一代网络在全球的发展呈现四个阶段。

（1）尝试阶段（1996~1998 年）。ITU 提出了 H.323VoIP 协议，其本身并不是为电信级运营而设计的，但这一时期全球的电信管制放开，部分竞争性本地交换运营商（competitive local exchange carriers，CLEC）抓住分组长途这一市场，应用 H.323 体系构建分组长途电话网络，获得了可观的收益，为下一代网络相关协议和应用的发展奠定了一定的技术基础，且从另一个侧面说明了语音 IP 化承载的必然性。在这个阶段，国内部分运营商也建设了长途 IP 电话网络。

（2）软交换试验阶段（1999~2004 年）。自从提出软交换概念以来，在众多制造商和运营商的共同推动下，软交换产品逐步趋于成熟，功能日益丰富，标准化过程正稳步推进。软交换技术开始逐步走向市场。在这期间，国内外软交换的试验不断进行，初期软交换的试验内容绝大部分限于软交换的汇接功能、简单的多媒体业务，后期随着软交换技术的日益成熟，试验逐步转为较大规模的商用试验，部分新运营商开始尝试建设正式运营的下一代网络商用网络。

（3）规模部署阶段（2005~2009年）。随着软交换体系的完善以及相关企业的成熟、商品的商用化，越来越多的运营商为了应对外界的挑战，开始大规模部署下一代网络的商用网络，主要集中于下一代网络基础结构的建设和现有公共交换电话网络（public switched telephone network，PSTN）向下一代网络的过渡以及采用下一代网络技术进行交换机的网改和替换工作。在这一阶段，分组网络的建设具有低成本、高带宽、多业务综合承载的特性，人们对低成本的长途通信和大带宽的多业务承载有很大的需求。这个过程中能够带来利润的仍然是语音业务，同时在多媒体方面也可以提供一些服务。

（4）稳定发展阶段（2010年以后）。在这一发展过程中，下一代网络的重点转移到开发更先进的业务上，运营商寻找更多的业务收入增长点进行业务开发，在这个过程中逐步实现固网和移动网的融合。2010年以后，随着网络自身业务的完善，包括承载网服务质量（quality of service，QoS）的完善，网络业务逐步转向以提供多媒体业务为特征的业务。在电子商务的发展过程中，下一代网络可以为电子商务提供更多的保障，给运营商带来更多的利润。

（二）发展需求

2017年中国光通信设备规模为970.7亿元，预计在未来几年内，光通信技术将在整个通信行业内大放异彩。其之所以发展迅猛是必要的也是必然的：除了人们日益增长的信息传输和交换需要外，其本身也具有通信容量大、中继距离长、保密性能好、适应能力强、体积小及重量轻等优点。

2017年中国光收发模块的市场规模为16亿美元，中国的以太网光模块的消费量在2018~2023年迅速成长。以太网光模块销售额将占到所有光模块销售额的最大份额，从2017年的27%增长到2023年的39%。光互连（如有源光缆）的需求也将保持很强的增长态势。

2018年中国网络市场规模为83.5亿美元，同比2017年增长16.4%，互联网、政府、金融和通信成为拉动网络市场稳健发展的主要行业。从产品增长率来看，中国交换机市场同比增长18.5%，增长主要来自数据中心。数据中心交换机占比达到41.4%，低于全球占比（44.4%），仍处于快速发展阶段。路由器市场同比增长15.7%，主要增长来自运营商。得益于用户和流量的驱使，运营商在网络覆盖和优化方面会继续践行规模扩张与差异化转型。

从行业来看，互联网、政府、金融和通信行业推动中国网络市场发展。

（1）互联网行业同比高增长。随着人工智能、大数据、云计算和物联网等行业的蓬勃发展，对数据的交换、计算和存储的应用需求不断增加。云用户业务的频繁变化和移动互联网视频流量的激增促使互联网企业加速部署云数据中心，互联网行业同比 2017 年达到了 60%的高增长，25Gbit/s 和 100Gbit/s 交换机得到规模部署，增长迅猛。

（2）政府加大云部署。国家各部委网信工作逐步推进，各项法律法规相继出台，国家对网信领域的管理更具针对性和细致化。政务网加大建设力度，政务云由省级建设开始向地市建设下沉，深化简政放权，"最多跑一次"全国推广。公共安全投资比例加大，视频云、警务云和大数据撑起平安城市治安防控新体系。

（3）金融行业更加全面化。金融行业数字化转型更趋于成熟，移动支付、互联网银行等金融业务多方协同发展。从互联网金融到数字金融，科技正在重新赋能金融领域。通信技术对于金融的作用正在逐步从辅助业务地位，上升成为决定金融未来发展的关键因素，也成为目前互联网金融、传统金融企业的核心竞争力。

（4）通信行业的变革。流量的爆发式增长成为运营商设备投资的核心驱动力，骨干网和城域网建设保持较快增长。回顾 2018 年，响应国家倡导"提速降费"，三大运营商在 4G 和宽带市场竞争激烈，目前流量的增幅大大超过语音和短信的降幅。积极开展网络重构和数字化转型，新兴业务模式得到强劲增长，云业务、大数据、互联网应用以及其他增值服务成为收益来源。运营商正在向智能管道转变，借力 5G 成为平台和内容服务的提供者。

（三）发展目标

近期目标：国产光通信设备具有满足国际市场需求 60%的供给能力，光通信设备关键元器件实现国产化突破。国产路由器与交换机产业进入国际第一阵营，具有满足国际市场需求 25%的供给能力。

远期目标：全数字化社会带来更多的新业务，触觉互联网、全息通信等极致体验要求卓越的网络能力，时延、带宽、灵活性、可靠性等问题得到妥善解决。

（四）关键技术

1. 重点产品

重点产品包括高速大容量光传输设备（400Gbit/s、1Tbit/s）、高速光接入设备（10Gbit/s、100Gbit/s）、光交换设备（100Tbit/s 光电混合）、核心路由器（单接口 400Gbit/s，交换容量 100Tbit/s）、支持 SDN 的大容量交换机（1Tbit/s）、全光交换设备，以及硅基光收发芯片（100Gbit/s、400Gbit/s、1Tbit/s）、模数/数模转换器（64Gbit/s 以上）、数字信号处理器（digital signal processing，DSP）芯片、光传送网（optical transport network，OTN）芯片、光线路终端（optical line terminal，

OLT）芯片（100Gbit/s、400Gbit/s、1Tbit/s）、波分复用-无源光网络芯片、波长选择开关（wavelength-selective switch，WSS）、网络处理器（400Gbit/s、1Tbit/s 及以上）等关键零部件。

2. 关键技术

关键技术包括大容量光交换技术（100Tbit/s 光电混合）、大容量全光交换技术、高速高频谱效率长距离光传输技术（单端口 400Gbit/s、1Tbit/s）、海底通信技术、高速路由交换技术（100Tbit/s）、网络管控技术（NFV、SDN 等）、网络测量感知技术、网络设备的关键元器件技术（光收发器件、高速交换芯片、支持 NFV 的大容量分组交换芯片、硅光子和光电集成芯片、WSS 光交叉、超低损光纤生产、超大容量长距离光通信和海底通信、WDM-PON 器件、智能光分配网络、云网一体化等）等关键技术。

（五）保障措施

1. 知识产权

对接国家知识产权战略，积极宣传我国下一代网络领域知识产权取得的成果，继续优化知识产权商业和法律环境，强化知识产权保护和运营，推动自主知识产权国际运用。

2. 政府与行业市场资源

继续培育和优化我国新一代网络发展空间，需要有重大专项继续支持，同时鼓励加强产业链上下游企业间、企业与政府间，以及行业市场间的协同合作。

3. "走出去"

响应"一带一路"倡议，探索"资本+产业""建设+运营服务"的"走出去"新模式，建立部际协调机制并设立"走出去"专项基金，推动我国网络设备产业"走出去"，打造信息丝绸之路。

三、信息安全

（一）产业概念与范畴

随着大数据、云计算、移动互联网、物联网的不断发展，网络的边界越来越模糊，安全形势也越来越复杂化，虚拟空间和实体空间结合得越来越紧密，网络安全的范畴发生了很大的变化。从广义上讲，网络安全可以称为网络空间安全，主要是指包括互联网、电信网、广电网、物联网、计算机系统、通信系统、工业控制系统等在内的所有系统相关的设备安全、数据安全、行为安全及内容安全。

网络安全产业主要针对重点行业及企业级用户提供保障网络可靠性、安全性的产品和服务，主要包括防火墙、身份认证、终端安全管理、安全管理平台等传统产品，云安全、大数据安全、工控安全等新兴产品，以及安全评估、安全咨询、安全集成为主的安全服务。在网络安全市场规模测算中未包含芯片及元器件相关制造业、舆情分析、军队、保密等领域的市场规模。

（二）发展需求

1. 总体市场规模

随着全球经济增长，数据安全和隐私问题将越来越重要。2018年，全球许多知名企业都遭遇了重大泄露事件，欧盟在2018年出台了《通用数据保护条例》，对个人信息的保护及其监管达到了前所未有的高度，其他国家也正在讨论制定类似数据保护条例。未来几年中，随着5G、物联网、人工智能等新技术的全面普及，网络安全市场依然会保持稳定上涨的趋势，2021年全球网络信息安全市场达到1648.9亿美元。

2018年，中国网络安全政策法规持续完善优化，网络安全市场规范性逐步提升，政企客户在网络安全产品和服务上的投入稳步增长，2018年市场整体规模达到495.2亿元。随着数字经济的发展、物联网建设的逐步推进，网络安全作为数字经济发展的必要保障，其投入将持续增加，2021年网络信息安全市场达到926.8亿元。

2. 细分领域市场规模

1) 云安全市场规模

2018年，随着云计算产业的快速发展，云安全成为服务商和用户关注的焦点。虽然中国云安全市场目前仍处于起步阶段，但整体的市场规模会随着云计算市场规模的增长而快速增长。2018年，中国云安全市场规模达到37.8亿元，增长率达到44.8%。

2) 物联网安全市场规模

在"互联网+"时代，物联网发展迅猛，正加速渗透到生产、消费和社会管理等各领域，物联网设备规模呈现爆发性增长趋势，万物互联时代正在到来。物联网给我们的工作和生活带来便捷的同时，也带来了风险。物联网安全事件从国家、社会到个人层出不穷，物联网设备、网络、应用面临严峻的安全挑战。物联网安全将成为万亿元规模市场下的"潜力股"，2018 年，我国物联网安全市场规模达到 88.2 亿元，增长率达到 34.7%。

3）移动安全市场规模

随着移动互联网的快速发展，移动互联网市场规模和用户数量持续高增长，移动电子商务、移动支付、社交网络等应用快速发展，由此引发的信息安全问题也越发突出。同时，移动互联网自身具有一定的特性，拥有独特的发展方式与传播能力，使得网络安全问题越来越受到人们的关注。近几年，我国移动安全市场呈现较强的增长趋势，2018 年，我国移动安全市场规模达 49.2 亿元，增长率达到 46.9%。

4）大数据安全市场规模

大数据安全是用以搭建大数据平台所需的安全产品和服务，以及大数据场景下围绕数据安全展开的大数据全生命周期的安全防护。大数据安全主要包括大数据平台安全、大数据安全防护和大数据隐私保护，产品主要包含大数据系统安全产品、大数据数据发现、大数据管理运营、敏感数据梳理、大数据脱敏、应用数据审计、大数据审计等。近年来，中国大数据安全市场规模持续高速增长，受政策和各类数据泄密事件影响，市场规模快速上升。2018 年，大数据安全市场规模达到 28.4 亿元。随着大数据安全市场的成熟，年增长率将逐步提高。当前，大数据安全业务已经被各大传统安全企业纳入未来企业战略布局重点和重要商业化盈利点。

5）工业互联网安全市场规模

由于工业互联网推动企业信息技术和运营技术融合，工业互联网安全是工业生产安全和网络空间安全相融合的领域，包含工业数字化、网络化、智能化运行过程中的各个要素、各个环节的安全，主要体现为工业控制系统安全、工业网络安全、工业大数据安全、工业云安全、工业电子商务安全、工业应用程序安全等。2018 年，对制造、通信、能源、市政设施等关键基础领域的攻击事件频频发生，受到攻击的行业领域不断扩大，造成的后果也愈加严重，工业互联网安全的市场关注度随之提升。随着智能制造和工业互联网推进政策的不断出台，政府及企业开始逐步重视对工业互联网安全的投入，工业互联网市场具有较快的增长率。2018 年，中国工业互联网安全市场规模达到 94.6 亿元。

(三)发展目标

近期目标:构建安全可控的信息技术体系。当前,国内已经形成"国产 CPU+基于开源 Linux 的国产操作系统"的自主生态,但是上下游各环节协同不够,自主生态并不完备,仍有漫长的路要走。未来着力方向如下:整合资源,形成核心技术发展合力;前瞻布局,抢占下一代信息技术发展制高点;创新驱动,突破产业链关键环节;应用牵引,培育核心技术产业生态。2025 年我国网络信息安全市场规模达到 2082 亿元,2020~2025 年年均复合增长率约为 22.68%。

远期目标:2030 年我国网络信息安全市场规模达到 4882 亿元,2025~2030 年年均复合增长率约为 18.59%。

2020~2030 年中国网络信息安全市场规模预测如图 5-1 所示。

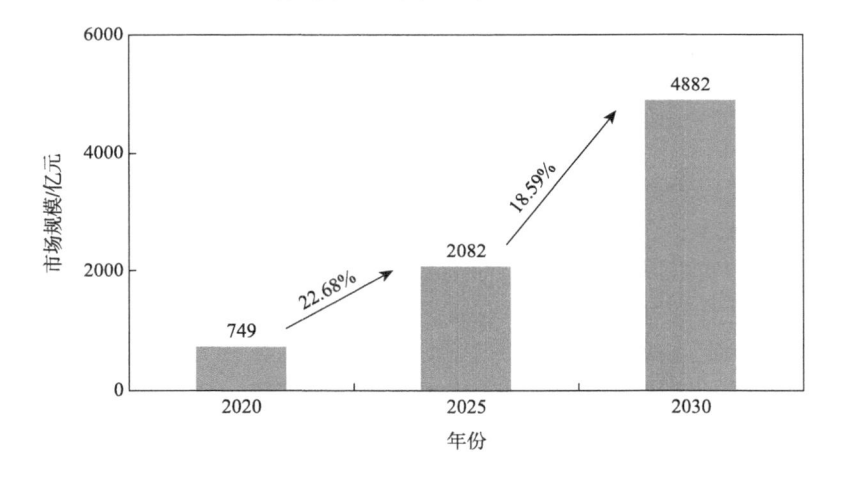

图 5-1 2020~2030 年中国网络信息安全市场规模预测

(四)关键领域与技术

1. 关键领域

1)云安全

纵深防御体系成为应对公有云安全威胁的重要手段。公有云的典型场景是多租户共享,但和传统信息技术架构相比,意味着可信边界的弱化、威胁的增加。因此,通过轻量级病毒防护、流量控制防火墙等多层防护,构建基于云的纵深防护体系,联动大数据智能分析,实现智能联动,精确抵御安全风险,全面防护云平台的数据安全。

2）物联网安全

物联网安全防护是要实现物联网的感知层、网络层及应用层的安全问题。应用层安全主要涉及云平台安全性及客户隐私问题，要实现大数据安全以及对已有安全能力的集成。网络层安全涉及网络传入和基础设施以及边界安全的问题。应用层及网络层主要是基于传统信息技术的安全系统，大都可复用传统的网络安全防护技术。感知层安全涉及大量终端，是从终端感知节点到网关节点的安全问题，与传统安全技术不同，是未来关注重点。

物联网感知层功能单一，计算能力弱，缺乏安全防护能力。针对物联网终端的安全问题，一方面在终端设备生产环节就加入安全芯片和防护措施，另一方面增加物联网安全网关，实现对终端的安全防护。

物联网安全热点领域主要包括车联网安全、智能家居安全、智能终端安全等。

3）移动安全

随着移动互联网的发展及智能手机的普及，网络欺诈从 PC 端转移至移动端，近年来手机安全问题越来越严峻，各种网信犯罪层出不穷，严重威胁个人和企业的信息安全。

移动安全要以数据为核心，减少设备相关性。在移动设备中，数据的载体是应用，应用的载体是设备，数据传输的通道是网络，因此需要保护移动终端、应用及内容安全，实现以数据为核心的终端安全管理。此外，由于移动设备具有可变性，移动安全管理过程中需减少设备相关性。

移动安全一定要保护最终用户的隐私。移动设备涉及大量个人隐私，企业管理个人设备会受到阻碍，因此解决保护最终用户的隐私问题，移动安全才能顺利推广使用。

移动支付飞速增长，移动金融安全不容忽视。近年来，全球移动支付高速发展，其中以支付宝、微信支付等为首的中国移动支付事业发展飞速。面对移动支付安全问题和漏洞的不断爆出，移动金融安全已经成为综合性的问题，不能单独由一个金融机构、支付类厂商或者安全服务提供商解决。

4）大数据安全

大数据安全观念和技术落后于大数据发展：①密文计算技术的研究处在理论阶段，运算效率未达到实际应用的需求；②数据血缘追踪技术未获得足够的应用验证，产业化仍需要一段时间；③数字水印技术无法满足大数据环境下大量、快速更新的应用需求。

传统数据安全无法满足大数据安全需求：①大数据安全涉及数据全生命周期的防护，需要从"以系统为中心的安全"转换到"以数据为中心的安全"的思路上来；②大数据场景下，企业内部组织结构不完善、内控制度不健全也会导致数据的泄露；③数据复杂度大幅增加，数据存储形式、使用方式和共享模式均发生变化，无法适应大数据时代下的安全防护需求。

5）工业互联网安全

根据《中华人民共和国网络安全法》中关于关键信息基础设施安全技术措施"同步规划、同步建设、同步使用"的具体要求，需在工业互联网设计、建设、运维等全生命周期开展安全防护工作。我国工业互联网企业多采用传统信息安全防护技术，尚无面向工业互联网操作技术侧安全的专用防护设备，整体安全解决方案还不成熟，工业互联网平台数据安全隐患凸显。

工业互联网技术将从单点防御向纵深防御转变。工业互联网新技术新模式带来新的安全挑战，我国工业互联网安全产业亟待从"应急响应"转变为"持续响应"，需要建立多点防御、联合防御，与产业界合作开展防御响应。

企业级工业安全运营与监测将成为工业互联网安全建设重点。全球领先的工业互联网企业均在组建信息技术与操作技术融合的信息安全管理团队，建立企业工业安全运营中心，对整个工业控制系统进行安全监测和安全运营。

6）量子保密通信、商用密码

在量子通信领域，我国量子保密通信应用建设进程加快，已初步形成量子保密通信产业生态体系，通信网络建设在全球处于领先地位，量子保密通信已经从基础研究开始向产业化大步迈进。

我国商用密码在密码算法、密码芯片和技术标准的研制上取得了突出成果，密码算法SM2、SM3、SM4、SM9已顺利成为国际标准，全国商用密码产品生产单位已近800家，已经形成从密码算法到芯片到产品再到应用的完整产业链。

7）态势感知、威胁情报

2018年，公安、网信、工信、政府等行业领域加快建设网络安全态势感知平台，加强关键信息基础设施保护与监测，全天候全方位感知网络安全态势。

态势感知平台可以为客户提供从底层的企业资产探查、监测发现到管理层的安全运营、分析及响应处置能力信息，构建主动防御体系的智慧指挥中心。

监管类行业态势感知涉及公安、网信等：国家级态势感知平台实现情报分析、统一指挥、溯源研判、通报响应等；各省市地级单位态势感知系统感知地域整体态势、实现日常监控及案事件处理等。

关键信息基础设施保护类态势感知涉及电力、运营商、金融、大型央企、智慧城市等：总部单位负责系统安全运营、安全检测、通报预警及态势感知；各下级单位形成安全运营、感知本单位态势、安全监测上报及协同防护等。

威胁情报作为网络安全的能力输出，有利于优化风险应对，及时响应处置，完善企业纵深防御体系。威胁情报可主动感知态势，发现新的攻击面；威胁情报可提升检测能力，便于应对高级威胁；威胁情报有利于准确、快速判定，保障安全事件可以及时处置响应。

建设威胁情报共享平台，提升威胁情报能力，形成威胁情报生态体系，构建主动防御体系。

8）区块链、人工智能

在数字化转型浪潮的推动下，全面数字化识别成为未来的必然趋势，区块链作为记录并验证数字行为的一种技术，无论是保护数据完整性，还是利用数字化识别技术来防止设备免受分布式拒绝服务攻击，都可以发挥关键作用。区块链技术可以为数字服务构造更加值得信任的基础设施。

应用区块链可以解决很多网络安全问题，典型应用场景有：①利用身份验证保护边缘设备。利用区块链来保护（工业）物联网设备的安全，并提升现有设备的验证、数据流和记录管理的安全性。②提升保密性和数据完整性。区块链数据完整性服务提供了全面的审计、兼容和可信赖数据服务，允许开发人员利用区块链平台来进行技术实现。③保护隐私信息。使用区块链来保护社交媒体聊天软件的隐私通信数据。④可能取代公钥基础设施（public key infrastructure，PKI）。大多数 PKI 实现都依赖于集中的第三方证书颁发机构来发布、撤销和存储密钥对，在区块链网络中发布密钥可以消除第三方安全风险，并允许应用程序验证其他通信程序的合法身份。⑤构建更安全的域名系统（domain name system，DNS）。在区块链技术的帮助下，可以构建更加安全且受信任的 DNS 基础设施。⑥缓解分布式拒绝服务攻击。去中心化"记账"系统可以帮助用户抵御流量超过 100Gbit/s 的分布式拒绝服务攻击。

随着网络攻击增多，危害程度上升，网络安全专业人才严重不足；"0 day 攻击"等新型攻击形式日渐增多；攻击技术迭代的速度不断加快。因此，网络安全急需提供自动化解决方案，众多厂商开始将人工智能与机器学习用于理解和响应来自网络和服务器的大量数据，进行自动化流量监测及行为分析等，区分系统或网络中的恶意行为。

（1）人工智能要与其他算法相融合。传统的基于规则的方法在某些场景仍然十分有效；基于规则、特征、统计的方法要和人工智能形成互补的关系。

（2）人工智能要有持续进化的能力。人工智能算法要能够持续地检测新型威胁，通过不断加入新的数据，以及攻防专家不断对算法和模型进行调优，不断训练人工智能算法。

（3）人工智能与人要形成互补。在实践中，攻防专家、数据科学家、安全服务专家应当与人工智能进行通力合作；攻防专家识别出安全问题，数据科学家对问题进行建模，安全服务专家对人工智能识别的结果进行过滤和反馈，实现人工智能的真正落地。

2. 技术展望

1）自动化：安全数据实现自动化智能分析及响应

对海量安全数据进行攻击画像、威胁建模、情报匹配等自动化分析，形成完整威胁杀伤链可视化溯源，从而提升威胁发现与处置效率。从传统安全问题的人工处理分析到利用智能化技术自动从海量信息中寻找可疑数据，进行人工智能分析评判，分析人员快速判断结果是否正常，最后将新威胁迅速列入情报体系，并进行自动化响应处置。

2）平台化：多层面打造能力平台，多维协作构建完备安全体系

通过将威胁情报、态势感知、云安全、统一认证、安全大数据分析等安全能力平台化，从不同维度对安全数据进行深加工，并以接口方式对外提供能力，从而对业务系统、安全工具以及外部系统进行支撑，加深安全对业务的深度融合与互补，最终形成平台经济效益。

3）服务化：创新商业模式，开拓安全服务新阶段

由于网络形态的转变、用户需求方式的转变，网络安全领域开始寻求商业模式的创新，网络安全产品加速向包括云安全在内的服务形态转型。安全云服务化、安全驻场运维服务、第三方安全独立运营、情报订阅及高级安全分析服务、仿真模拟市场等都成为服务化转型的新模式。

4）融合化：加速新技术融合，创新安全防护方法

传统的网络安全技术开始与新技术进行融合，加速技术创新，寻求安全防护新方法。利用区块链的去中心化和不可篡改性创新安全业务场景，利用数字化识别技术来防止设备遭受分布式拒绝服务攻击，都可以发挥关键作用。量子技术作为保密通信的创新模式，我国已初步形成量子保密通信产业生态体系，已经从基础研究开始向产业化大步迈进。

（五）保障措施

1. 开展信息技术产品的审查工作，提升新兴领域的安全防范能力

开展信息技术产品尤其是新兴领域信息技术产品的审查工作。一是加紧出台大数据、人工智能、云计算、物联网等新兴技术领域的政策法规，强调信息技术产品审查工作的重要性。二是积极制定新兴领域信息技术产品的安全保护标准，界定相关产品的核心功能和技术，构建评估产品安全性的指标和实施方案。三是构建信息技术产品的安全审查机制，定期开展安全审查，加强新兴领域信息技术产品的安全监督工作，对发现的问题及时进行整改，同时加大安全事件的执法力度，依法依规对涉事企业进行严厉处罚。四是提升安全审查的技术手段，

推动网络安全态势感知平台的建立，实现业务监控、溯源取证、安全事件响应等功能。

2. 提升自主研发实力，构建核心技术生态圈

一是统一信息领域核心技术发展思路。摒弃自主创新和引进消化吸收之间的路线之争，改变以出身论安全的思路，形成信息技术产品安全可控评价标准，组织开展评价工作，引导厂商提升自主创新能力和产业生态掌控能力。二是优化核心技术自主创新环境。强化企业的创新主体地位，着力构建以企业为主体、市场为导向、产学研相结合的技术创新体系。提高企业创新积极性，继续以基金等形式支持企业通过技术合作、资本运作等手段争取国际先进技术和人才等，为企业充分利用国际资源提升自主创新能力提供支撑。三是构建核心技术生态圈。依托政府、军队等安全要求较高的应用领域，结合应用单位基本需求，制定自主生态技术标准，统一相关技术产品的关键功能模块、技术接口等，依托自主可控评价等手段，引导企业协同创新，推动产业上下游企业团结协作，打造自主可控生态圈。

3. 借助"一带一路"倡议积极与其他国家合作，增强我国网络空间话语权

借助"一带一路"倡议积极与其他国家开展一系列信息技术领域的合作，一方面有效带动我国基础信息设施发展相对滞后的中西部地区，增强其抵御外部网络侵略的意识与力量，筑就我国的"网络长城"；另一方面形成信息技术研发和信息技术产品推广的跨境联盟，更大程度地释放互联网所集聚的能量，推动网络强国建设，在通信、交通、金融等领域积极参与国际行业标准的制定，增强我国在世界范围内网络空间的话语权与影响力。

4. 推进网络可信身份建设，构建可信网络空间

一是做好网络可信身份体系的顶层设计。借鉴国外做法，结合我国国情，明确我国网络可信身份体系框架、各参与方在其中的角色和职责，并细化网络可信身份体系建设的路径，明确组织、资金等各方面保障，从法律法规、标准规范、技术研发、试点示范、产业发展等多方面推进体系建设。二是建设并推广可信身份服务平台，推动可信身份资源共享。通过建设集成公安、工商、证书授权机构、电信运营商等多种网络身份认证资源的可信身份服务平台，提供多维身份属性综合服务，包括网络身份真实性、有效性和完整性认证服务，最终完成对网上行为主体的多途径、多角度、多级别的身份属性信息的收集、确认、评价及应用，实现多模式网络身份管理和验证。三是推动多种网络可信身份认证技术和服务发展，充分利用现有技术和基础设施，加快开发安全和方便的网络身份技术，跟踪大数据、生物识别和区块链等新兴技术的发展，不断提高技术的先进性。

5. 加强安全制度建设，全面保护关键信息基础设施

一是建立健全关键信息基础设施保护制度。明确关键信息基础设施安全保障的基本要求和主要目标，提出工作任务和措施。二是研究制定关键信息基础设施网络安全标准规范。研制关键信息基础设施的基础性标准，推动关键信息基础设施分类分级、安全评估等标准的研制和发布。三是建立健全关键信息基础设施安全监管机制。一方面，健全关键信息基础设施安全检查评估机制，面向重点行业开展网络安全检查和风险评估，指导并监督地方开展安全自查，组织专业队伍对重点系统开展安全抽查，形成自查与重点抽查相结合的长效机制；另一方面，完善关键信息基础设施安全风险信息共享机制，理顺信息报送渠道，完善监测技术手段和监测网络，加快形成关键信息基础设施网络安全风险信息共享的长效机制。

四、半导体

（一）产业概念与范畴

1. 半导体的定义

半导体（semiconductor）通常指常温下导电性能介于导体与绝缘体之间的一类材料。半导体不但自身拥有导电能力，其导电能力还具有很强的可控性。当半导体受到外界光、热等因素的激发时，其导电能力会发生较大改变，可变范围可从绝缘体到导体。尤其是在纯净的半导体中掺入微量杂质元素后，其导电性能会得到大幅提升。

半导体所具有的各种特性均表现出了与其他物质不同的导电原理，这使得半导体在人类文明的发展历程中发挥着举足轻重的作用。在世界信息化的进程中，大部分电子产品都与半导体密不可分。从最初收音机、电视机的出现，让我们开始了解世界；到互联网的诞生，在我们眼前翻开新的篇章；计算机、手机等电子产品则早已融入日常生活、工作中。今后，随着人工智能、物联网、无人驾驶等新兴技术的不断成熟，我们的生活将会更加快捷、便利。

在如今电子信息化高速发展的时代，我们不断地享受着电子信息给我们带来的便利，而半导体便是这个"便利"的核心，可以说没有它就不存在电子信息。无论从科技还是从经济发展的角度来看，半导体的重要性都是巨大的。

2. 半导体的分类

半导体按照其功能结构通常可以分为集成电路、分立器件、光电器件及传感器四大类，其中集成电路又可细分为模拟电路、逻辑电路、处理器芯片及存储芯片。半导体分类结构图如图 5-2 所示。

全球半导体产业中，集成电路占比超过 80%，占据大部分市场份额，是重中之重。

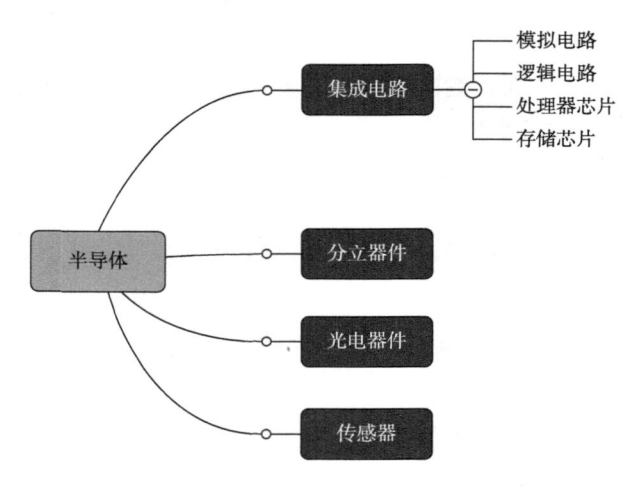

图 5-2　半导体分类结构图

（二）发展需求

1. 销售规模

根据世界半导体贸易统计组织（World Semiconductor Trade Statistics，WSTS）数据，2017 年 12 月全球半导体产业销售额为 380 亿美元，月增 0.8%，年增 22.5%；2017 年第四季度半导体产业销售额为 1140 亿美元，为单季新高，季增 5.7%，年增 22.5%；2017 年全年半导体产业销售额达到 4122.2 亿美元，同比增长 21.6%，创历史新高。2018 年全球半导体产业销售额为创纪录的 4687.78 亿美元，同比增长 13.7%。

2019 年第一季度全球芯片产业销售额为 968 亿美元，低于 2018 年的 1147 亿美元。WSTS 指出，2019 年 3 月全球芯片产业销售额为 323 亿美元，和 2 月销售额相比，下滑 1.8%。第一季度芯片产业销售额与 2018 年同期（1111 亿美元）相比，下降 12.9%。

目前，中国半导体产业仍处于快速发展阶段，发展程度低于国际先进水平。

经过中国半导体产业的大规模引进、消化、吸收以及产业的重点建设，中国已成为全球半导体最大的市场。2017年中国半导体产业实际销售额为7200.8亿元，同比增长12.9%。2018年中国半导体产业销售额进一步增长，达到8296.3亿元，同比增长15.2%。

2017年中国集成电路产业销售额达到5411.3亿元，同比增长24.8%。其中，集成电路制造业增长最快，同比增长28.5%，销售额达到1448.1亿元，设计业和封测业继续保持快速增长，分别同比增长26.1%和20.8%，销售额分别为2073.5亿元和1889.7亿元。

受到2018年第四季度中国及全球半导体市场下滑影响，中国集成电路产业2018年全年增长率比前三季度略有下降。2018年中国集成电路产业销售额为6531.4亿元，同比增长20.7%。其中，设计业销售额为2519.3亿元，同比增长21.5%；制造业继续保持快速增长，销售额为1818.2亿元，同比增长25.6%；封测业销售额为2193.9亿元，同比增长16.1%。

2019年第一季度中国集成电路产业销售额为1274.0亿元，同比增长10.5%，增长率同比下降了10.2个百分点，环比下降了10.3个百分点。其中，设计业同比增长16.3%，销售额为458.8亿元；制造业同比增长10.2%，销售额为392.2亿元；封测业增长率下降幅度最大，增长率环比下降了11个百分点，同比增长5.1个百分点，销售额为423.0亿元。

2. 市场规模

2018年，在存储器市场的引领下，全球半导体市场继续保持快速增长势头。国内半导体市场依旧保持高速增长，但增长率有所降低，达到21.5%。随着多家存储器大厂调整产线结构，以及新建产线的逐步量产和产能释放，存储器市场的供需关系逐渐趋于合理，继而带动全球产业增长率逐步回落。我国集成电路技术实力显著增强，投融资政策逐步优化。

随着半导体行业的快速发展，应用场景不断扩展，嵌入汽车等各类产品中，同时伴随着人工智能、虚拟现实和物联网等新兴技术的出现，半导体的市场需求不断扩大。2017年中国半导体市场规模为16860亿元，同比增长11.4%。伴随着中国集成电路设计、制造、封装等产业在国家政策支持下持续增长，2018年中国半导体市场规模达到18951亿元，同比增长12.4%。

3. 下游需求

随着人工智能的快速发展，以及物联网、节能环保、新能源汽车等战略性新兴产业的推动，半导体的需求持续增加。2017年中国半导体市场需求规模为15455亿元，同比增长6%。2013~2018年中国半导体市场需求规模如图5-3所示。随着中国智能化步伐的持续加快，分立器件市场需求将持续增加。2013～2018 年中国半导体分立器件市场需求规模如图 5-4 所示。

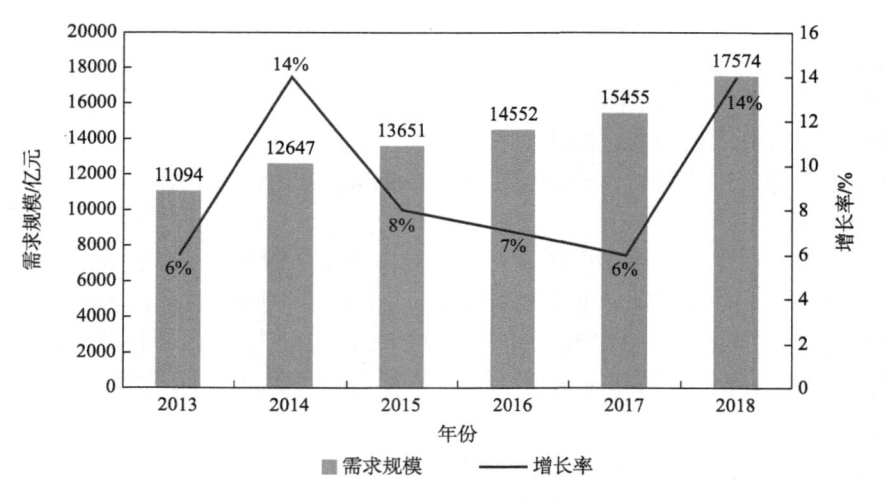

图 5-3　2013～2018 年中国半导体市场需求规模

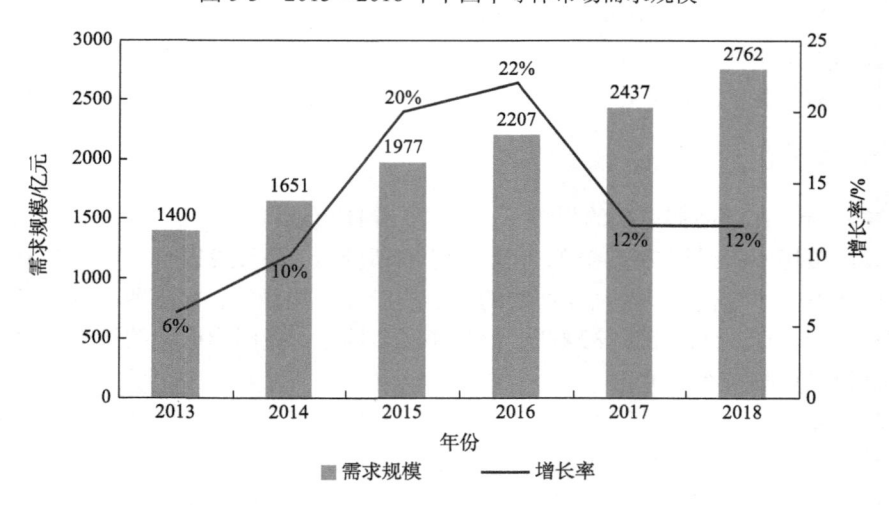

图 5-4　2013～2018 年中国半导体分立器件市场需求规模

（三）发展目标

面向国家重大战略部署和产业发展两个需求，着力发展集成电路设计业，加速发展集成电路制造业，提升先进封测业发展水平，突破集成电路关键装备和材料。

近期目标：中国集成电路产业市场规模达 2400 亿美元，在全球市场占比为

60%，具有满足国内市场需求 58%的供给能力；各类集成电路龙头企业进入世界前列，通过市场配置资源，实现可持续发展。2025 年我国半导体产业销售额达到 20200 亿元，2020～2025 年年均复合增长率约为 13.13%。

远期目标：集成电路产业链主要环节达到国际先进水平，一批企业进入国际第一梯队，实现跨越式发展。

中投顾问对 2020～2030 年中国半导体产业销售额预测如图 5-5 所示。

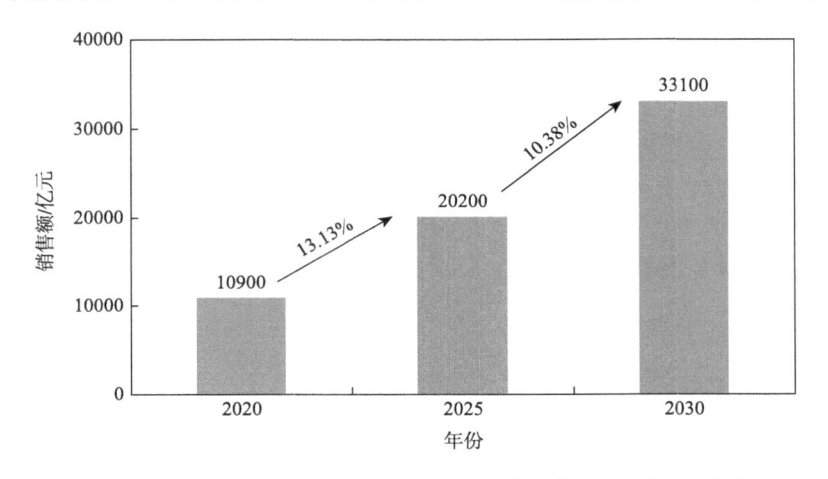

图 5-5　中投顾问对 2020～2030 年中国半导体产业销售额预测

（四）发展重点

1. 集成电路设计

1）服务器/桌面 CPU

单核/双核服务器/桌面计算机 CPU、多核服务器/桌面计算机 CPU、众核服务器/桌面计算机 CPU。

2）嵌入式 CPU

低功耗性能嵌入式 CPU、低功耗多核嵌入式 CPU、超低功耗近阈值物联网 SoC。

3）存储器

动态随机存取存储器（dynamic random access memory，DRAM）及嵌入式动态随机存取存储器（embedded-DRAM，eDRAM）、闪速存储器（flash memory）、三维闪速存储器、阻变式随机存取存储器（resistive random access memory，RRAM）、不挥发性磁性随机存取存储器（magnetoresistive random access memory，MRAM）。

4）FPGA 及动态重构芯片

FPGA、动态可重构芯片。

5）智能计算芯片

智能手机/平板电脑 SoC、人工智能增强的个人终端 SoC。

2. 集成电路制造

1）新器件

鳍式场效应晶体管（fin field-effect transistor，FinFET）、量子器件。

2）光刻技术

两次曝光、多次曝光、极紫外（extreme ultra-violet，EUV）光刻、电子束曝光、光刻机、EUV 光刻胶。

3）材料及成套技术

光掩膜材料及成套技术。

3. 集成电路封装

1）倒装封装技术

大面积倒装芯片球阵列封装。

2）多芯片封装

双芯片封装、三维系统级封装、多元件集成电路。

（五）重大装备及关键材料

1. 制造装备

工艺设备。

2. 光刻机

EUV 光刻机。

3. 制造材料

工艺材料、12in/18in 硅片（1in≈2.54cm）。

4. 封装设备及材料

高密度封装高端设备及配套材料、硅通孔技术制造部分关键设备及材料。

（六）保障措施

1. 进一步强化顶层设计，建立中央与地方定期互动的有效机制

中央政府及相关部委集中资源、统一认识，在充分考虑中国国情和半导体产业发展规律的基础上，针对目前存在的问题，进一步加强产业发展的顶层设计，整体布局，统筹规划。建立中央与地方联动的长效机制，出台相关措施，将地方产业发展纳入国家整体战略。广泛调动中央与地方优势资源，坚持主体集中、多点布局，共同推动我国半导体产业整体有序发展。

2. 我国半导体企业作为国家重大战略部署的承担者、战略性产业的实施者，需要中央与地方政府的大力支持

半导体产业是国家重大战略部署产业，其发展必须依靠中国企业。作为国家发展半导体产业的主体，中国企业的成败决定着国家半导体产业发展的成败。中国半导体企业在奋起直追的发展过程中，离不开地方政府长期、稳定的支持。只有地方政府和国内企业步调一致、互相支持，才能真正实现中国的"芯片梦"。

在发展半导体的过程中，尤其是对于重资产的制造业，以及先进工艺和存储器等国家战略性产业，国家能够规范地方政府与国家重大战略部署同向，支持中国产业发展。同时中央出台相关政策，监督地方政府平衡地方利益与国家产业整体布局，兼顾短期利益和中长期利益，找准地方政府在半导体产业链中的定位，因地制宜地实现良性发展，避免一哄而上造成的恶性竞争。

3. 地方政府是发展我国半导体产业的重要载体，地方政府给国际国内企业同等待遇，为中国企业的竞争搭建公平的舞台，为中国产业的发展创造良好的氛围

强化央地协同，引导地方政府加强对产业发展规律的认识，地方政府积极履行"国之大者"，推动夯实集成电路技术基石。同时地方政府应当平等对待境内外企业，为国家半导体产业的发展创造公平、健康、良性的竞争环境。

4. 加强对于国内资本国际并购的监管，对国际重大并购项目、重大国际企业落地我国整体布局，统筹规划

为避免国际并购以及招商引资中引发的无序、恶性竞争，建议在部委简政放权、市场化为主题的前提下，针对半导体等战略性产业制定相关政策，规范国际并购流程，在国际并购或会对中国产业造成严重影响的国际企业布局中，通过预备案、预协商等措施，统筹规划，统一布局，避免恶性竞争。

5. 制定国内重点企业、重点工程名录，扶持龙头企业，进行国际竞争

为体现出企业为主体，参与国际竞争、吸取国际资源的产业原则，建议相关部委建立国内重点企业名录，重点支持。同时在产业发展和国际并购中，以企业为主体，尊重企业意愿，引导国内资本由虚向实，由资本运作变为助力企业发展。同时支持企业的国际化，积极参与国际竞争，以此避免国际先进技术和先进设备对中国的禁运，并降低国际上对中国发展半导体的疑虑，还能争取到更多国际人才的加盟，最终确保产业主体的"自主可控，为我所用"。

五、新型显示

（一）产业概念与范畴

根据显示原理的不同，新型显示器件可以分为主动发光显示（像素发光，短程成像）、被动发光显示（像素不发光，依靠外部光源）、激光投影显示（像素发光，长程成像）3 种类型。其中，主动发光显示主要包括电致发光显示（electroluminescent display，ELD）、等离子体显示（plasma display panel，PDP）、发光二极管（light emitting diode，LED）显示、激光荧光体显示（laser phosphor display，LPD）等。被动发光显示主要包括液晶显示（liquid crystal display，LCD）、电子纸显示（electronic paper display，EPD）等。当前，主动发光显示中的 AMOLED 显示和被动发光显示中的 TFT-LCD 是主流的显示技术，两者市场份额之和接近显示产业的 90%。显示技术分类如图 5-6 所示。

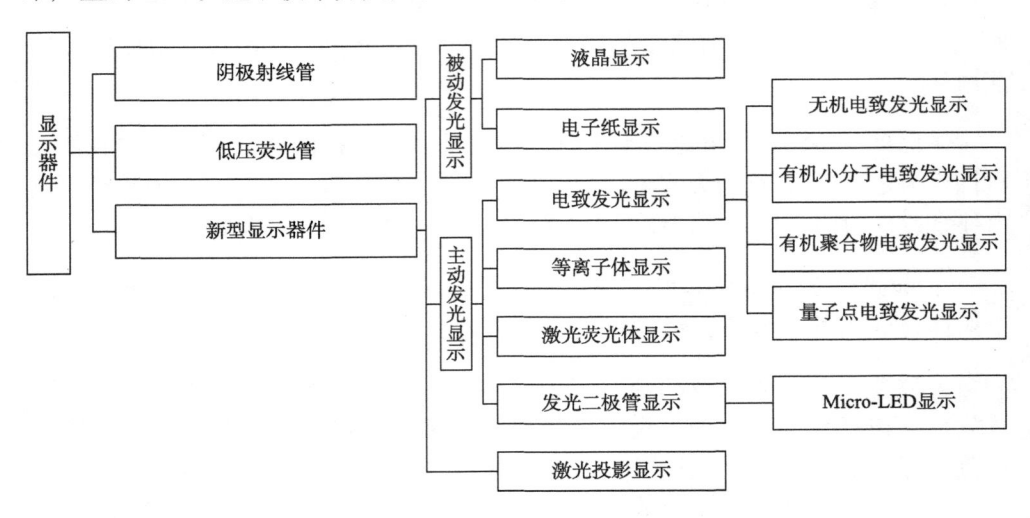

图 5-6 显示技术分类

（二）发展需求

1. AMOLED 面板应用不断拓展，中国 AMOLED 量产进程稳步推进

近年来，各大手机品牌企业对 AMOLED 的认可程度不断提升，AMOLED 已成为高阶智能手机的重要配置之一。除了三星、苹果，华为、小米、OPPO、vivo 等手机企业纷纷采用 AMOLED 显示屏。刚性 AMOLED 面板价格与同规格的 LPTS LCD 基本持平，柔性 AMOLED 的需求进一步增加，折叠屏开始崭露头角，AMOLED 的热度不断攀升，成为各大企业竞相追逐的焦点。2018 年，柔性 AMOLED 出货数量约为 1.8 亿片，同比增长 24%，获得较大幅度的增长，在全部 AMOLED 智能手机显示屏中的渗透率超过 40%。2018 年，OLED 电视面板出货数量达到 400 万块，比 2017 年的 170 万块增加了 1.4 倍，成为高端电视的重要组成部分。2018 年，中国企业在 AMOLED 领域取得较大进展。京东方成都 6 代柔性 AMOLED 产线量产出货。华为发布的 Mate 20 Pro 手机采用了 6.53in 显示屏，京东方成为该产品的主要屏幕供应商。维信诺已开始向锤子坚果 Pro 2S 和小米手机出货。天马武汉 6 代 AMOLED 产线和和辉光电 4.5 代 AMOLED 产线也已开始出货。主要 AMOLED 面板企业量产情况如表 5-2 所示。

表 5-2 主要 AMOLED 面板企业量产情况

企业	地点	投资	设计产能
京东方	成都	465 亿元	48000 片/月
京东方	绵阳	465 亿元	48000 片/月
京东方	重庆	465 亿元	48000 片/月
天马	武汉	120 亿元	30000 片/月
华星光电	武汉	350 亿元	45000 片/月
和辉光电	上海	273 亿元	30000 片/月
维信诺	固安	610 亿元	30000 片/月
维信诺	合肥	440 亿元	30000 片/月

资料来源：中投产业研究院

全球 AMOLED 的应用进一步提升。折叠屏有望从概念产品逐步走向实际应用，应用市场真正开启。随着三星、京东方、维信诺、天马、柔宇等企业相继推出可折叠产品设计，2019 年被视为折叠屏手机的元年。另外，除了在传统消费电子领域的应用，车载显示市场也成为 AMOLED 下一个有望突破的新兴市场。继奥迪 A8 后座显示搭载 5.7in OLED 之后，奥迪 e-tron 虚拟后视镜又采用三星 7in OLED。国内企业在车载显示方面也投入努力，维信诺与浙江合众新能源汽车签署战略合作，在透明 A 柱柔性屏、T 形屏、曲面屏等领域开展合作。京东方与一汽集团签署战略合作协议。

2. 面板发展带动上游进步，关键材料和设备本土配套能力不断增强

2018 年，中国依然是全球新型显示产业发展的重心，受产线建设和投入量产的影响，中国成为全球新型显示产业关键材料和设备的重要引擎。多家国外龙头企业在国内建厂或与国内企业开展合作。玻璃基板、偏光片、发光材料等领域成为合作和投资的重点。玻璃基板方面，中国成为康宁全球最大的玻璃基板生产基地。2021 年 11 月 10 日，康宁举办了其位于广州市的 10.5 代玻璃基板工厂的量产仪式，至此康宁已经先后在中国建设了七座玻璃基板工厂。偏光片方面，盛波光电、昆山奇美与日东电工就 2500mm 的超宽幅 TFT-LCD 用偏光片生产线项目签署《技术合作合同书》，日东电工将就"设备的启动支援""制造 know how 的指导""技术支援（品质维持支援）"等方面提供相应生产技术。发光材料方面，默克在 2018 年 6 月正式启动位于上海的 OLED 技术中国中心。另外，本土企业在多年的市场竞争中也取得很大进步，多种材料的本土化配套能力得到提升，企业实力得到增强。国内液晶材料企业年出货量接近 150t，自给率超过 50%，铜靶、铝靶、钼靶已实现规模化生产，打破了国外企业在技术和市场的垄断。设备方面，我国企业以后段或检测/包装等周边设备为主，武汉精测模组段自动光学检测设备、合肥欣奕华洁净搬运机器人在国内市场占有率均已超过 70%，但是在前端和终端工艺设备方面，我国企业与国外先进水平相比差距依然较大。

中国新建产线继续为全球显示产业材料和设备的发展提供动能。中国面板市场对全球上游产业材料规模增长贡献率达到 70% 以上。国内面板企业在日趋激烈的市场竞争中逐渐认识到上游产业的重要性，进而加快对上游产业链的渗透，玻璃基板、掩膜版、光刻胶、偏光片、有机发光材料等领域的投资和并购进一步增多，相关产品本土化程度得到大幅提升。

3. 产线建设热度不减，投融资势头依然高涨

虽然 2018 年面板价格下跌明显，但全球新型显示产业正处于转型发展期，产业竞争正在从规模竞争向技术竞争、创新竞争转移，在此背景下，先进的产线成为各国各地区企业竞相投资的热点。柔性 AMOLED、大尺寸、超高清、低功耗等产线的建设热情依然高涨。2018 年，中国在建、拟建的产线数量超过 15 条，投资金额超过 5000 亿元。其中，在建 10.5 代 TFT-LCD 产线 3 条，拟建 1 条；在建 6 代柔性 AMOLED 面板产线 4 条；拟建 3 条；在建 8.5 代 AMOLED 面板产线 1 条。2011~2018 年我国新型显示产业面板产线投资情况如图 5-7 所示。

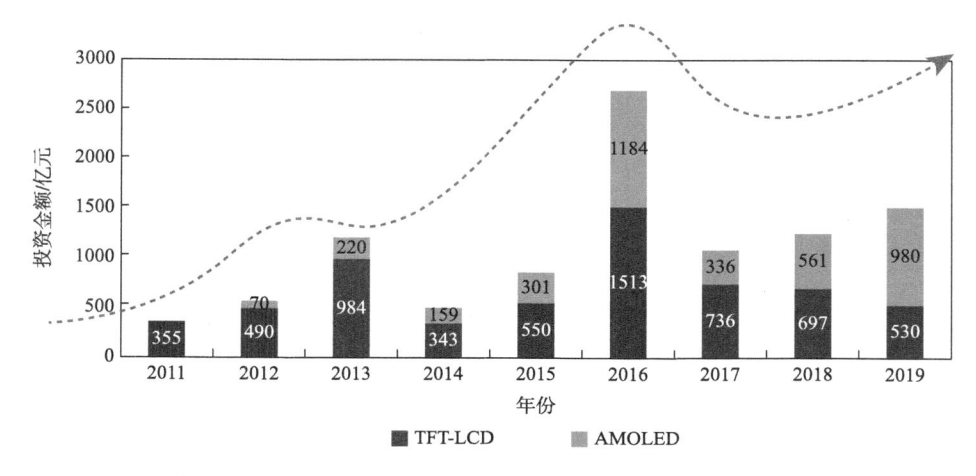

第五章 面向2035的新一代信息技术产业研究

图 5-7 2011~2018年我国新型显示产业面板产线投资情况

随着国际环境和产业竞争加剧，国内资本投资态势趋缓，主要集中在AMOLED、大尺寸等领域，低端产线的投资基本结束，投资方向开始向上游转移。地方对新型显示产业的投资热度不减，各地加快对面板产线、上游设备和材料、产业园、创新中心和服务平台等项目投资，并给予相关政策支持。

（三）发展目标

近期目标：支持重点行业应用示范，培育新业态和新商业模式，形成可复制可推广经验，为平板显示与各行业各领域融合发展提供借鉴；支持地方先行发展示范，建设平板显示产业创新及应用基地，推动产业集聚发展，发挥示范引领和辐射作用。2025年我国新型显示产业营收规模达17360亿元，2020~2025年年均复合增长率约为25.48%。

远期目标：建产业创新体系，重点聚焦产业链薄弱环节，支持关键技术产品研发和产业化，兼顾高端引领与短板补齐，全面提升产业发展实力；构建产业生态体系，重点发挥联盟等行业组织的作用，制定标准规范，建设公共服务平台，推动全产业链协同发展，营造良好发展环境。2030年我国新型显示产业营收规模达43900亿元，2025~2030年年均复合增长率约为20.39%。

2020~2030年中国新型显示产业营收规模预测如图5-8所示。

（四）关键技术

加快超高清、柔性面板等量产技术研发，通过技术创新带动产品创新，实现产品结构调整。

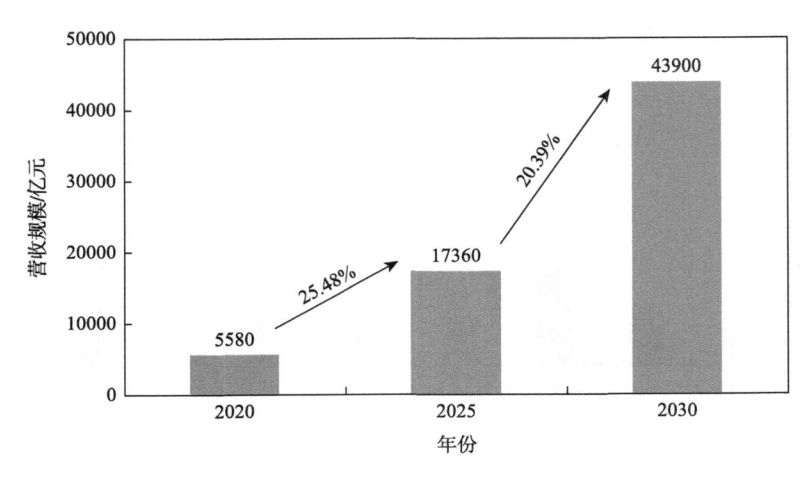

图 5-8　2020～2030 年中国新型显示产业营收规模预测

　　加快研究布局 AMOLED 微显示、量子点、印刷 OLED 显示、Micro LED 显示等前瞻性显示技术，加强技术储备，完成产业技术路线的探索和布局。我国 AMOLED 市场占比低，2018 年，AMOLED 领域由韩国企业垄断，我国已出货面板企业（京东方、天马、维信诺、和辉光电）全球占比不足 5%。尽管 Micro LED 得到产业界的广泛关注，然而技术上的诸多瓶颈阻碍了其量产化进程。首先，芯片缺陷影响显示品质。目前成熟的 LED 芯片在使用前依然需要剔除坏点，Micro LED 显示器件包含数百万颗微米级 LED 芯片，良品率较低的问题更加突出，较难保证产品质量。其次，规模化转移过程中，微米级 LED 芯片的转移、搬运、贴附等技术仍然有待提升，尤其是一次转移需要移动数万乃至数十万颗 LED 芯片，数量巨大，对设备和技术的要求极高，需要更加精细化的设备来满足这一制程。

　　鼓励骨干企业间加强横向合作，开展关键工艺技术联合研发和成果共享。与传统液晶技术相比，AMOLED 技术需要更精细的薄膜晶体管结构、柔性基板及高密封的薄膜封装技术等，面板制备工艺更加复杂。与日本和韩国相比，我国 AMOLED 产业起步较晚，基础共性技术储备缺乏，量产经验不足，面板制备工艺尚未完全掌握，造成生产线良品率爬坡难度大、周期长，目前我国 6 代柔性 AMOLED 生产线的量产良品率仅为 70%。另外，日本和韩国的企业利用其先发优势，设置了大量的专利壁垒，我国企业在生产经营过程中需向其支付高额专利费，导致生产成本提高，企业竞争力减弱。

　　进一步完善上游材料配套体系建设，引导材料企业加大研发投入，加快基板材料、液晶材料、光学膜、掩膜版、靶材等核心材料开发。

（五）保障措施

1. 强化顶层设计，引导产业超越发展

一是进一步加强顶层设计，推动资源统筹，解决产业发展中的重大问题，适时调整产业发展路径与重点。二是充分发挥财政资金的引导作用，吸引多渠道、多元化的资金投资，继续鼓励多元化投资模式，采用技术授权、战略入股、合资建厂等方式，持续推进多层次多类型多渠道的合作。三是鼓励具有核心技术、创新体系完善、产品结构丰富、品牌知名度高、全球竞争力强的面板制造企业做大做强。支持具有自主知识产权和较好产业基础的企业投资建设高质量新型显示面板项目，或通过投资、兼并等方式整合已有产业资源，通过人才、技术、资金等资源要素集聚，提升企业实力。四是建立合作与信息共享机制，全面掌握产业发展过程中出现的最新动向，及时解决重大问题。将产业发展重心从加快生产线建设转移到提升发展质量和效益，正确处理质量、速度和规模的关系，立足高端，着眼一流。

2. 突破技术瓶颈，加快产业结构调整

一是鼓励和推动现有 TFT-LCD 生产线新品研发和技术提升，从研发促进、配套合作等方面加大支持力度，集中支持关键技术、共性技术、前瞻性技术的研发和自主创新成果的产业化。二是建立以企业为主导、产学研用相结合的自主创新体系，确立企业技术创新主体地位，加快科研成果产业化进程，突破核心技术，提升产业核心竞争力。三是支持骨干企业创新能力建设，积极开展关键核心技术联合研发、专利运营、标准制定等工作，建立重点企业专利成果共享机制。四是针对产业重大创新需求，集中优势资源，建立产学研用相结合、面向全行业开放的共性技术创新平台。

3. 强化需求牵引，推进上下游共同参与的生态体系建设

一是充分发挥面板制造核心企业的规模效益，建立生产配套体系，形成与下游企业的战略供应关系或产业集团，形成互相依存、互相促进的合作关系。二是支持有条件的显示企业开展产业链垂直整合，结合企业、地方政府的资源，鼓励优势企业兼并中小企业，增强企业核心竞争力。三是组织实施材料、设备、工艺、应用、服务等重点领域"一揽子"突破计划，吸取发展经验，加快提高本土新型显示装备、材料和工艺技术可靠性和有效性，内容、服务先进性和多样性。组织开展首台（套）、首批次示范应用，加快产业链环节的市场化应用和推广进程。

4. 深化国际合作，营造良好外部环境

一是加强境外先进企业和技术引进。进一步优化环境，鼓励引进境外高质量资本和先进技术，鼓励国际领先企业以合资合作等形式在国内建设研发、生产和运营中心。二是鼓励境内企业国际合作和对外开放。鼓励境内新型显示企业通过参股、并购等多种方式整合国际资源，拓展国际市场。以资本为纽带，支持骨干企业加强战略合作。三是营造国际合作良好环境。通过行业协会、国际论坛、展会等渠道，加强沟通对话，维护我国产业利益，针对韩国企业发起的人才、专利等方面的诉讼，及时做好应对，营造良好的国际环境。

六、电子元器件

（一）产业概念与范畴

1. 电子元器件的定义

电子元器件指电子元件和电小型机器、仪器的组成部分，其本身由若干零件组成，是电子产业常用的原料之一，对电子产品具有极大的意义，提升了电子产品的性能与质量，对电子产品功能有巨大的影响力。随着我国科技的不断发展，近些年来，越来越多的电子元器件不断涌现，种类各异，层出不穷。常见的电子元器件包括电阻器、电容器、电感器、二极管、三极管、集成电路等。

2. 电子元器件的分类

电子元器件有多种分类方式，应用于不同的领域和范围。

1）按制造行业划分——元件与器件

元件与器件的分类是按照元器件制造过程中是否改变材料分子组成与结构来区分的，是行业划分的概念。在元器件制造行业，器件由半导体企业制造，而元件则由电子零部件企业制造。

元件是加工中没有改变分子成分和结构的产品，如电阻器、电容器、电感器、电位器、变压器、连接器、开关、石英/陶瓷元件、继电器等。

器件是加工中改变分子成分和结构的产品，主要是各种半导体产品，如二极管、三极管、场效应管、各种光电器件、各种集成电路等，也包括电真空器件和液晶显示器等。

随着电子技术的发展，元器件的品种越来越多、功能越来越强，涉及范围也在不断扩大，元件与器件的概念也在不断变化、逐渐模糊。有些元件或器件实际指的是元器件，而半导体敏感元件实际按定义应该称为器件等。

2）按电路功能划分——分立与集成

分立器件是具有一定电压电流关系的独立器件，包括基本的电抗元件、机电元件、半导体分立器件（二极管、双极三极管、场效应管、晶闸管）等。

集成器件通常称为集成电路，指一个完整的功能电路或系统采用集成制造技术制作在一个封装内，组成具有特定电路功能和技术参数指标的器件。

分立器件与集成器件的本质区别是，分立器件只具有简单的电压电流转换或控制功能，不具备电路的系统功能；而集成器件则具备完全独立的电路或系统功能。实际上，具有系统功能的集成电路已经不是简单的"器件"和"电路"，而是一个完整的产品，如数字电视系统，已经将全部电路集成在一个芯片内，习惯上仍然称为集成电路。

3）按工作机制划分——无源与有源

无源元件与有源元件，也称为无源器件与有源器件，是根据元器件工作机制来划分的，一般用于电路原理讨论。

无源元件是工作时只消耗元件输入信号电能的元件，本身不需要电源就可以进行信号处理和传输。无源元件包括电阻器、电位器、电容器、电感器、二极管等。

有源元件正常工作的基本条件是必须向元件提供相应的电源，如果没有电源，器件将无法工作。有源元件包括三极管、场效应管、集成电路等，是以半导体为基本材料构成的元器件，也包括电真空元件。

4）按组装方式划分——插装与贴装

在表面组装技术出现前，所有元器件都以插装方式组装在电路板上。在表面组装技术应用越来越广泛的现代，大部分元器件都有插装与贴装两种封装方式，一部分新型元器件已经淘汰了插装式封装。

插装是组装到印制板上时需要在印制板上打通孔，引脚在电路板另一面实现焊接连接的元器件，通常有较长的引脚和较大的体积。

贴装是组装到印制板上时无须在印制板上打通孔，引线直接贴装在印制板铜箔上的元器件，通常是短引脚或无引脚片式结构。

5）按使用环境划分——元器件可靠性

电路元器件种类繁多，随着电子技术和工艺水平的不断提高，大量新的器件不断出现，对于不同的使用环境，同一器件也有不同的可靠性标准，相应地有不同的价格。例如，对于同一器件，军用品的价格可能是民用品的十倍，甚至更多，工业品价格介于二者之间。

民用品用于对可靠性要求一般，性价比要求高的家用、娱乐、办公等领域。

工业品用于对可靠性要求较高，性价比要求一般的工业控制、交通、仪器仪表等领域。

军用品用于对可靠性要求很高，价格不敏感的军工、航天航空、医疗等领域。

3. 电子元器件发展意义

电子元器件制造业是电子信息产业的重要组成部分，是通信、计算机及网络、数字音视频等系统和终端产品发展的基础，其技术水平和生产能力直接影响整个行业的发展，对于电子信息产业的技术创新和做大做强有着重要的支撑作用。电子元器件行业位于产业链的中游，介于电子整机行业和电子原材料行业之间，其发展进程、所达到的技术水平和生产规模不仅直接影响着整个电子信息产业的发展，而且对发展信息技术、改造传统产业、提高现代化装备水平、促进科技进步都具有重要意义。

（二）发展需求

1. 全球产值企稳回升，中国领跑发展

全球电子元器件产值规模经历了 2015 年的短暂回落后，在 2016 年和 2017 年呈现快速上升态势。2014 年、2015 年、2016 年和 2017 年产值规模分别达到 5376.99 亿美元、5251.61 亿美元、5437.09 亿美元和 5911.23 亿美元，2015~2017 年同比增长率分别为 -2.33%、3.53% 和 8.72%。2014~2017 年全球电子元器件产值规模及增长率如图 5-9 所示。

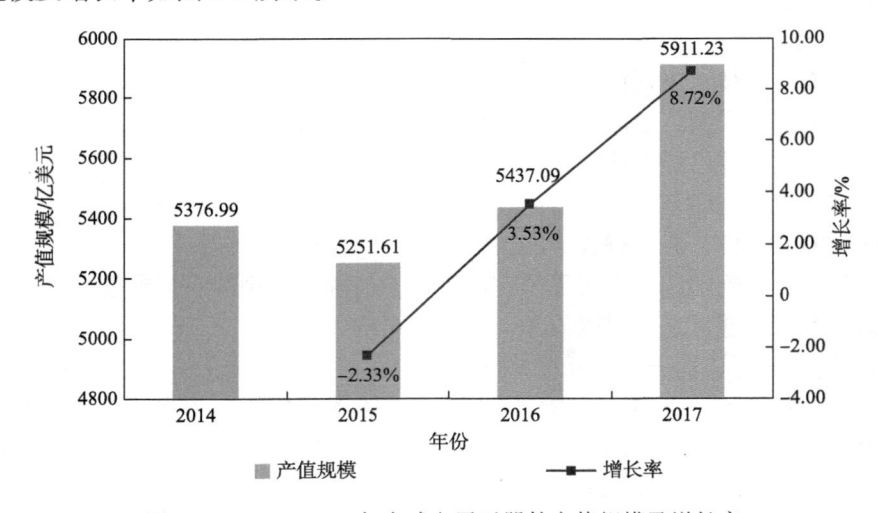

图 5-9　2014~2017 年全球电子元器件产值规模及增长率

从地区来看，2017 年美国、西欧和亚太主要国家与地区均呈现增长态势。其中，新加坡以 21.65% 的增长率领跑全球，韩国、中国台湾地区分别以 14.57% 和 12.67% 的增长率居于第二位和第三位。中国产值规模超过 1000 亿美元，2017 年产值规模达到1514.74亿美元，较2016年增加8.69%，在全球总产值规模中的占比达到25%，远超过排名第二的韩国（14%），如图5-10所示。从2014~2017年年均复合增长率看，新加坡和中国分别以10.51%和7.62%居于第一位和第二位，韩国和中国台湾地区分别以5.79%和4.35%居于第三位和第四位，其他国家和地区则为负增长，如表5-3所示。

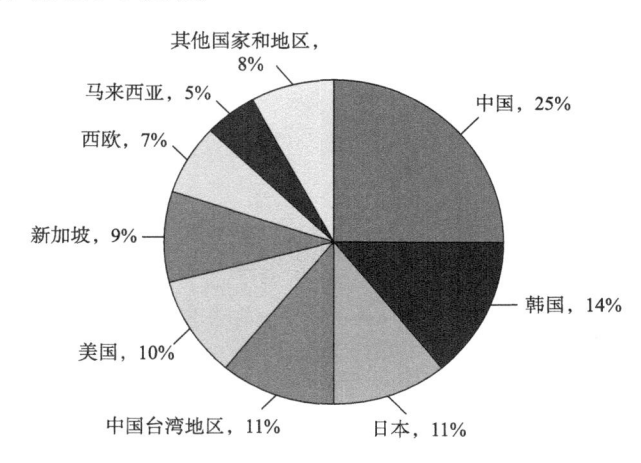

图 5-10 2017年全球主要国家和地区电子元器件产值占比

表 5-3 2014~2017年全球主要国家和地区电子元器件产值规模

国家和地区	产值规模/亿美元 2014年	2015年	2016年	2017年	2016~2017年增长率/%	年均复合增长率/%
美国	593.09	566.88	554.61	574.14	3.52	−1.08
西欧	461.3	400.05	400.48	408.9	2.10	−3.94
中国	1215.3	1315.05	1393.6	1514.74	8.69	7.62
中国台湾地区	555.09	534.76	559.75	630.69	12.67	4.35
日本	676.89	628.84	634.68	641.09	1.01	−1.79
韩国	698.3	667.1	721.61	826.74	14.57	5.79
新加坡	381.85	367.19	423.6	515.3	21.65	10.51
马来西亚	346.3	310.75	307.41	330.47	7.50	−1.55
世界总和	5376.99	5251.61	5437.09	5911.23	8.72	3.21

资料来源：The Yearbook of World Electronics Data 2017

2. 中国电子元件及电子专用材料制造业

2018年，电子元件及电子专用材料制造业增加值同比增长13.2%，出口交货值同比增长14.0%。主要产品中，电子元件产量同比增长12.0%。2017~2018年电子元件行业增加值和出口交货值分月增长率如图5-11所示。

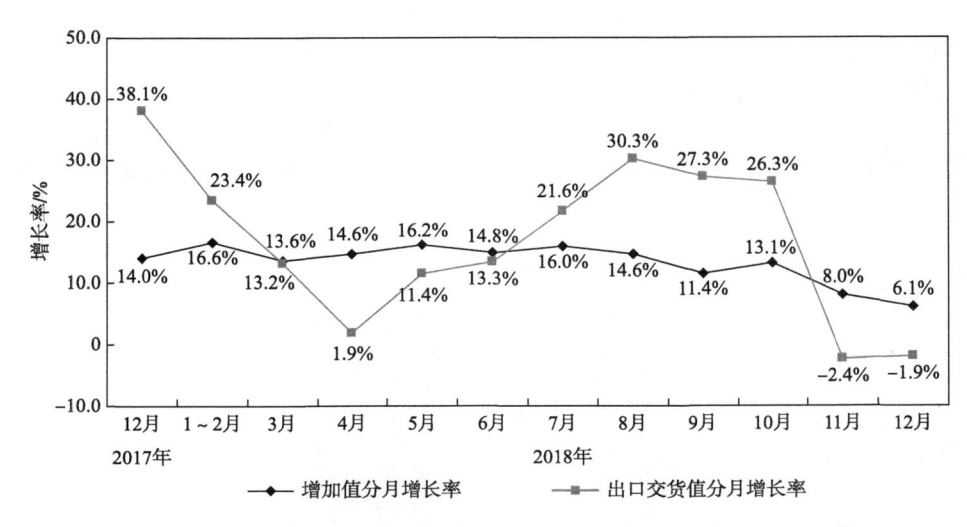

图 5-11　2017~2018 年电子元件行业增加值和出口交货值分月增长率

2018 年，电子元件及电子专用材料制造业主营业务收入同比增长 10.9%，利润同比增长 20.6%。

3. 中国电子器件制造业

2018 年，中国电子器件制造业增加值同比增长 14.5%，出口交货值同比增长 7.0%。主要产品中，集成电路产量同比增长 9.7%。2017~2018 年电子器件行业增加值和出口交货值分月增长率如图 5-12 所示。

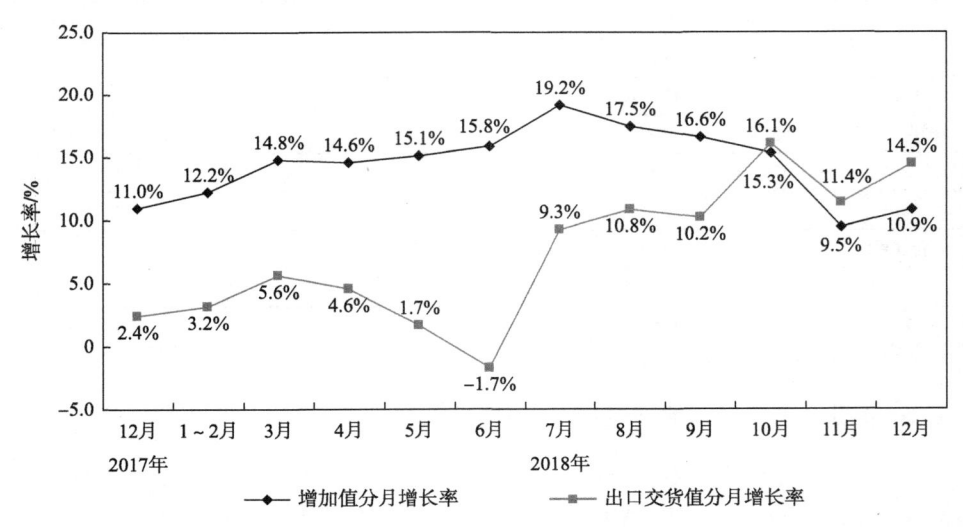

图 5-12　2017~2018 年电子器件行业增加值和出口交货值分月增长率

2018年，电子器件制造业主营业务收入同比增长9.9%，利润同比下降9.8%。

（三）发展目标

近期目标：加快转型升级，实现电子元器件产业由大到强转变；加快完善产学研用相结合的产业生态体系，优先发展基于重要整机需求和夯实自身根基等目标的相关领域，加快面向4G/5G通信、新型智能终端等关键电子元器件特别是光电子器件及技术发展。2025年我国电子元器件市场规模达到3290亿美元，2020～2025年年均复合增长率约为3.69%。

远期目标：2030年我国电子元器件市场规模达到3810亿美元，2025～2030年年均复合增长率约为2.98%。

2020～2030年中国电子元器件市场规模预测如图5-13所示。

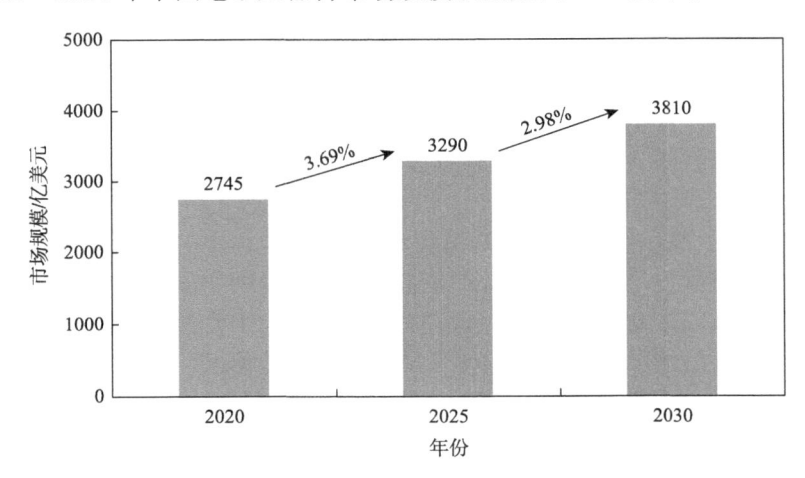

图5-13　2020～2030年中国电子元器件市场规模预测

（四）关键技术

1. 电子元器件关键技术分析

1）高性能CPU设计技术

高性能CPU设计是云计算设施、边缘计算设备和信息系统的核心处理模块，关键技术主要包括高性能CPU体系结构设计技术、高性能CPU微体系结构设计技术、处理器实现技术、高可用设计技术、安全可信设计技术。

2）高性能DSP设计技术

高性能DSP为各类需要信息采集、制导、控制系统中的信号处理模块提供高可靠器件，关键技术主要包括需求驱动的 DSP 指令集设计技术、高性能多核 DSP 微体系结构设计技术，DSP 逻辑、物理设计与优化及验证等技术，DSP 低功耗、高可靠设计技术，开发系统及应用技术。

3）高性能低功耗 SoC 设计技术

高性能低功耗 SoC 重点支撑智能终端、卫星导航装备等对高性能 SoC 的需求，关键技术主要包括可编程片上系统设计技术、低功耗设计技术、多核设计技术。

4）大规模可编程器件设计技术

大规模可编程器件作为通用平台化芯片，广泛应用于国防军工、航空航天、工业系统，用于实现高精度的逻辑控制、信号处理算法、通信协议等，关键技术主要包括硬件架构技术、功能模块系统集成技术、时钟架构及管理技术、先进的查找表技术、软件开发环境技术。

5）大容量存储器设计技术

大容量存储器支撑智能终端、云计算、大数据以及信息系统对容量更大、速度更快、可靠性更高的存储器需求，关键技术主要包括大容量静态随机存取存储器体系架构设计技术、存储单元及阵列设计技术、DRAM 研制技术、新型 MRAM 研制技术。

6）高密度、高精度集成电路测试技术

集成电路测试重点支撑高端芯片多通道高速在线测试技术发展，满足高密度、高频、高速、高精度集成电路的测试需求，关键技术主要包括高密度测试接口板信号完整性设计技术、内建自测试技术和扫描链测试技术、高速高精度数模混合信号测试技术、12in 晶圆测试技术。

7）工艺加工制造技术

集成电路工艺加工制造是电子元器件自主可控的保证，是我国自主加工制造关键核心芯片，满足国防军工、工业制造和装备研制生产需求的重要支撑，关键技术主要包括工艺线宽和器件速度控制技术、工艺的兼容性技术、工艺制造平台的稳定性技术、抗辐射加固工艺技术。

8）高密度管壳与封装技术

高密度管壳与封装重点支撑高端集成电路、微系统产品的封装集成需求，满足电子设备小型化、轻量化和多功能化发展需要，关键技术主要包括高密度管壳制造关键技术、3D 封装技术、异质异构封装技术。

2. 电子元器件质量控制的关键技术

电子元器件的质量控制是提升电子产品性能的有效保障。因此，必须加强对电子元器件质量控制中关键技术的不断研究和优化，确保电子元器件系统的可靠性。进行电子元器件质量控制的关键技术如下。

1）刻槽技术

刻槽在电子元器件的电阻流程中属于首道工序，直接影响电子元器件的固有质量可靠性。刻槽技术需要从以下几点加以把控：第一，做好对电子元器件所用电阻材料的严格质量选择；第二，对槽的各项尺寸控制要按照国家的相关标准要求，并做好尺寸确定之后的验证工作，避免产品的外观不合格导致的元器件失效；第三，对刻槽所用到的各类设备要进行定期的检查，确保刻槽工作不会受到外部因素的影响；第四，从事刻槽工作的人员必须经过专业的训练，能够本着严谨认真的态度进行刻槽工作的实施。

2）点焊技术

元器件的点焊以双面点焊和单面点焊为主。双面点焊较为常用，它通过电子产品的两端电极向焊接处进行通电。单面点焊以大面积或大直径的焊点接触来降低电流密度。在进行元器件的大批量生产时，单面点焊的应用较为广泛。电焊工作中要确保同一批次的不同引线质量相同性。在电焊技术控制中，还要注重对焊点强度、拉力以及外观等的详细检查。要对半成品的合格率进行详细的记录。

（五）保障措施

1）加强政府引导，完善产业政策

积极修订完善产业结构调整指导目录、外商投资产业指导目录等产业政策，通过国家政策引导投资方向与重点；对国家鼓励项目的重要进口设备、材料，在国内没有替代产品的情况下，继续保持现有税收优惠政策。积极支持本土电子材料和元器件企业实施"走出去"战略。

2）发挥财政资金作用，创造良好投融资环境

充分发挥技术改造专项资金、电子发展基金等各类财政资金的引导和带动作用，促进产业发展；推动建立政府导向的产业投资基金，发挥财政资金带动作用，引导社会资源支持产业发展；积极促进企业与资本市场的结合，创造有利于产业发展的投融资环境。

3）提升产业创新能力，推动产业升级

完善电子材料和元器件行业的创新体系，推动建立国家层面的公共服务平台，为企业创新提供支持；继续推进技术改造，鼓励企业增加技术投入，强化企业的创新基础。进一步促进行业基础研究成果与工程化、产业化的衔接，提升产业核心竞争力。通过组建产业联盟或技术协作联盟等形式，推进产业链上下游合作，开展联合攻关，提高产品技术水平，促进推广应用。积极引导企业转型升级，向

4）优化产业布局，统筹规划区域发展

针对产业内迁趋势，适时地推动在内陆地区建设新的电子材料和元器件产业集中区域，为内陆地区在政策方面争取相关优惠政策。引导行业有序转移，杜绝污染分散，并利用产业转移的机会进行结构调整和产业布局，为行业持续长久发展创造条件。

5）加强行业管理，促进产业健康发展

完善市场、环保等优胜劣汰机制，通过行业准入，对涉及环境保护和应用安全的产业（如锂离子电池、印制电路等）加强管理，督导企业进一步向规模化和规范化发展，加快推进节能环保和产品质量安全长效机制的建立，确保产业有序健康发展。

6）重视人才培养，积极参与国际交流合作

围绕电子材料和元器件产业转型升级对专业技术人才的需求，充分发挥行业协会、高等院校、科研院所及各类相关社会机构的作用，为行业的持续发展培养各级各类专业人才。加强国际交往与合作，积极参与国际标准制定工作，增强我国在国际标准领域的话语权。

七、云计算

（一）产业概念与范畴

云计算是指将计算任务分布在由大规模的数据中心或大量的计算机集群构成的资源池上，使各种应用系统能够根据需要获取计算能力、存储空间和各种软件服务，并通过互联网将计算资源以免费或按需租用方式提供给使用者。

（二）发展需求

1. 规模状况

我国公有云市场保持 50% 以上增长。2017 年我国云计算整体市场规模达 691.6 亿元，同比增长 34.32%。其中，公有云市场规模达到 264.8 亿元，同比增长 55.7%，主要受互联网企业需求高速增长带动，同时传统企业上云进程也在加快。私有云市场规模达 426.8 亿元，同比增长 23.8%。

总体来看，当前我国云计算市场整体规模较小，与全球云计算市场相比差距在 3~5 年。从细分领域来看，国内 IaaS 市场处于高速增长阶段，以阿里云、腾讯云、UCloud 为代表的厂商不断拓展海外市场，并开始与亚马逊云科技（Amazon Web Services，AWS）、微软等国际巨头展开正面竞争。国内 SaaS 市场较国外差距明显，国内 SaaS 成熟度不高，缺乏行业领军企业，市场规模偏小。

2. 需求状况

以 5G、人工智能、物联网为代表的下一信息技术代际来临必然带来数据量呈现几何级增长，对计算和存储产生新的需求。

（1）2019 年 5G 进入商用元年，物联网正式建立，数据量暴增对 IaaS 需求提升。①2018 年 12 月，工业和信息化部正式公布已向中国电信、中国移动、中国联通发放 5G 系统中低频段试验频率使用许可。这意味着，中国 5G 正式步入"商用攻坚"的关键期。2019 年 6 月 6 日，工业和信息化部正式向中国电信、中国移动、中国联通、中国广电发放 5G 商用牌照，我国正式进入 5G 商用元年。②5G 的最大意义除了网速的提升，还有大幅降低网络通信延迟，达到个位数毫秒的级别，催生了 uRLLC 业务。在超高网速、超低延迟下，各终端可将更多数据传输到中央服务器，依靠其强大的计算能力进行计算，全自动工厂、自动驾驶、移动医疗等应用都将得到实现。这也为物联网奠定了硬件方面的基础。③全球物联网在 5G 时代正式建立。预计 2025 年全球物联网连接数将增长至 270 亿个，到 2025 年全球物联网设备数量也将达到 754.4 亿台。④全球数据总量预计 2025 年达到 163ZB。产生的海量数据将需要更多的物理服务器和云服务器去存储与计算。

（2）人工智能大幅提升算力需求，2020 年全球新增千亿元级人工智能市场。2017 年，随着产业政策逐步落实，我国人工智能技术的应用和发展水平大幅提升。推动人工智能发展的动力有三个：算法创新、数据（其可以是有监督数据或者交互式环境），以及可以用于训练的算力。尤其算力的提升可以为提升人工智能发展进程创造前提，算力的提升一直是人工智能快速发展的重要因素，对物理服务器和云服务器的存储与计算要求不断提升。目前人工智能的计算平台除图形处理器（graphics processing unit，GPU）的大规模应用外，还有以 FPGA 和 ASIC 为代表的其他加速计算解决方案。

（3）企业数字化转型带动云计算需求。企业数字化转型周期开始，云计算厂商率先受益。在贸易摩擦及相对疲软的大环境下，企业面临的共同问题是如何跨越数字化产业周期。加强信息化建设并提升竞争力成为企业的当务之急。目前各行业都已经加速数字化的进程，促进创新，提升效率，释放生产力，提振经济。5G、人工智能及物联网将使能数字经济，并带动云计算需求的提升。云计算降低了企业信息化的建设成本，从而为企业管理甚至创新提供底层支持。

（4）政策刺激可以加速云计算需求释放。云计算（特别是 IaaS）发展的主要驱动因素是技术能力，而以阿里巴巴为代表的中国云计算公司，其技术已达到一流水平。因此，市场发展主要依赖需求的推动，而需求增长来源于信息化提升、中国企业上云意识增强等。阿里巴巴、腾讯等大型企业近几年一直致力于对云计算的宣传。除云计算需求自然增长之外，政府若能给予政策刺激，将加速释放企业购买云计算服务的需求。

3. 发展需求总结

我国云计算处于快速发展期，市场空间广阔，把握产业链核心企业。全球云计算需求仍有很大空间，如2018年第二季度的SaaS市场规模达到200亿美元，同比增长32%，企业SaaS市场虽然在一些领域已经相对成熟，但是SaaS占企业软件总支出仍不到15%，因此与内部软件相比仍有较大潜力。海外云计算"一超多强"格局已经形成，国内云服务市场步入放量增长期，空间广阔，云计算多个领域的公司有望充分受益。从国内市场规模来看，2017年中国公有云市场规模为246亿元，仅为美国的1/5；渗透率为3.3%，仅为美国的1/3左右，具备极大发展潜力。从市场格局来看，IaaS领域阿里云已跻身全球第三，但其收入规模与AWS、Azure相差甚远，成长空间巨大。因此，从发展阶段来看，美国企业信息技术设施大规模云化领先中国数年，目前仍呈现快速增长，中国在接下来数年仍将持续快速增长。阿里巴巴、腾讯、浪潮、华为等国内云业务厂商持续高增长印证了国内需求的持续释放，对信息技术的需求由产品转向服务的趋势下，快速增长阶段远未结束。

产业链将充分受益，把握重点环节核心竞争力企业。从产业链构成来看，IaaS提供商向寡头格局发展，但在芯片、服务器、数据中心等环节的产业机遇亦不容忽视，而SaaS的通用和行业型公司也存在各自的发展机遇。近年来，我国云计算下游需求达到较大体量并保持快速增长，对产业链的拉动作用将更加可观。从爆发增长期切换至快速成长期可能经历增长率暂时波动，但行业长期成长趋势不变。

（三）发展目标

近期目标：提高企业上云意识和操作能力，支持云服务商在各地建设企业上云体验中心；重视工业行业的复杂性、个性化和用户企业的实际需求，结合具体场景实现跨界融合，解决企业发展实际问题，从而务实推动工业互联网应用普遍落地。鼓励云服务商加强云计算解决方案和应用产品研发，持续丰富云计算产品和服务，不断提高服务能力。2025年我国公有云市场规模达到2700亿元，2020~2025年年均复合增长率约为31.26%；私有云市场规模达到1980亿元，2020~2025

年年均复合增长率约为 20.36%。

远期目标：鼓励云服务商与各行业龙头企业合作，促进行业知识和云计算技术融合，研发细分行业的工业互联网解决方案；形成较为完整的云计算标准体系和第三方测评服务体系；进一步优化云计算测试评价指标体系，深入开展云服务能力测评，促进云服务商提升服务水平和质量；着力突破核心安全技术，提升风险预警、监测和应对能力，切实保障用户信息安全、保护用户商业秘密。云计算成为信息化建设主要形态和建设网络强国、制造强国的重要支撑，推动经济社会各领域信息化水平大幅提高。2030 年我国公有云市场规模达到 8500 亿元，2025～2030 年年均复合增长率约为 25.78%；私有云市场规模达到 4050 亿元，2025～2030 年年均复合增长率约为 15.39%。

（四）发展重点

1. 技术增强行动

1）持续提升关键核心技术能力

支持大型专业云计算企业牵头，联合科研院所、高等院校建立云计算领域制造业创新中心，组织实施一批重点产业化创新工程，掌握云计算发展制高点。积极发展容器、微内核、超融合等新型虚拟化技术，提升虚拟机热迁移的处理能力、处理效率和用户资源隔离水平。面向大规模数据处理、内存计算、科学计算等应用需求，持续提升超大规模分布式存储、计算资源的管理效率和能效管理水平。支持企业、研究机构、产业组织参与主流开源社区，利用开源社区技术和开发者资源，提升云计算软件技术水平和系统服务能力。引导企业加强云计算领域的核心专利布局，开展云计算知识产权分析和风险评估，发布分析预警研究成果，引导企业加强知识产权布局。开展知识产权相关法律法规宣传和培训，提高企业知识产权意识和管理水平。

2）加快完善云计算标准体系

落实《云计算综合标准化体系建设指南》，推进完善标准体系框架。指导标准化机构加快制定云计算资源监控、服务计量计费、应用和数据迁移、工业云服务能力总体要求、云计算服务器技术要求等关键急需技术、服务和应用标准。积极开展标准的宣贯实施和应用示范工作，在应用中检验和完善标准。探索创新标准化工作形式，积极培育和发展团体标准，指导和支持标准组织、产业联盟、核心企业等主体制定发布高质量的云计算标准成果。支持骨干企业及行业协会实质性参与云计算技术、管理、服务等方面国际标准的制定。

3）深入开展云服务能力测评

依托第三方测试机构和骨干企业力量，以相关国家、行业、团体标准为依托，以用户需求为导向，围绕人员、技术、过程、资源等云计算服务关键环节，建立健全测评指标体系和工作流程，开展云计算服务能力、可信度测评工作，引导云计算企业提升服务水平、保障服务质量，提高安全保障能力。积极推动与国际主流测评体系的结果互认。

2. 产业发展行动

1）支持软件企业向云计算转型

支持地方主管部门联合云计算骨干企业建立面向云计算开发测试的公共服务平台，提供咨询、培训、研发、商务等公共服务。支持软件和信息技术服务企业基于开发测试平台发展产品、服务和解决方案，加速向云计算转型，丰富完善办公、生产管理、财务管理、营销管理、人力资源管理等企业级 SaaS，发展面向个人信息存储、家居生活、学习娱乐的云服务，培育信息消费新热点。

2）加快培育骨干龙头企业

面向重点行业领域创新发展需求，加大资金、信贷、人才等方面支持力度，加快培育一批有一定技术实力和业务规模、创新能力突出、市场前景好、影响力强的云计算企业及云计算平台。支持骨干龙头企业丰富服务种类，提高服务能力，创新商业模式，打造生态体系，推动形成云计算领域的产业梯队，不断增强我国在云计算领域的体系化发展实力。

3）推动产业生态体系建设

建设一批云计算领域的新型工业化产业示范基地，完善产业载体建设。依托产业联盟等行业组织，充分发挥骨干云计算企业的带动作用和技术溢出效应，加快云计算关键设备研发和产业化，引导芯片、基础软件、服务器、存储、网络等领域的企业在 SDN、新型架构计算设备、超融合设备、绿色数据中心、模块化数据中心、存储设备、信息安全产品等方面实现技术与产品突破，带动信息产业发展，强化产业支撑能力。大力发展面向云计算的信息系统规划咨询、方案设计、系统集成和测试评估等服务。

3. 应用促进行动

1）积极发展工业云服务

贯彻落实《国务院关于深化制造业与互联网融合发展的指导意见》，深入推进工业云应用试点示范工作。支持骨干制造业企业、云计算企业联合牵头搭建面向制造业特色领域的工业云平台，汇集工具库、模型库、知识库等资源，提供工业专用软件、工业数据分析、在线虚拟仿真、协同研发设计等类型的云服务，促进制造业企业加快基于云计算的业务模式和商业模式创新，发展协同创新、个性化定制等业务形态，培育云制造模式，提升制造业快捷化、服务化、智能化水平，推动制造业转型升级和提质增效。支持钢铁、汽车、轻工等制造业重点领域行业协会与专业机构、骨干云计算企业合作建设行业云平台，促进各类信息系统向云平台迁移，丰富专业云服务内容，推进云计算在制造业细分行业的应用，提高行业发展水平和管理水平。

2）协同推进政务云应用

推进基于云计算的政务信息化建设模式，鼓励地方主管部门加大利用云计算服务的力度，应用云计算整合改造现有电子政务信息系统，提高政府运行效率。积极发展安全可靠云计算解决方案，在重要信息系统和关键基础设施建设过程中，探索利用云计算系统架构和模式弥补软硬件单品性能不足，推动实现安全可靠软硬件产品规模化应用。

3）支持基于云计算的创新创业

深入推进大企业创新创业，鼓励和支持利用云计算发展创业创新平台，通过建立开放平台、设立创投基金、提供创业指导等形式，推动线上线下资源聚集，带动中小企业的协同创新。通过举办创客大赛等形式，支持中小企业、个人开发者基于云计算平台，开展大数据、物联网、人工智能、区块链等新技术、新业务的研发和产业化，培育一批基于云计算的平台经济、分享经济等新兴业态，进一步拓宽云计算应用范畴。

4. 安全保障行动

1）完善云计算网络安全保障制度

贯彻落实《中华人民共和国网络安全法》相关规定，推动建立健全云计算相关法律法规和管理制度。加强云计算网络安全防护管理，落实公有云服务安全防护和信息安全管理系统建设要求，完善云计算服务网络安全防护标准。加大公有云服务定级备案、安全评估等工作力度，开展公有云服务网络安全防护检查工作，督促指导云服务企业切实落实网络与信息安全责任，促进安全防护手段落实和能力提升。逐步建立云安全评估认证体系。

2）推动云计算网络安全技术发展

针对虚拟机逃逸、多租户数据保护等云计算环境下产生的新型安全问题，着力突破云计算平台的关键核心安全技术，强化云计算环境下的安全风险应对。引导企业加大投入，推动云计算环境下网络与边界类、终端与数字内容类、管理类等安全产品和服务的研发及产业应用，加快云计算专业化安全服务队伍建设。

3）推动云计算安全服务产业发展

支持企业和第三方机构创新云安全服务模式，推动建设基于云计算和大数据的网络安全态势感知预警平台，实现对各类安全事件的及时发现和有效处置。持续面向电信企业、互联网企业、安全企业开展云计算安全领域的网络安全试点示范工作，推动企业加大新兴领域的研发，促进先进技术和经验的推广应用。

5. 环境优化行动

1）推进网络基础设施升级

落实《"宽带中国"战略及实施方案》，引导基础电信企业和互联网企业加快网络升级改造，引导建成一批全光网省、市，推动宽带接入光纤化进程，实施共建共享，进一步提升光纤宽带网络承载能力。推动互联网骨干网络建设，扩容骨干直联点带宽，持续优化网络结构。

2）完善云计算市场监管措施

进一步明确云计算相关业务的监管要求，依法做好互联网数据中心、互联网资源协作服务等相关业务经营许可审批和事中事后监管工作。加快出台规范云服务市场经营行为的管理要求，规范市场秩序，促进云服务市场健康有序发展。

3）落实数据中心布局指导意见

进一步推动落实《关于数据中心建设布局的指导意见》，在供给侧提升能力，通过开展应用示范等方式，树立高水平标杆，引导对标差距，提升数据中心利用率和建设应用水平；在需求侧引导对接，对国内数据中心按照容量能力、服务覆盖地区、适宜业务类型等要素进行分类，指导用户按照需求合理选择使用数据中心资源，推动跨区域资源共享。

（五）关键技术

云计算的关键性技术如下。

（1）2003年虚拟化技术方案Xen诞生，2006年亚马逊推出以Xen为基础的云计算产品。

（2）2006年新的分布式存储系统理论被提出，同年网络虚拟化技术SDN被提出，2009年非关系型数据库（NoSQL）被广泛认知，促进了微软云计算发展及亚马逊的产品迭代。

（3）2013年Docker公司对容器技术做了革命升级，容器产品出现；2014年亚马逊推出Serverless产品，容器技术、Serverless技术、革新的存储/数据库技术推动云计算市场进一步扩大。

云计算关键性技术与大公司商业化时间对比如图5-14所示。

第五章 面向 2035 的新一代信息技术产业研究

| 全球云计算规模（亿美元） | 1539 | 1750 | 2196 | 2602 | 3058 |
| IaaS市场规模（亿美元） | 164 | 212 | 325 | 434 | 561 |

关键技术：
- 开源虚拟化技术 Xen推出
- 1) Google发布论文阐述新分布式存储系统理论
- 2) SDN被提出
- NoSQL开始被广泛认知
- Docker公司对容器技术做了革命升级

时间轴：2003 2004 2005 2006 2007 2008 2009 2010 2011 2012 2013 2014 2015 2016 2017 2018

公司举动：
- 亚马逊推出以Xen为基础的AWS云计算产品
- 微软发布公有云计算平台
- 微软正式发布Microsoft Azure云平台服务
- AWS推出Serverless服务产品 AWS Lambda
- AWS Lambda开始爆发

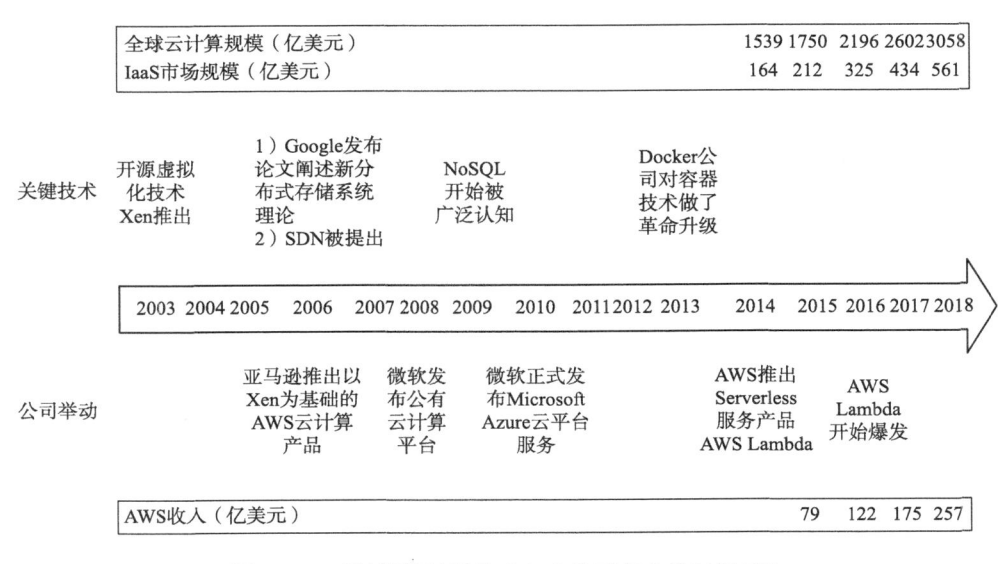

| AWS收入（亿美元） | 79 | 122 | 175 | 257 |

图 5-14 云计算关键性技术与大公司商业化时间对比

1. 开源技术成为云计算厂商共识

如今，开源社区逐渐成为云计算各巨头的战场，云计算厂商开始纷纷拥抱开源技术。

容器方面，2017 年，微软、AWS 等云计算巨头先后以白金会员身份加入 Linux 基金会旗下的云原生计算基金会，以加强对 Kubernetes 开源技术的支持。阿里云更是在 2017 年两度晋级，从黄金会员到白金会员。截至 2018 年 3 月白金会员达到 18 家，黄金会员达到 8 家，白银会员达到 148 家。

虚拟化管理方面，以全球最大的云计算开源社区 OpenStack 为例，截至 2018 年 7 月，共有白金会员 8 家，黄金会员 20 家，合作伙伴 104 家。其中，我国企业占据了一半的黄金会员席位。同时，华为、九州云、烽火通信、EasyStack、中兴等厂商在 OpenStack 各版本贡献中持续处于全球前列。此外，OpenStack 基金会的会员还包括英特尔、Red Hat、Rackspace、爱立信等国际巨头。

2. 云计算中的虚拟化关键技术

云计算使各种软件、硬件、数据、存储、计算等优质服务资源得以聚合。如何最大化提高资源的利用率，提升云平台的计算能力，满足用户提交的任务需求是云计算考虑的性能核心问题。虚拟化技术作为云计算的核心部分之一，是云计算高可用性与高性能的核心保证，它正改变着云计算三大服务模式集合（IaaS、SaaS、PaaS）的架构与实现。

计算机物理资源管理和使用方式的根本改变是云计算模式突破的关键。通过虚拟化技术，可以快速虚拟出一个随需配置、独立的虚拟计算机资源供用户使用。计算机资源的虚拟化可以是系统虚拟、硬件虚拟、软件虚拟、存储虚拟等，使用属性不同决定了其虚拟方式不同，其目的是根据应用的具体负荷情况对资源进行调度，充分整合计算与存储资源，使得计算机资源的利用率最大化。

虚拟化技术的实质是使用虚拟监控器管理底层硬件资源，将计算机资源逻辑抽象化，把单一的储存、计算、应用与服务都变成可跨域使用、动态分配、伸缩与扩展自由的资源，亦能让故障独立隔离，在逻辑上以独立整体服务模式提供给用户使用，以满足灵活多变的用户需求。云计算核心和关键的技术原动力即虚拟化技术的广泛应用。

1）服务器虚拟化

服务器虚拟化是利用虚拟化技术在物理服务器上划分出 N 台（$N>10$）虚拟逻辑服务器。这些逻辑服务器以独立个体形式运行，逻辑服务器彼此间互不干扰。虚拟逻辑服务器能让原先资源只有 5%~20% 的使用率提高至 80%~95%，让使用率得到充分提升。

2）存储虚拟化

存储虚拟化技术旨在提高设备存储效率，整合不同类型存储资源，为用户提供统一访问接口，从而解决异构存储系统的扩展性、兼容性、容错性等问题。

3）桌面虚拟化

随着云计算的高速发展，在传统企业终端和资源整合管理领域产生了新型的典型应用——桌面云。桌面云采用虚拟化技术将 PC 终端与用户的桌面工作环境分离开来进而迁移，每个用户的操作系统、应用和用户配置文件等数据以整体打包的方式存储在云服务器上，以镜像方式配置专属的虚拟桌面。以浏览器或专业程序为介质平台，访问存储在云服务器上的虚拟桌面以及各种应用程序，所有操作的数据结果将最终保留在云计算中心，用户无须额外配置应用程序和文件，可随时更换地点和客户端，使用所产生的体验与用户使用自己的个人电脑并无差异。

4）应用虚拟化

传统的应用程序运行还是依赖自身所在的操作系统，由操作系统统一分配CPU、内存、存储空间等资源。随着软件数量的递增，势必由于动态链接库等系统信息相同而导致运行冲突，运行程序无法正常运行，程序"灾难"接踵而来。

应用虚拟化技术可以有效解决这个问题。应用虚拟化技术搭建一个虚拟运行平台，应用软件的安装、运行、更新等操作都在一个隔离的环境中进行，不依赖操作系统，不影响注册表信息、配置文件等，有效保证了本地操作系统与其他应用软件的完整性。将操作系统与程序应用解耦合，是应用虚拟化技术的核心关键。SaaS 的基础是应用虚拟化，应用软件在云端以服务的形式进行封装部署，客户端通过浏览器、远程桌面或应用程序技术流方式调用远程的应用程序服务。

应用虚拟化有着自身的优势：①可在不同平台上运行，增强软件的可移植性与兼容性；②避免软件之间的配置冲突，确保底层操作系统的安全性；③降低软件管理等方面的费用。

（六）保障措施

1. 优化投资融资环境

推动政策性银行、产业投资机构和担保机构加大对云计算企业的支持力度，推出针对性的产品和服务，加大授信支持力度，简化办理流程和手续，支持云计算企业发展。借鉴首台套保险模式，探索利用保险加快重要信息系统向云计算平台迁移。支持云计算企业进入资本市场融资，开展并购、拓展市场，加快做大做强步伐。

2. 创新人才培养模式

依托国家重大人才工程，加快培养引进一批高端、复合型云计算人才。鼓励部属高校加强云计算相关学科建设，结合产业发展，与企业共同制定人才培养目标，推广在校生实训制度，促进人才培养与企业需求相匹配。支持企业与高校联合开展在职人员培训，建立一批人才实训基地，加快培育成熟的云计算人才队伍。

3. 加强产业品牌打造

支持云计算领域产业联盟等行业组织创新发展，组织开展云计算相关技术创新活动、展示体验活动、应用促进活动，打造国内外知名的产业发展平台。加大对优秀云计算企业、产品、服务、平台、应用案例的总结宣传力度，提高我国云计算品牌的知名度。加强对优秀云计算产业示范基地、行业组织的推广，激发各界推动云计算发展的积极性。

4. 推进国际交流合作

利用中德、中欧、中日韩等国际合作机制，加快建立和完善云计算领域的国际合作与交流平台。结合"一带一路"倡议等，逐步建立以专业化、市场化为导向的海外市场服务体系，支持骨干云计算企业在海外进行布局，设立海外研发中心、销售网络，拓宽海外市场渠道，开展跨国并购等业务，提高国际市场拓展能力。

八、边缘计算

（一）产业概念与范畴

1. 基本概念

边缘计算是云计算的延伸，为高带宽低时延业务提供支持。边缘计算是指在靠近物或数据源头的网络边缘侧，融合网络、计算、存储、应用核心能力的开放平台，就近提供边缘智能服务，满足行业数字化在敏捷连接、实时业务、数据优化、应用智能、安全与隐私保护等方面的关键需求。边缘计算是一种分布式的基础设施，提供离用户侧较远（相比于集中部署）的云计算服务。边缘计算更加接近用户侧或数据源，同时可以很好地解决时延过长、汇聚流量过大等问题，为实时性和带宽密集型业务提供更好的支持。例如，无人驾驶场景下，汽车需要实时计算车速、车距以及感知周围环境，如果这些处理放在云端服务器实现，那么在数据传输过程中的任何延时都可能导致一场车祸的发生。

边缘计算是以云计算为核心，以现代通信网络为途径，以海量智能终端为前沿，通过优化资源配置，使得计算、存储、传输、应用等服务更智能，具备优势互补、深度协同的资源调度能力，是集云、网、端、智四位一体的新型计算模型，其概念蕴含丰富，以下从多个方面解析内涵。

（1）边缘计算是一种全局性的计算模型，涵盖中心和边缘。边缘计算的构成包括两大部分：一是资源的边缘化，具体包括计算、存储、缓存、带宽、服务等资源的边缘化分布，把原本集中式的资源纵深延展，靠近需求侧，提供高可靠、高效率、低时延的用户体验；二是资源的全局化，即边缘作为一个资源池，而不是中心提供所有的资源，边缘计算融合集中式的计算模型（如云计算、超算），通过中心和边缘之间的协同，达到优势互补、协调统一的目的。

（2）边缘计算需要全局协同，以便得到高效的计算性能。边缘计算应从全局考虑问题，不仅仅局限于网络的边缘侧，而是与处于中心位置的云计算中心、数据中心、超算中心等一道进行协同计算的模型，它们之间的协同计算、并行处理、网络传输优化等都需要全局考虑，以便获得最优的处理效率。

（3）边缘计算是一种智能化的计算模型，会根据需求提供动态服务。边缘计算是对云、网、端三级结构的一种升级，是迈向智能化的重要一步。边缘计算通常具有情景感知能力，通过上下文感知业务场景、用户需求、计算规模、存储容量等，这样才能有的放矢，根据用户需求动态配置资源，使得计算模型更具智能化。

（4）边缘计算具有物理边界、逻辑边界、网关节点、边缘节点、边缘侧、云侧等概念。物理边界是指处于边缘设备的一端，在网关的边缘侧，靠近用户。逻辑边界是指在功能上处于边缘，相对于集中式的云计算功能。网关节点是指承担边缘设备级联、应用服务、任务分发等功能的服务端，权责上属于服务的提供方，而不是最终功能的使用者。边缘节点是指海量的智能终端设备，是真正靠近用户的边缘侧设备，为用户提供直接的计算、存储、带宽等服务。边缘侧是指海量终端侧，靠近用户，并且处于网关节点的外侧。云侧是指靠近云计算、高性能计算、大数据中心的一侧，是处于功能核心位置的基础设施。

（5）边缘计算使中心智能向前端智能扩展，智能协同将是未来发展趋势。边缘计算一定程度上把智能移动到边缘，很多前端智能终端可单独处理复杂的任务，并可实时处理设备收集的、有价值的原始数据。边缘网络智能化的实现是通过智能的管控手段对业务、性能、安全等指标进行统一的优化、协同、配置和管理。此外，前端智能是边缘计算的一种表现形式，使得人工智能的感知距离、感知种类、处理速度、传输时延等关键参数得到极大优化和提升。

2. 体系架构

边缘计算通过在终端设备和云之间引入边缘设备，将云服务扩展到网络边缘。边缘计算架构包括终端层、边缘层和云层。边缘计算体系结构如图 5-15 所示。

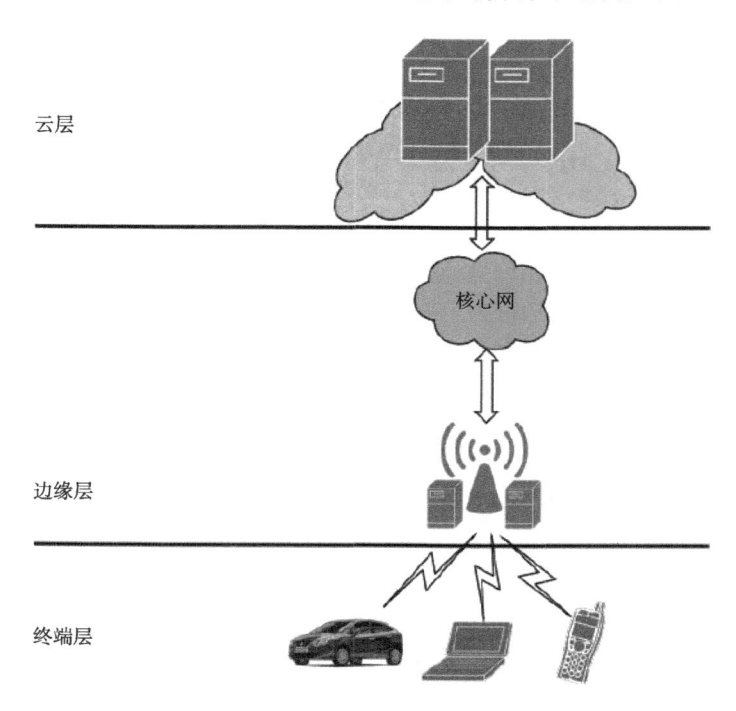

图 5-15　边缘计算体系结构

资料来源：中投产业研究院

（1）终端层是最接近终端用户的层。它由各种物联网设备组成，如传感器、智能手机、智能车辆、智能卡、读卡器等。为了延长终端设备提供服务的时间，应该避免在终端设备上运行复杂的计算任务。因此，终端设备只负责收集原始数据，并上传至上层进行计算和存储。终端层主要通过蜂窝网络连接上一层。

（2）边缘层位于网络的边缘，由大量的边缘节点组成，通常包括路由器、网关、交换机、接入点、基站、特定边缘服务器等。这些边缘节点广泛分布在终端设备和云层之间，如咖啡馆、购物中心、公交总站、街道、公园等。它们能够对终端设备上传的数据进行计算和存储。由于这些边缘节点与用户距离较近，可以运行对延迟比较敏感的应用，从而满足用户的实时性要求。边缘节点也可以对收集的数据进行预处理，再把预处理的数据上传至云端，从而减少核心网络的传输流量。边缘层主要通过因特网连接上层。

（3）云层由多个高性能服务器和存储设备组成。它具有强大的计算和存储功能，可以执行复杂的计算任务。云模块通过控制策略可以有效地管理和调度边缘节点与云计算中心，为用户提供更好的服务。

3. 基本特征

边缘计算强调在网络边缘侧提供服务，所以它有很多区别于传统计算模式和网络架构的重要特征。

一是连接多样性。随着连接终端数量的剧增，由于连接物理对象的多样性和应用场景的多样性，接入网络存在大量异构的通信协议。边缘计算应当具备丰富的连接功能，既要考虑各种制式的网络通信协议如何兼容并存、互联互通，又要面临网络部署与配置、网络管理与维护等方面的巨大挑战。

二是数据丰富性。边缘计算作为物理世界到数字世界的桥梁，是数据融入网络的第一入口，边缘节点必将拥有大量、实时、完整的数据。因此，边缘计算需要充分考虑所处理数据的多样性和异构性。

三是服务实时性。以边缘计算在工业互联网中的应用场景为例，控制类业务对网络时延的要求通常需要保持在 10ms 以内，所以边缘计算如何满足服务实时性要求是很大的挑战。

四是资源约束性。边缘计算产品需要适配接入网络现场可能相对恶劣的工作条件与运行环境，如防电磁、防尘、防爆、抗振动、抗电流/电压波动等。因此，对边缘计算设备的功耗、成本、空间也有较高的要求。

五是应用智能性。边缘是数据最全、最新的位置，边缘计算与人工智能等新技术结合形成的边缘智能有望对业务流程优化、运维自动化、业务创新带来新的驱动力，从而带来显著的效率提升与成本优势。

六是安全隐私性。物联网、工业互联网等场景下的边缘不仅涉及信息感知，还可能涉及控制执行，任何安全漏洞都可能危及用户人身安全，需要实施端到端防护，访问控制与威胁防护的广度和难度大幅提升。同时，海量边缘数据的隐私保护也是需要重点关注的内容。

（二）发展需求

智能时代导致数据处理量爆发式增长，边缘计算成为新一代分布式计算方案。在物联网实现万物互联和智能化的背景下，智能时代的拐点已经来临。机器智能程度和终端形态数量都将迎来高速增长，所产生的数据也将呈现海量、高速、多样、分层四个特征，因此计算能力需要进一步提升。然而，智能时代放大了集中式计算在数据传输和信息感知上的弊端。作为新一代分布式计算方案，近距离部署的边缘计算更贴合智能时代对高带宽、低时延、本地性和移动性的数据处理诉求。

随着智能时代新兴技术的推广，边缘计算的应用领域将变得极其广泛。增强现实、虚拟现实、密集计算辅助、监控数据流分析等智能服务迅速兴起，网络传输对大容量、高密度的追求需要分散的计算节点进行数据过滤和处理。对个人用户来说，边缘计算提高移动通信网络的反应速度，支持智能家居管理，并且可应用于车联网，减少交通拥塞和安全事故。对企业用户来说，边缘计算可以为多样化的室内业务提供智能管理，也可应用于工厂的无线传感和控制器，优化反应时间和整合效率。

边缘计算产业正处于连接和智能之间的过渡阶段，自治阶段的到来将极大地刺激产业发展。边缘计算产业联盟提出，边缘计算产业在总体上可以分为连接、智能和自治三个发展阶段：第一阶段实现终端设备的海量、异构和实时连接，典型应用如远程自动抄表；第二阶段在边缘侧引入数据分析与自动处理能力，智能化执行本地业务逻辑，典型应用如梯联网；第三阶段依赖人工智能等新技术的推动，边缘侧将获得动态自我优化、调整执行策略的能力，典型应用如无人工厂。目前，海量的边缘终端还没有广泛建立起连接，然而个别智能应用已经先行落地，边缘计算产业的现阶段发展缺乏社会协同。然而可以预见的是，随着数字化、智能化转型的不断深入，边缘计算在自治阶段将爆发巨大的市场潜力。

边缘计算前景无限，千亿元市场规模等待被发掘。边缘计算正处于产业起步阶段，作为云计算的延伸概念，其市场需求可以进行类比估计。根据测算，2018年全球云计算市场规模为3053亿美元。物联网约有10%的数据需要在网络边缘进行存储和分析。如果边缘计算产业发展能够根据市场需求如期推进，预计在未来3~5年，边缘计算将成为下一个数百亿元以上的蓝海市场。

（三）发展目标

近期目标：边缘计算弥补部分应用场景下中心云计算所面临的短板，对中心云与边缘侧的协同框架进行标准化设计，制定相关协同技术、服务和应用标准，引导企业提升云边协同服务水平，推动云边协同健康发展；伴随着 5G 商业化的应用，边缘计算成为 5G 网络的重要组成部分，运营商主导边缘计算的发展，同时运营商通过边缘计算能够进入流量之外的增值服务领域。

远期目标：边缘计算横跨通信技术、运营技术等多个领域，涉及网络连接、数据聚合、芯片、传感、行业应用等多个产业链，在工业互联网、智慧交通、智慧城市、智能医疗等下游领域得到广泛应用。

（四）关键技术

边缘计算正在将通信技术基础设施的"云—管—端"三层模型延伸为"云—管—边—端"四层模型，其所涉及的核心关键技术主要包括边缘终端、边缘网络、边缘云，以及云边协同下的边缘智能等，各种技术能否协作互通决定了整个边缘计算技术体系的发展速度。

1. 边缘终端技术

边缘终端主要包括传统的感知类终端和新型边缘网关等边缘计算专用节点两类对象。感知类终端是具有信息处理功能的传感器，所用芯片具有数据采集、处理和传输能力。对于采集和处理温度、湿度、压力或重力等小数据的感知类终端，处理器的性能需求通常是 50～100DMIPS（DhrystoneMIPS，每秒百万次整数计算），连接技术通常支持低功耗 Wi-Fi、蓝牙、紫蜂（ZigBee）等协议。随着 2016 年 6 月 NB-IoT 标准得到第三代合作计划（3rd generation partnership project，3GPP）的批准，越来越多的芯片开始提供对 NB-IoT 技术的支持。对于要采集视频等大数据的感知类终端，还需要利用视频引擎实现视频编码。

新型边缘网关等边缘计算专用节点完成数据汇聚、解析、存储与预处理等功能，多采用高性能的通用处理器芯片构建核心处理系统。目前通用处理器芯片的生产工艺已经达到 10nm，单个处理器内的内核数量已经超过 32 个。在对边缘系统提出更多功能需求的同时，用户往往需要简化系统结构，以降低成本。这就需要将单一功能的设备用多功能的设备来取代。随着处理器计算能力的提高，以及虚拟化技术的成熟，基于虚拟化和容器实现多负载融合成为业界发展的趋势。

2018 年，英特尔推出了至强 D-2100 处理器，该 SoC 处理器旨在满足受限于空间和功率的边缘应用需求，包括多达 18 个处理器内核和集成的加速技术，实现高达100Gbit/s的内置编码、加密和解密加速。恩智浦等半导体公司也将Layerscape系列处理器与微软AzureIOT集成以实现安全的边缘计算解决方案。

2. 边缘网络技术

以传输控制协议/网际协议（transmission control protocol/internet protocol，TCP/IP）为代表的传统网络技术主要面向大规模数据传输设计，天然缺少实时性和可靠性方面的保障，随着网络负载的增加，端到端的时延和丢包会显著提高，难以满足边缘计算的需求。同时工业机器视觉等应用需要边缘网络提供更高带宽的数据传输服务。因此，边缘计算的网络技术必须在传统TCP/IP架构下有所突破。目前备受瞩目的边缘网络技术包括时间敏感网络（time sensitive network，TSN）和SDN等。TSN是一种具有有界传输时延、低传输抖动和极低数据丢失率的高质量实时传输网络技术。它基于标准以太网，凭借时间同步、数据调度、负载整形等数据链路层优化机制来保证对时间敏感数据的实时、高效、稳定、安全传输。SDN是由美国斯坦福大学cleanslate研究组提出的一种新型网络创新架构。随着通信网络演进的复杂程度增加，SDN技术可以通过将网络设备控制与数据分离来进行灵活的网络控制。目前，SDN已成为未来网络的主要发展方向，国际电信联盟标准化部门（ITU-T）和开放网络基金会等组织都在从不同角度对边缘网络中的SDN技术进行标准制定。

随着边缘计算在制造、能源、交通等行业的深入部署，TSN和SDN技术将会相互协同，形成一套实时、可靠、安全、可管控的边缘计算网络架构，并与应用层技术结合，满足边缘设备之间、边缘设备与云之间互联互通的要求。

3. 边缘云技术

边缘云技术可以在网络边缘或靠近用户接入点侧部署云数据中心，实现高带宽、低时延、大连接的高效服务分发。未来将提供更加开放、开源的边缘业务平台，从而为应用开发者提供丰富的平台服务能力及统一接口，加速边缘应用创新业务孵化和商用推进。

2017年底，中国联通和中兴、英特尔、腾讯等联合在天津建成业界首个边缘数据中心测试床，并宣布在15个省市正式启动Edge-Cloud大规模试点，未来几年计划建成6000个边缘数据中心。

4. 边缘智能技术

目前，人工智能技术在推动数字经济和实体经济融合的多个领域都在发挥巨大作用，也正在被越来越多地应用到边缘计算中。人工智能处理的计算量巨大，需要GPU、FPGA、ASIC等硬件加速引擎来辅助，边缘计算系统的异构化在带有人工智能功能的边缘计算系统中被越来越多地采用。高通公司在骁龙 845 芯片中加入第三代移动人工智能平台，为开发者提供深度学习神经网络所需要的工具。

边缘智能的实现也高度依赖云边协同的成功。云计算通过大数据分析学习到的各种算法和模型将被下载到边缘计算节点执行，同时边缘计算节点采集的数据和执行的经历又会反馈到云计算中心，优化云端算法和模型。美国 NI 公司通过对边缘节点收集的设备信息进行模型训练和验证，利用机器学习等人工智能技术实现预测性维护的优化商业决策。西班牙 PlethoraIIOT 公司从可编程逻辑控制器采集时间戳、机器状态等数据，通过叠加基于 FPGA 的边缘智能网关采集转矩、温度、功率、转速等与机床主轴相关的数据，采用 K 均值（K-means）、层次聚类（agglomerative hierarchical clustering，AHC）、高斯混合模型三种人工智能算法进行聚类分析，在边缘层进行基于机器学习的预测性维护，设备可用性提高 20%，每天预期可增加 3 小时的使用时间。

（五）保障措施

1. 加速政策顶层设计，用统一架构牵引产业全面布局

美国政府最早开始布局边缘计算，积极打造核心技术，力图在未来的边缘计算产业发展中立于领先地位。2016 年，美国国家科学基金会（National Science Foundation，NSF）组织企业界和学术界专家在华盛顿召开首次边缘计算高层研讨会，在会后向政府提交总结报告，并促成 NSF 将 2016～2017 年美国国家科技重大专项申请指南中原来三个热点方向之一的云计算换成边缘计算，边缘计算在 2017～2018 年更是与分布式计算并列成为网络学科支持的两大核心方向之一。

我国政府也高度重视边缘计算发展，并在工业互联网领域超前布局前沿阵地，积极探索边缘计算在工业互联网场景下的应用。2017 年，《国务院关于深化"互联网+先进制造业"发展工业互联网的指导意见》中明确提出要促进边缘计算、人工智能、增强现实、虚拟现实、区块链等新兴前沿技术在工业互联网中的应用研究与探索。广东、上海等地方政府贯彻党和国家的指导方针，制定实施方案，提前谋划边缘计算的布局发展。

目前尽管互联网、物联网、工业互联网等不同场景下的边缘计算在技术实现上存在一定差异，但整体来看，边缘计算的技术理念趋于一致，因此亟须构建统一的体系架构，加强顶层设计，充分调动边缘计算产业链的各环节、各要素的积极性，开展全面布局。

2. 完善理论技术基础，加强云边协同等核心技术研发

重点加强以下六个方面的工作：一是加强研究软件定义机器、虚拟化、容器、分布式计算等一批边缘计算所必需的关键技术；二是重点突破可跨越不同环境进行移植的统一轻量级操作系统，实现服务的动态加载；三是研发设计适合边缘计算节点、占用少量计算资源和存储资源的轻量级算法、程序库、并行编程模型、开发框架和工具包；四是研究制定边缘侧计算的架构模型、部署方式、南北向数据接口（用于云端协同）、东西向数据接口（用于节点间协同）等相关技术标准；五是建设部署工业控制器、智能网关、移动基站、边缘数据中心、边缘云等不同环境下的边缘计算节点，加强边缘侧计算、网络、存储、应用、智能的水平化融合；六是加强探索边缘计算技术与机器学习、深度学习等人工智能技术的有机结合，试验验证基于边缘计算的故障侦测、碰撞规避、预测维护、机器视觉等新应用新模式。

3. 标准与开源同步走，技术规范与应用示范同等重要

边缘计算的概念和范畴尚未完全清晰明确，不同角色从自身利益和视角出发推出的边缘计算产品存在很大的差异。例如，互联网企业把边缘计算视为软件化的处理能力，工业企业把边缘计算打造为集软硬于一体的物理设备实体，而通信企业则更希望通过边缘计算重塑产业生态。因此，亟须建立统一的标准规范来引导边缘计算产业健康有序发展。目前，ITU、ISO/IEC、国际电气和电子工程师协会（Institute of Electrical and Electronics Engineers，IEEE）、中国通信标准化协会（China Communications Standards Association，CCSA）等各种主要标准化组织也都意识到边缘计算产业对标准化的迫切需求，先后开展了相关标准研究工作。ITU-TSG20（物联网和智慧城市研究组）批准中国信息通信研究院与中国联通联合主导的 IOT Requirements for Edge Computing 国际标准项目成功立项。ISO/IEC JTC1/SC41（物联网及相关技术分技术委员会）成立了边缘计算研究组。IEEE 也成立了 P1934 项目，开展雾计算的网络架构研究。CCSA 联合工业互联网产业联盟（Alliance of Industrial Internet，AII）启动《工业互联网边缘计算需求》《工业互联网边缘计算体系架构》等首批 6 项标准立项研究。

尽管边缘计算技术仍不够成熟，理论和产品都在不断创新变化，对技术过早的标准化可能会限制技术的创新或者将技术限制在错误的边界内。但一方面是产业界对边缘计算的需求日趋旺盛，大量的工业企业和信息化企业迫切希望了解"边缘计算的产品形态是什么""我能否加入边缘计算社群""我如何为使用边缘计算而调整好企业自身状态"；另一方面是边缘计算产业链包括边缘终端、边缘网络、边缘云、边缘智能等多个环节，不可能每个企业都完整地研发和部署这些系统和节点，如果存在一个公共的平台，就可以更大程度地促进创新。目前，开源化社

区正是推进这一方向的主要实践者。2017 年 4 月，Linux 基金会发布了第一个正式的边缘计算项目——EdgeX Foundry。在亚德诺半导体、戴尔、三星等企业的主导下，近 70 多家企业参与了该开源项目，致力于围绕可互操作的即插即用部件打造一个边缘计算的生态系统。该开源项目还和工业互联网联盟（Industrial Internet Consortium，IIC）达成合作协议，通过提供统一的边缘计算平台来简化和加速工业互联网。

2018 年 3 月，Linux 基金会又发布了第二个规模更大的边缘计算项目——Akraino Edge Stack。除 AT&T、英特尔外，中兴、华为、中国移动、中国电信、中国联通、腾讯、科大讯飞、新华三等大量中国通信技术企业参与了该项目。Akraino Edge Stack 项目立足于 AT&T 在边缘计算系统和应用程序中完成的基础工作，支持针对边缘计算系统和应用进行优化的高可用性云服务。

九、操作系统与软件

（一）产业概念与范畴

操作系统与工业软件是制造业数字化、网络化、智能化的基石，是新一轮工业革命的核心要素。发展实时工业操作系统及高端制造业嵌入式系统，以工业大数据平台与制造业核心软件为代表的基础工业软件，面向先进轨道交通装备、电力装备、农业装备、高档数控机床与机器人、航空航天装备、海洋工程装备与高技术船舶等重点领域的工业应用软件，对我国工业领域自主可控，具有重要意义。

（二）发展需求

新一代科技革命与产业变革以数字化、网络化、智能化为特征，其核心是将以云计算、物联网、大数据、人工智能为代表的新一代信息技术与现代制造业深度融合，以推动产业转型升级。为提高我国操作系统和工业软件核心技术水平，提升国际工业软件生态话语权，依托我国作为"制造大国"的战略必争和优势产业，利用中国互联网生态与应用的全球领先者地位，紧紧抓住新科技革命与产业变革提供的历史机遇，实现操作系统安全可靠，结合新一代信息技术推动工业软件的重构与跨越式发展。

（三）发展目标

近期目标：绝大部分核心技术取得突破，形成安全可靠的操作系统与工业软件及其标准体系，自主工业软件市场占有率超过 45%。形成 3~5 个达到国际水准的工业互联网平台。形成基于智能化互联网产品的自主工业软件的工业互联网。

远期目标：部分核心技术达到国际领先水平，自主工业软件市场占有率超过 50%。

（四）发展重点

1. 工业操作系统及其应用软件

衔接"核高基"等重大专项形成的成果，构建可裁剪的工业基础软件平台。面向数字化产品与智能成套装备需求，重点研制高安全、高可信的实时工业操作系统，实现与主流控制设备、CPU 与总线协议的适配，并在此基础上研发出一套嵌入式软件接口、组态语言与集成开发环境，形成嵌入式操作系统的安全性、可信性以及性能的测评标准和规范。研制高端制造业嵌入式系统，并在先进轨道交通装备、电力装备、农业装备等关键领域推广应用。

2. "云端"+"终端"工业大数据平台

面向终端和云端数据的交换融合与智能协同，研制设备端的嵌入式数据管理平台与实时数据智能处理系统，开发云端具有海量处理能力的工业数据采集、存储、查询、分析、挖掘与应用的工业数据处理软件栈。构建覆盖产品全生命周期和制造全业务活动的工业大数据平台，支持企业内部与外部、结构化与非结构化、同步与异步、动态与静态、设备与业务、实时与历史数据的整合集成和统一访问，实现"数据驱动"。

3. 智慧工业云与制造业核心软件

研发"互联网+"智慧工业云体系架构与标准体系，构建工业资源库（包括知识库、模型库、零件库、工艺库和标准库等）。面向"互联网+"制造生态，重构产品生命周期管理、企业资源规划（enterprise resource planning，ERP）、供应链管理（supply chain management，SCM）和客户关系管理（customer relationship management，CRM）等制造业核心软件，形成新型工业云构件库。研制数据驱动的构件组合引擎，研制工业能源管理智能化软件与协同管控平台，构建"互联网+"智慧工业云平台，推动工业企业互联网化，形成全行业与跨行业的工业应用生态系统。

4. 重点领域工业应用软件

面向先进轨道交通装备、电力装备、农业装备、高档数控机床与机器人、航空航天装备、海洋工程装备与高技术船舶等重点工业领域，研制涵盖从设计研发、生产制造到产品服务的全生命周期行业应用软件，重点突破产品创新开发、智能控制与分析优化、装备智能服务等关键技术，发展自主工业应用软件体系。

（五）关键技术

1. "端到端"的工业软件安全技术

研究从设备端到云端的控制系统安全、硬件安全、网络通信安全、数据安全等技术。研究开发安全、高可信工业软件系统的安全标准、验证技术与认证体系。

2. 工业基础资源库与标准化技术

重点构建与自主工业软件相配套的工业基础资源库接口标准化体系。研究工业基础资源库的分类标准，布局适应中国制造环境特点的工业基础资源库架构与生态体系。研究工业基础资源库的标准化评估与认证体系。

3. 工业操作系统技术

面向不同的底层硬件和上层应用，研究可实现统一软件包格式、硬件设备免驱动应用、可信计算应用、高可用集群应用、抽象内核驱动框架。研究硬件驱动的智能安装维护、操作系统的模块化、大规模安全可靠终端智能化管控、安全可靠终端的信息收集技术。研究操作系统对底层异构、复杂装备及其现场总线协议的适配技术。研究模型驱动的控制程序统一设计、开发、测试与发布技术。

4. 设备端智能化技术

研究小容量的嵌入式数据库系统，以及数据缓存与数据同步、交换技术。加快研究终端的环境语义建模技术，以及实时数据动态采集、变频传输、视觉理解、单机智能分析与控制、区域协同等终端智能化新技术。

5. 工业大数据管理与分析技术

研发工业数据的实时采集、高吞吐量存储、数据压缩、数据索引、查询优化、数据缓存等关键技术。研究时空关联与机理模型下的数据质量检查和修复关键技术。研究前端装备实时数据与后台信息系统关系型数据的集成技术。突破工业大数据并行分析处理技术、机理模型建模技术、知识推理技术与仿真模型。

6. 工业互联网平台关键技术

研究工业互联网平台资源调度、多租户管理、工业大数据处理、图形化编程、工业微服务架构、应用程序接口（application programming interface，API）、平台安全等技术，实现数据集成、分析与应用开发支撑。围绕平台功能、兼容性、可靠性、安全性、负载压力等方面开展测试验证关键技术研究，构建一批测试验证工具，建立工业互联网平台测试验证环境。

（六）保障措施

1. 支持跨界产业联盟

以制造业企业为主体，鼓励相关企业等加入工业应用云平台生态系统，开展跨领域资源和价值链整合，构建具有全球竞争力的工业生态系统。

2. 构建标准体系

建立重点领域工业软件体系与标准，加强操作系统与工业软件标准的制定和修订工作，鼓励有实力的单位牵头制定国际标准。鼓励中国企业参与国际主流开源社区，成为具有投票权的理事单位。建立操作系统与工业软件的国家评测和认证标准体系。

十、人工智能

（一）产业概念与范畴

人工智能是一种引发诸多领域产生颠覆性变革的前沿技术，当今的人工智能技术以机器学习特别是深度学习为核心，在视觉、语音、自然语言等应用领域迅速发展，已经开始像水电煤一样赋能于各个行业。世界各国高度重视人工智能发展，美国接连发布数个人工智能政府报告，是第一个将人工智能发展上升到国家战略层面的国家，除此以外，英国、欧盟、日本等纷纷发布人工智能相关战略、行动计划，着力构筑人工智能先发优势。我国高度重视人工智能产业的发展。党的十九大报告指出，推动互联网、大数据、人工智能和实体经济深度融合[1]。从

---

[1] 习近平：决胜全面建成小康社会 夺取新时代中国特色社会主义伟大胜利——在中国共产党第十九次全国代表大会上的报告. http://www.gov.cn/zhuanti/2017-10/27/content_5234876.htm.

2016 年起已有《"互联网+"人工智能三年行动实施方案》《新一代人工智能发展规划》《促进新一代人工智能产业发展三年行动计划（2018—2020 年）》等多个国家层面的政策出台，也取得了积极的效果。我国逐渐形成了涵盖计算芯片、开源平台、基础应用、行业应用及产品等环节较完善的人工智能产业链。

1. 人工智能发展历程

人工智能大致可分为三个阶段：第一阶段（1956～1979 年），人工智能诞生；第二阶段（1980～2000 年），人工智能步入产业化；第三阶段（2001 年至今），人工智能迎来爆发式增长。

2. 人工智能发展条件

1）算法的演进

人工智能算法发展至今不断创新，学习层级不断增加。学术界早期研究重点集中在符号计算，人工神经网络在人工智能发展早期被完全否定，而后逐渐被认可，成为今天引领人工智能发展潮流的一大类算法，显现出强大的生命力。目前流行的机器学习以及深度学习算法实际上是符号学派、控制学派以及连接学派理论的进一步拓展。

机器学习算法和深度学习算法是人工智能中的两大热点，开源框架成为科技巨头全面布局的重点。开源深度学习平台是推进人工智能技术发展的重要动力，开源深度学习平台允许公众使用、复制和修改源代码，具有更新速度快、拓展性强等特点，可以大幅降低企业开发成本和客户购买成本。这些平台被企业广泛地应用于快速搭建深度学习技术开发环境，并促使自身技术的加速迭代与成熟，最终实现产品的应用落地。

人工智能仍在迅速发展，而且改变着人们的生活，还有更多人工智能算法正等待着计算机科学家去挖掘。由于技术投资周期较长，中国大多数人工智能企业还缺少原创算法，仍需要未雨绸缪，重视人工智能算法层面的人才储备；将学术研究和产业应用场景相结合，鼓励创新，积极挖掘人工智能算法方面的人才，让具备强大潜力的人工智能研究者能够真正投入业界。

2）算力的提升

人工智能算法的实现需要强大的计算能力支撑，特别是深度学习算法的大规模使用，对计算能力提出了更高的要求。2015 年，人工智能迎来了真正的大爆发，这在很大程度上与 GPU 的广泛应用有关。在此之前，硬件算力并不能满足人工智能计算能力的需求，当 GPU 与人工智能结合后，人工智能才迎来了真正的高速发展，因此硬件算力的提升是人工智能快速发展的重要因素之一。

3）数据的支撑

从软件时代到互联网时代，再到如今的大数据时代，数据的处理量和复杂性都经历了从量到质的改变，大数据引领人工智能发展进入重要战略窗口。

数据是人工智能发展的基石，人工智能的核心在于数据支持。从发展现状来看，人工智能技术取得突飞猛进得益于良好的大数据基础，海量数据为训练人工智能提供了原材料。全球互联网用户数已经突破41亿人，全球独立移动设备用户渗透率达到总人口的67%。

大数据是人工智能发展的助推剂。这是因为有些人工智能技术使用统计模型来进行数据的概率推算，如图像、文本或者语音，通过把这些模型暴露在数据的"海洋"中，使它们得到不断优化（或者称为训练）。有了大数据的支持，深度学习算法输出结果会随着数据处理量的增大而更加准确。

由学术及研究机构承担建设的公共数据集不断丰富，推动初创企业成长。公共数据集一般用作算法测试及能力竞赛，质量较高，为创新创业和行业竞赛提供优质数据，给初创企业带来必不可少的资源。

行业数据集是企业的核心竞争力，行业数据集与产业结合紧密，各公司的自建数据集属于企业的核心竞争力。数据服务产业快速发展，包括数据集建设、数据清洗、数据标注等。

（二）发展需求

近年来，在政策、技术及应用需求的助力下，我国人工智能市场发展进程不断加快。2017年我国人工智能市场规模达到237.4亿元，同比增长67%。其中以生物识别、图像识别、视频识别等技术为核心的计算机视觉市场规模最大，占比34.9%，达到82.8亿元。

人工智能的应用效益较为显著，市场应用发展需求强烈。

人工智能应用涉及专用应用和通用应用两个方面，这也是机器学习、模式识别和人机交互这三项人工智能技术的落地实现形式。目前国内人工智能应用正处于由专业应用向通用应用过渡的发展阶段。通用应用侧重于金融、医疗、智能家居等领域的通用解决方案。专业应用涵盖目前国内人工智能的大多数应用，包括各领域的人脸和语音识别以及服务型机器人等方面。

在商业应用方面，短期内，专用型人工智能将会在数据丰富的行业、应用场景成熟的业务前端（如营销、服务）取得广泛的应用。长期来看，人工智能技术能在边际成本不递增的情况下将个性化服务普及更多的消费者与企业，从细分行业的特定应用场景应用到更加普适化的情景。

(三）发展目标

近期目标：人工智能基础理论实现重大突破，部分技术与应用达到世界领先水平，人工智能成为带动我国产业升级和经济转型的主要动力，智能社会建设取得积极进展。2025 年我国人工智能市场规模达到 4500 亿元，2020～2025 年年均复合增长率约为 40.91%。

远期目标：2030 年我国人工智能市场规模达到 18400 亿元，2025～2030 年年均复合增长率约为 32.53%。

2020～2030 年中国人工智能市场规模预测如图 5-16 所示。

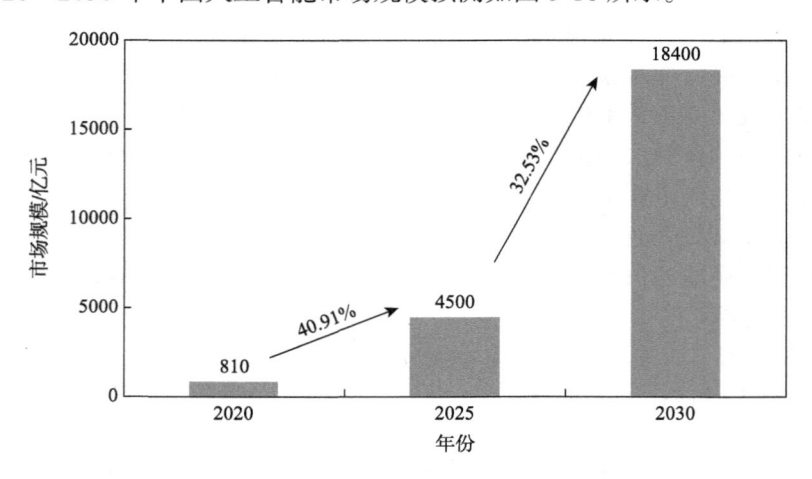

图 5-16　2020～2030 年中国人工智能市场规模预测

（四）关键技术

1. 智能硬件

智能传感器与智能芯片是智能硬件的重要组成部分。如果说智能芯片是人工智能的中枢大脑，那么智能传感器就属于分布着神经末梢的神经元。与传统硬件不同的是，智能传感器是将传统传感器、微处理器及相关电路一体化而形成的具有初级感知处理能力的相对独立的智能处理单元。智能芯片具备高性能的并行计算能力，且支持主流人工神经网络算法。目前，智能传感器主要包括触觉、视觉、超声波、温度、距离传感器等；智能芯片主要包括 GPU、FPGA、ASIC 以及类脑芯片等。2017 年全球智能传感器市场规模为 269.06 亿美元。

全球智能硬件市场，霍尼韦尔、BOSCH、ABB 等国际巨头全面布局智能传感器的多种产品类型；中国也涌现了汇顶科技的指纹传感器、昆仑海岸的力传感器,但产品布局相对单一。智能芯片方面,在全球有 NVIDIA 的 GPU、谷歌的 TPU、英特尔的 NNP 和 VPU、IBM 的 TrueNorth、ARM 的 DynamlQ、高通的骁龙系列、Imagination 的 GPU PowerVR 等主流企业产品;在中国有华为海思的麒麟系列、寒武纪的 NPU、地平线机器人的 BPU、西井科技的 deepsouth(深南)、云知声的 UniOne、阿里达摩院的 Ali-NPU 等。

2. 机器视觉技术

相对于传统视觉技术,人工智能赋能机器视觉技术,使其初步具备类似人类对图像特征分级识别的视觉感知与认知机理,具有速度快、精度高、准确性高等一系列优点。

从技术能力上看,机器视觉技术要实现产业应用中对图像或视频内物体/场景识别、分类、定位、检测、图像分割等功能的需求,因此广泛应用于视频监控、自动驾驶、车辆/人脸识别、医疗影像分析、机器人自主导航、工业自动化系统、航空及遥感测量等领域。

2017 年全球计算机视觉市场规模为 23.7 亿美元,中国计算机视觉市场规模为 68 亿元。随着人工智能技术与实体产业的不断融合发展,计算机视觉算法的图像识别能力越来越强,各国也陆续涌现出了一大批优秀的计算机视觉公司。在美国,亚马逊、谷歌、微软、Facebook 等一批跨国科技企业呈现出从基础层、技术层到应用层的全产业布局的特征;也有一些初创公司专注局部应用领域,例如,Cape Analytics 根据住宅航拍照片实现智能估值,Steam、Oculus Home 和 Viveport 成为三大主流虚拟现实内容分发平台。在中国,一些计算机视觉顶级企业技术专家更多的是名门之后,相关产业也已有多年积累,例如,商汤科技正在为各大智能手机厂商提供人工智能+拍摄、增强现实特效与人工智能身份验证等功能服务;格灵深瞳同时专注视觉算法技术和嵌入式硬件研发技术;Yi+更多的是为商业视觉内容提供智能化分析与推荐服务,云从科技、旷视科技、依图科技等企业也有不同布局。

3. 智能语音技术

智能语音技术是一种可以实现将文本或命令与语音信号相互智能转化的技术,其主要包含语音识别与语音合成。智能语音技术因其可以实现人机语音交互、语音控制、声纹识别等功能,被广泛应用于智能音箱、语音助手等领域。

2017 年,全球智能语音市场规模为 110.3 亿美元,同比增长 30%。2017 年,中国智能语音市场规模达到 105.7 亿元,同比增长 70%。随着智能语音应用产业的拓展,市场需求增大,智能语音市场规模进一步增长。

目前,智能语音技术在用户终端上的应用最为火热。许多互联网公司纷纷投入人力和财力展开对此方面的研究与应用，目的是通过语音交互的新颖和便利模式迅速占领客户群。在美国，苹果的 Siri、微软 PC 端的 Cortana 和移动端的微软小冰、谷歌的 Google Now、亚马逊的 Echo 都是家喻户晓的产品应用；在中国，科大讯飞、思必驰、云知声，以及互联网巨头 BAT 等均对其深入布局。

4. 自然语言处理

自然语言处理包含多种多样的研究方向，其主要包括自然语言理解和自然语言生成。

2017 年中国人工智能市场规模达到 237.4 亿元，其中自然语言处理市场规模达到 49.77 亿元，占比 21%。目前，已经有许多相关的成熟技术应用产品。例如，美国的亚马逊、Facebook 以及中国的今日头条等公司利用自然语言技术实现旗下购物网站、社交平台或新闻平台的产品评论、社区评论、新闻文章主题分类与情感分析等功能；谷歌、百度、有道等公司应用纯熟并在不断智能升级的在线翻译服务；日本的 Logbar、中国的科大讯飞与搜狗等企业推出随身多语言翻译机等。在基础平台方面，有美国的 Kore.ai、Linguamatics 等，中国的百度云、腾讯文智、语言云等。在舆情监测系统方面，有美国 Xalted 的 iAcuity，中国朝闻天下的Wom-Monitor、创略科技的本果舆情等。

（五）保障措施

1. 以推动核心技术攻关为目标，加大对重点技术产品研发的资金支持

（1）推动人工智能核心技术攻关。一是加强人工智能芯片、传感器、算法、平台等核心技术研发，推动 CPU、GPU、FPGA 等高端通用芯片现有成果向人工智能领域拓展，围绕图像和语音识别、自动驾驶等场景加大算法改进、芯片结构优化研发力度。二是以关键技术为基础，以支撑解决方案、打造和深化应用为目标，瞄准人工智能算法、智能芯片、智能传感器等基础领域和情绪感知、认知智能等前沿领域，制定技术创新路线图，系统推进关键核心领域攻关。三是顺应产业平台化、开源化发展趋势，总结借鉴谷歌 Tensor Flow、百度 Paddle Paddle 等平台的经验做法，引导和集中行业资源，打造自主架构的深度学习平台以及面向智能网联汽车等领域的人工智能开发平台/开发系统，并尽快开源。

（2）建立针对重点技术产品的资金支持体系。一是设立人工智能产业发展与应用专项资金或专项基金，重点支持人工智能基础理论及关键核心技术研发与产业化，支持重点行业典型应用示范及解决方案研发，提高全产业链发展水平和竞争能力，发挥政府引导基金布局引领作用，带动引领地方产业投资基金及社会资

本的投资布局。二是针对人工智能产品研发和应用推广，部署研究制订减税降费方案。三是加强对深度学习开源平台和项目政策资金支持力度，研究制定我国人工智能深度学习开源平台发展指导意见，确定发展方向和重点任务，培育能够跻身国际主流的深度学习开源平台和项目。

2. 以深化与实体经济融合发展为目标，加强场景化应用推广和辐射引导

（1）开展示范应用揭榜评选和案例推广工作。一是支持人工智能企业、系统集成解决方案提供商和行业重点用户联合打造面向特定场景的解决方案。二是组织梳理总结制造、教育、旅游、交通、商贸、健康医疗等领域的典型应用场景，支持龙头企业与用户单位结合，开展人工智能应用示范。

（2）分析总结应用路径与经验。一是面向典型应用场景，分析其特色应用需求，结合应用示范工作，支持人工智能企业、系统集成企业和重点用户联合打造面向特定场景的解决方案，适时编制形成针对不同行业、不同业务的应用指南。二是加强对人工智能和实体经济深度融合创新项目成功经验的总结提炼，促进人工智能产业加速发展。

（3）重视人工智能在制造业领域的推广应用。一是结合智能制造试点示范，培育智能工业检测系统、智能工业设计软件等关键产品，促进人工智能技术在研发设计、生产制造、物流配送、营销及服务等制造业各环节的深度应用。二是加大重点领域生产线智能化改造力度，培育推广智能制造新模式、新业态，系统提升制造装备、制造过程、细分行业应用的智能化水平。

3. 以构建有机协同的产业生态为目标，提升服务支撑能力

（1）提升人工智能产业数据互联互通和开放共享水平。一是面向人工智能产品在制造、交通、电子商务、金融、医疗等领域的创新应用，推动建设并开放多种类型的人工智能海量训练资源库、标准测试数据集和云服务平台等。二是加速建立人工智能标准、测评、知识产权等服务体系，形成面向人工智能主要细分领域的测评能力，消除人工智能推广应用时面临的资质、数据接口、评价标准等行业准入壁垒。

（2）布局面向人工智能的产业基础设施。一是面向人工智能共性技术建设计算平台和应用支撑平台，推进原始创新和技术应用创新。二是搭建自动驾驶汽车试验场、智能家居综合体验场等应用场景基础设施，支持相关产品的商业化尝试。三是加强移动互联网、大数据、云计算、物联网、航空系统、智能交通基础设施、储能设施、新能源汽车充电桩、智能电网等针对人工智能应用落地的基础设施建设。推动智能化信息基础设施建设。提升传统基础设施智能化水平，形成满足智能经济、智能社会需要的基础设施体系。

（3）重视发挥第三方机构在产业发展中的服务引导作用。一是支持一批服务于人工智能产业发展的行业协会、联盟、基金会等非营利机构，通过论坛、研讨、培训、授课、宣讲等多种渠道，加深企业交流合作深度，提升产业人才培训水平，帮助用户企业领导和技术人员拓宽视野、提升能力。二是打造技术竞合平台，为人工智能新产品、新服务的快速迭代与共同试错提供规范化的良性竞合机制，确保参与企业与行业最新前沿技术的同步，形成技术创新的良性互动格局。

4. 以营造发展环境为目标，培育多元化发展格局

（1）统筹区域产业布局。一是强化部省合作，加快打造一批特色突出、辐射带动作用明显的人工智能产业集群，推动各地区差异化发展，打造具有地方特色的"小而美"产业园区。二是培育具有重大引领带动作用的人工智能企业和产业。建立人工智能网络安全保障体系。

（2）强化人才队伍建设。一是重点针对人工智能产业发展的急需紧缺人才和面向制造等重点行业的应用型人才，广泛调动社会资源，以院校、培训机构和重点企业为依托，开展职业技能培训，打造多层次人才队伍。二是加强高端专业化人才储备，加强学科建设，大力推动人工智能相关学科资源集中，形成研发和教学合力，培养人工智能领域内跨学科人才。三是鼓励高校、科研院所加大与人工智能企业及相关机构合作，打造复合化人才培养平台，注重培养兼顾人工智能基础理论、软硬件技术、市场产品及垂直领域应用的纵向跨界人才，以及兼顾人工智能与经济、社会、法律等的横向跨界人才。四是加大对国际顶级科学家和高层次人才的吸引力，充分利用现有各类人才计划，鼓励高校、科研院所和企业采用项目合作、技术咨询、交流访问等多种形式引进人工智能人才，将海外引进人才、民营企业高端人才纳入国家高端智力库，在评价体系、社会荣誉等方面给予政策支持。

（3）提前研判安全风险和前沿问题。一是重视人工智能技术风险管控，加强人工智能同社会治理的结合，加强人工智能发展的潜在风险研判和防范，组织力量开展人工智能产业发展带来的法律、伦理和社会问题研究，推动建立保障人工智能健康发展的法律法规、制度体系、伦理道德。二是围绕群体智能、人机混合等未来发展方向，推动我国智库、学者和全球各国科学家与智库开展合作，推动人工智能技术能沿着服务人类的正确方向升级。

（4）实现开放合作与安全保障之间的均衡发展。一是要统筹国内国际两个大局，提高人工智能产业的国际化发展水平，推动我国人工智能产业发展在更高层次、更宽领域和更高水平上融入全球产业分工体系。二是要建立体系化风险防范机制，始终注重维护国家经济社会安全，积极防范和应对开放带来的各种风险挑战。

十一、大数据

（一）产业概念与范畴

大数据产业指以数据生产、采集、存储、加工、分析、服务为主的相关经济活动，包括数据资源建设、大数据软硬件产品的开发、销售和租赁活动，以及相关信息技术服务。

按照不同的分类标准，大数据可以分为不同的类型，具体如表5-4所示。

表 5-4 大数据的类型

分类标准	描述
从数据生成类型上分	可分为交易数据、交互数据和传感数据
从资料来源上分	可分为社交媒体、银行/购物网站、移动电话和平板电脑、各种传感器/物联网等
从数据格式上分	可分为文本日志、整型数据、图片、声音、视频等
从数据关系上分	可分为结构化数据（如交易流水账）和非结构化数据（如图、表）
从数据所有者上分	可分为公司（尤其巨型公司）数据、政府数据、社会数据

当前，全球大数据产业正值活跃发展期，技术演进和应用创新并行加速推进，非关系型数据库、分布式并行计算以及机器学习、深度挖掘等新型数据存储、计算和分析关键技术应运而生并快速演进，大数据挖掘分析在电信、互联网、金融、交通、医疗等行业创造商业价值和应用价值的同时，开始向传统第一、第二产业传导渗透，大数据逐步成为国家基础战略资源和社会基础生产要素。

与此同时，大数据安全问题逐渐暴露。大数据因其蕴藏的巨大价值和集中化的存储管理模式成为网络攻击的重点目标，针对大数据的勒索攻击和数据泄露问题日趋严重，全球大数据安全事件呈频发态势。相应地，大数据安全需求已经催生相关安全技术、解决方案及产品的研发和生产，但与产业发展相比，存在滞后现象。

习近平总书记在中共中央政治局就实施国家大数据战略进行第二次集体学习[①]时指出，要构建以数据为关键要素的数字经济，推动实体经济和数字经济融合发展，推动互联网、大数据、人工智能同实体经济深度融合。同时，要切实保障国家数据安全。这要求我们必须坚持国家总体安全观，树立正确的网络安全观，坚持"以安全保发展，以发展促安全"，充分发挥大数据在推动产业转型升级、提升国家治理现代化水平等方面重要作用的同时，深刻认识大数据安全的重要性和紧

[①] 习近平主持中共中央政治局第二次集体学习并讲话. http://www.gov.cn/xinwen/2017-12/09/content_5245520.htm.

迫性，认清大数据安全挑战，积极防范复杂严峻的安全风险，坚持安全与发展并重，加速构建大数据安全保障体系，保障国家大数据发展战略顺利实施。

(二) 发展需求

1. 市场规模

按照中国信息通信研究院的测算，2017 年我国大数据产业规模为 4700 亿元，同比增长 30%；2018 年我国大数据产业规模达到约 5400 亿元，同比增长 15%，如图 5-17 所示。然而，综合国内外环境、新兴技术发展等多种因素，大数据产业的增长率出现了下滑。我国的大数据产业也面临着从高速发展向高质量发展的关键转型期。

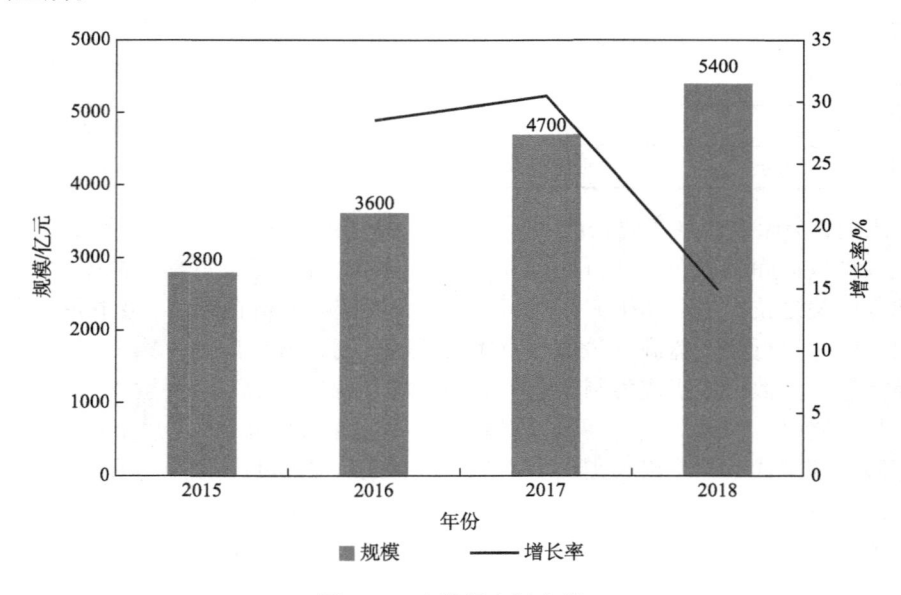

图 5-17 大数据市场产值

该规模数据属于全口径产业规模，指以数据生成、采集、存储、加工、分析、服务为主的相关经济活动，包括数据资源建设、大数据软硬件产品的开发、销售和租赁活动，以及相关信息技术服务

目前，我国大数据市场的供给结构初步形成，并与全球市场相似，呈现三角形结构，即以百度、阿里巴巴、腾讯为代表的互联网企业，以华为、联想、浪潮、曙光、用友等为代表的传统信息技术厂商，以及以亿赞普、拓尔思、海量数据、九次方等为代表的大数据企业。

但是，我国在大数据产业链高端环节缺少成熟的产品和服务。面向海量数据的存储和计算服务较多，而前端环节数据采集和预处理、后端环节数据挖掘分析和可视化及大数据整体解决方案等产品和服务匮乏。

2. 需求状况

互联网行业大数据主要应用在社交网络和商对客（business-to-consumer，B2C）业务方面，如图5-18所示。

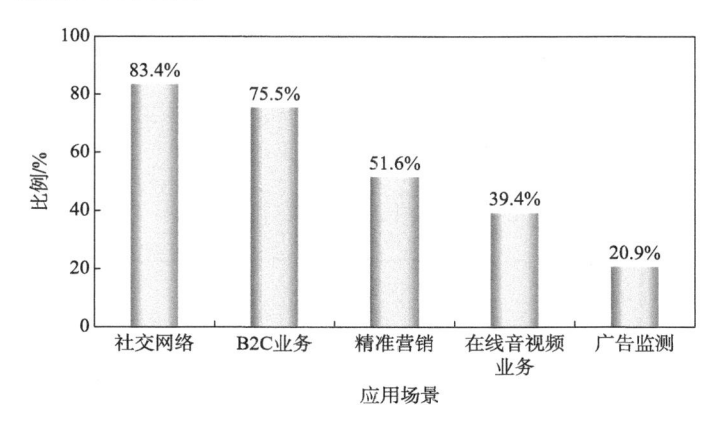

图 5-18　互联网行业大数据应用场景

结合位置数据、消费数据进行实时营销信息推送是电信行业大数据应用主要场景，如图5-19所示。

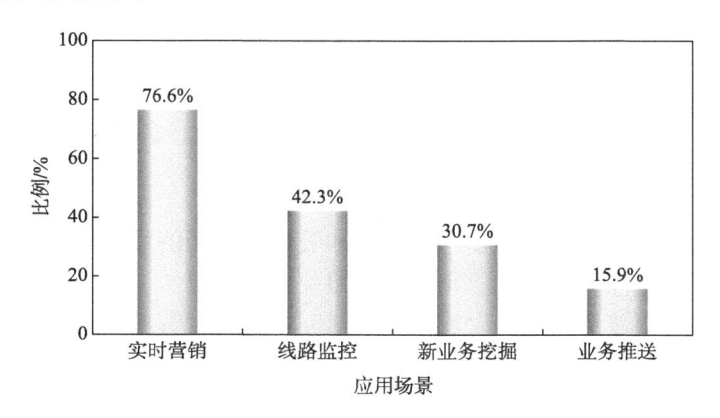

图 5-19　电信行业大数据应用场景

金融行业大数据应用场景主要集中在证券/股票投资方面，如图5-20所示。

制造行业具有多环节、多地域特色，供应链优化是制造行业最关注的大数据应用场景，如图5-21所示。

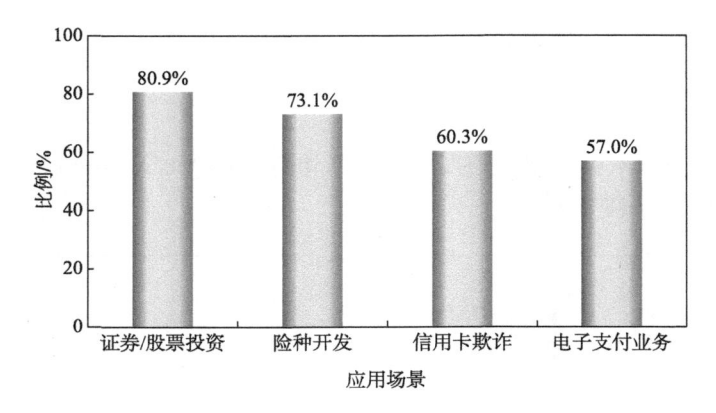

图 5-20 金融行业大数据应用场景

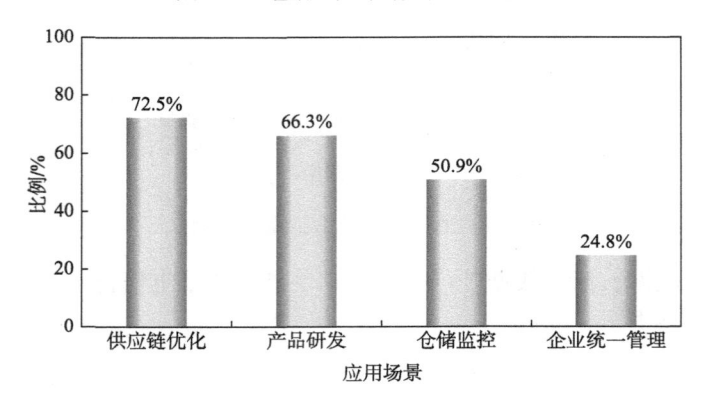

图 5-21 制造行业大数据应用场景

（三）发展目标

近期目标：建立健全覆盖技术、产品和管理等方面的大数据标准体系。建立一批区域性、行业性大数据产业和应用联盟及行业组织。工业大数据应用全面支撑智能制造和工业转型升级，大数据在创新创业、政府管理和民生服务等方面广泛深入应用，技术融合、业务融合和数据融合能力显著提升，实现跨层级、跨地域、跨系统、跨部门、跨业务的协同管理和服务，形成数据驱动创新发展的新模式。2025 年我国大数据产业规模达到 31500 亿元，2020～2025 年年均复合增长率约为 25.59%。

远期目标：创建一批大数据产业集聚区，形成若干大数据新型工业化产业示范基地。数据安全技术达到国际先进水平。国家数据安全保护体系基本建成。数据安全技术保障能力和保障体系基本满足国家重大战略部署与市场应用需求。数据安全和个人隐私保护的法规制度较为完善。2030 年我国大数据产业规模达到

75000亿元，2025~2030年年均复合增长率约为18.95%。

2020~2030年中国大数据产业规模预测如图5-22所示。

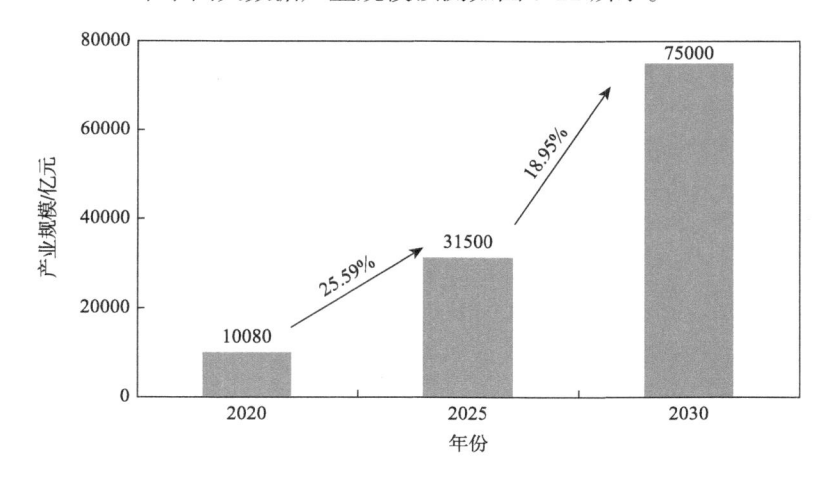

图5-22　2020~2030年中国大数据产业规模预测

（四）发展重点

1. 技术任务

以应用为导向，突破大数据关键技术，推动产品和解决方案研发及产业化，创新技术服务模式，形成技术先进、生态完备的技术产品体系。

（1）加快大数据关键技术研发。围绕数据科学理论体系、大数据计算系统与分析、大数据应用模型等领域进行前瞻布局，加强大数据基础研究。发挥企业创新主体作用，整合产学研用资源优势联合攻关，研发大数据采集、传输、存储、管理、处理、分析、应用、可视化和安全等关键技术。突破大规模异构数据融合、集群资源调度、分布式文件系统等大数据基础技术，面向多任务的通用计算框架技术，以及流计算、图计算等计算引擎技术。支持深度学习、类脑计算、认知计算、区块链、虚拟现实等前沿技术创新，提升数据分析处理和知识发现能力。结合行业应用，研发大数据分析、理解、预测及决策支持与知识服务等智能数据应用技术。突破面向大数据的新型计算、存储、传感、通信等芯片及融合架构、内存计算、艾字节（EB）级存储、绿色计算等技术，推动软硬件协同发展。

（2）培育安全可控的大数据产品体系。以应用为牵引，自主研发和引进吸收并重，加快形成安全可控的大数据产品体系。重点突破面向大数据应用基础设施的核心信息技术设备、信息安全产品以及面向事务的新型关系数据库、列式数据库、非关系型数据库、大规模图数据库和新一代分布式计算平台等基础产品。加快研发新一代商业智能、数据挖掘、数据可视化、语义搜索等软件产品。结合数据生命周期管理需求，培育大数据采集与集成、大数据分析与挖掘、大数据交互感知、基于语义理解的数据资源管理等平台产品。面向重点行业应用需求，研发具有行业特征的大数据检索、分析、展示等技术产品，形成垂直领域成熟的大数据解决方案及服务。

（3）创新大数据技术服务模式。加快大数据服务模式创新，培育数据即服务新模式和新业态，提升大数据服务能力，降低大数据应用门槛和成本。围绕数据全生命周期各阶段需求，发展数据采集、清洗、分析、交易、安全防护等技术服务。推进大数据与云计算服务模式融合，促进海量数据、大规模分布式计算和智能数据分析等公共云计算服务发展，提升第三方大数据技术服务能力。推动大数据技术服务与行业深度结合，培育面向垂直领域的大数据服务模式。

2. 重点工程

1）大数据关键技术及产品研发与产业化工程

（1）突破技术。支持大数据共性关键技术研究，实施云计算和大数据重点专项等重大项目。着力突破服务器新型架构和绿色节能技术、海量多源异构数据的存储和管理技术、可信数据分析技术、面向大数据处理的多种计算模型及其编程框架技术等关键技术。

（2）打造产品。以应用为导向，支持大数据产品研发，建立完善的大数据工具型、平台型和系统型产品体系，形成面向各行业的成熟大数据解决方案，推动大数据产品和解决方案研发及产业化。

（3）树立品牌。支持我国大数据企业建设自主品牌，提升市场竞争力。引导企业加强产品质量管控，提高创新能力，鼓励企业加强战略合作。加强知识产权保护，推动自主知识产权标准产业化和国际化应用。培育一批国际知名的大数据产品和服务公司。

2）大数据服务能力提升工程

（1）培育数据即服务模式。发展数据资源服务、在线数据服务、大数据平台服务等模式，支持企业充分整合、挖掘、利用自有数据或公共数据资源，面向具体需求和行业领域，开展数据分析、数据咨询等服务，形成按需提供数据服务的新模式。

（2）支持第三方大数据服务。鼓励企业探索数据采集、数据清洗、数据交换等新商业模式，培育一批开展数据服务的新业态。支持弹性分布式计算、数据存储等基础数据处理云服务发展。加快发展面向大数据分析的在线机器学习、自然语言处理、图像理解、语音识别、空间分析、基因分析和大数据可视化等数据分析服务。开展第三方数据交易平台建设试点示范。

(五)关键技术

1. 大数据关键技术构成

大数据技术主要分为大数据采集处理技术、大数据分析技术和大数据存储/组织/管理技术三大部分。

2. 大数据采集与预处理技术

数据采集技术指从传感器和其他待测设备等模拟和数字被测单元中自动采集非电量或者电量信号，送到上位机中进行分析、处理的过程。数据采集技术可分为三大类。

（1）系统日志采集方法。通过智能硬件、传感器、社交网络等数据载体的日常运维进行数据资源的采集。大部分数据企业拥有自己的采集工具，如 Hadoop 的 Chukwa、Cloudera 的 Flume、Facebook 的 Scribe 等，这些工具均采用分布式架构，能满足数百兆字节每秒的日志数据采集和传输需求。

（2）网络数据采集方法。通过网络爬虫或网站公开 API 等方式从网站上获取数据信息。该方法可以将非结构化数据从网页中抽取出来，将其存储为统一的本地数据文件，并以结构化的方式存储。它支持图片、音频、视频等文件或附件的采集，并支持文件之间的自动关联。除了网络中包含的内容，对于网络流量的采集可以使用深度包检测（deep packet inspection，DPI）或动态流检测（dynamic flow inspection，DFI）等带宽管理技术进行处理。

（3）其他数据采集方法。其他数据包括企业生产经营数据或学科研究数据等保密性要求较高的数据，可以通过与企业或研究机构合作，使用特定系统接口等相关方式采集数据。

大数据预处理技术主要完成对已接收数据的辨析、抽取、清洗等操作。获取的数据可能具有多种结构和类型，数据抽取过程可以将这些复杂的数据转化为单一的或者便于处理的类型，以达到快速分析处理的目的。大数据并不全是有价值的，对于无价值的数据或干扰数据，需要通过过滤"去噪"进而提取出有效数据。

3. 大数据存储管理技术

数据的海量化和快增长特征是大数据对存储技术提出的首要挑战。这要求底层硬件架构和文件系统在性价比上要显著高于传统技术，并能够弹性扩展存储容量。但以往网络附着存储（network attached storage，NAS）系统和存储区域网络（storage area network，SAN）等体系存储和计算的物理设备分离，它们之间要通过网络接口连接，这导致在进行数据密集型计算（data intensive computing）时输入/输出（input/output，I/O）容易成为瓶颈。同时，传统的单机文件系统和网络文件系统要求一个文件系统的数据必须存储在一台物理机器上，且不提供数据冗余性，可扩展性、容错能力和并发读写能力难以满足大数据需求。

谷歌文件系统（Google file system，GFS）和 Hadoop 的分布式文件系统（Hadoop distributed file system，HDFS）奠定了大数据存储技术的基础。与传统系统相比，GFS/HDFS 将计算和存储节点在物理上结合在一起，从而避免在数据密集计算中易形成的 I/O 吞吐量的制约，同时这类分布式存储系统的文件系统采用分布式架构，具有较高的并发访问能力。

4. 大数据处理的核心技术

其实人们一直面临着数据处理中很核心的问题——性能问题。性能不好的技术和产品是没有生命力的。数据处理性能问题不是因为大数据才出现，也不会因有了大数据技术而消失。处理性能的提升将促进对数据价值的挖掘和使用，而数据价值挖掘得越多、越深入，对处理技术的要求就越高。

目前的数据仓库只能满足一些静态统计需求；也是因为性能问题，运营商无法有效构造超过拍字节（PB）级别的大数据仓库，无法提供即席查询、自助分析、复杂模型迭代分析的能力，更无法让大量一线人员使用数据分析手段。

今天如果做"大数据"数据仓库，运营商面临的挑战比 10 年前要大得多。目前没有单一技术和平台能够满足类似运营商的数据分析需求。可选的方案只能是混搭架构，用不同的分布式技术来支撑一个超越 PB 级的数据仓库系统。这个混搭架构的核心是新一代的大规模并行处理（massively parallel processing，MPP）并行数据库集群+Hadoop 集群，再加上一些内存计算甚至流计算技术等。

大数据需要多元化的技术来支撑。当前数据处理对企业的挑战越来越大，主要原因如下。

（1）数据量庞大，1 个省级运营商 1 年就有超越 1PB 的结构化数据。

（2）大数据关注的更多是用户行为、群体趋势、事件之间的相关性等，而不仅仅是过去的关键绩效指标（key performance indicator，KPI），这就对数据分析平台对数据的分析能力和性能提出了新的要求。

5. 大数据分析挖掘技术

在人类全部数字化数据中，仅有非常小的一部分（约占总数据量的 1%）数值型数据得到了深入分析和挖掘（如回归、分类、聚类），大型互联网企业对网页索引、社交数据等半结构化数据进行了浅层分析（如排序）。占总量近 60% 的语音、图片、视频等非结构化数据还难以进行有效的分析。

大数据分析技术的发展需要在两个方面取得突破：一是对体量庞大的结构化

和半结构化数据进行高效率的深度分析，挖掘隐性知识，如从自然语言构成的文本网页中理解和识别语义、情感、意图等；二是对非结构化数据进行分析，将海量复杂多源的语音、图像和视频数据转化为机器可识别的、具有明确语义的信息，进而从中提取有用的知识。

6. 大数据可视化技术

大数据可视化是一个处于不断演变之中的概念，其边界在不断地扩大，主要指技术上较为高级的技术方法，而这些技术方法允许利用图形、图像处理、计算机视觉以及用户界面，通过表达、建模以及对立体、表面、属性、动画的显示，对数据加以可视化解释。与立体建模等特殊技术方法相比，数据可视化所涵盖的技术方法要广泛得多。

大数据可视化技术主要是利用计算机图形学和图像处理技术，将数据转换成图形或图像在屏幕上显示出来，并进行交互处理的理论、方法和技术等。它涉及计算机图形学、图像处理、计算机视觉、计算机辅助设计等多个领域，成为研究数据表示、数据处理、决策分析等一系列问题的综合技术。

当前用户普遍存在个性化需求，通过产品表象，我们需要与数据紧密对话，把数据当作一个解决问题的角色，通过数据本身的交互探索一些未知的方向及创新点。

7. 大数据安全技术

大数据安全是一个很宽泛的领域，包括大数据系统的安全、数据本身的安全（加密）与隐私保护、大数据应用带来的安全和隐私问题，以及大数据技术应用于安全领域。以 Hadoop 为代表的大数据系统早期主要处理公开领域的 Web 数据，因此并没有在安全上着力，但近年来有了长足的进展，逐步加入了用户和服务鉴权（基于 Kerberos），加入 HDFS 文件权限、对数据块的权限控制、对任务的授权、对网络上流动数据的加密以及 DataNode 内静态数据的加密等。英特尔的 Project Rhino 做了很多有益的尝试。

数据安全首先是静态数据的安全，主要是访问权限控制；其次是动态数据的安全，主要是加密和动态审计能力。目前动态审计能力主要还是在企业内，表现为数据泄露防护（data leakage prevention）技术，对重要数据进行分级、标识，实现跨平台（端点、移动设备、网络和存储系统）的统一管理。

现在的主流大数据使用安全技术包括基于同态加密、支持结构化查询语言（structured query language，SQL）的加密数据库，基于加密协议的多方安全计算，基于可信计算环境的多方安全计算，基于隐私保护的机器学习算法等。

（六）保障措施

1. 分层次推进大数据治理体系建设

建立健全数据相关制度体系，组织开展数据共享、开放、交易、安全等方面的细则研究工作及相关的专项检查和治理，推动制定数据资源确权、开放、流通、交易相关制度。建立标准规范体系，包括政府数据标准体系、大数据市场交易标准体系等，明确交易规则，制定定价标准，规范数据利用和交易。完善大数据第三方监管平台建设，建立数据交易机构资质审核和准入机制，加强事前准入、事中监测和事后处置等监管机制和手段，大力发展数据评估、数据估值和数据交易审计等第三方服务。建立数据流通负面清单制度，规范数据流通行业，禁止危害国家安全、泄露个人信息及企业商业秘密的数据的流通。

2. 全方位提升工业大数据服务能力

建立工业大数据标准体系，围绕大数据在工业产品研发设计、生产制造、物流、销售、维保服务等全生命周期的应用进行相关标准及技术框架研制。支持骨干企业及行业协会组织积极参与标准制定，并率先探索工业大数据标准应用。推进高端设备读写自由研究，实现工业软件、物联设备的自主可控，促进设备数据融合流通。建设工业大数据平台，联合国内领先工业系统及解决方案企业、信息技术企业和工业生产企业，共同开放能够实现底层设备数据集成、计算处理和分析的新型工业大数据平台，支持第三方开发工业大数据分析应用。支持企业探索工业大数据应用和服务模式，建立试点间企业互联互通的数据融合系统网络，逐步扩大影响范围，为广泛培育数据驱动型企业提供实践经验。

3. 打造监管防三位一体安全综合体系

强化数据法律的建设，明确数据采集、传输、存储、使用、开放等各环节的范围边界、责任主体和具体要求，在法律法规层面强调数据的资产地位。对企业的个人信息开发利用、数据外包服务的使用、数据共享合作等行为加强安全监管。制定大数据共享交换和开放目录，为数据融合、交易安全、共享开放提供技术依据。加强安全技术防护机制，在真实性基础上，通过一体化管控约束、规范、监控用户行为，利用多级别容侵技术实现对网络攻击的高抵抗能力，建立集建、管、防为一体的纵深防御体系。鼓励在涉及国家安全和稳定的应用场景下采用安全可控产品，提升基础设施关键设备自主可控水平。建立网络安全监测机制，对网络攻击、网络病毒、网络中断事故等重大安全事件进行全方位监测、精准化分析和智能化预警。

4. 加速推进大数据技术产品创新

推进产学研用协同攻关，加强大数据分析关键算法和共性基础技术研发，重点加强大规模数据仓库、非关系型数据库、数据存储、数据清洗、数据分析挖掘、数据可视化、自主可控信息安全与大数据条件下隐私保护等核心技术研发创新。鼓励企业以开源模式和开放社区资源为基础开展技术产品研发，重点突破同态加密、差分隐私、多方安全计算、零知识证明技术等关键技术和产品。围绕重点领域大数据应用，突破基于纵向行业数据的价值挖掘理论和算法，开展大数据应用模型、深度学习、类脑计算、认知计算、区块链、虚拟现实等技术和产品创新。加速推进科研成果转化，大力发展以应用需求为牵引的跨学科、跨领域交叉融合技术研究，汇聚多方资源共同加快大数据前沿技术产业化进程。

5. 构建大数据人才培养体系

鼓励大数据企业、研究机构和高等院校合作开展数据科学和大数据专业学历教育，针对大数据产业发展需求，培养大数据系统架构师、数据分析师、数据挖掘工程师等专业人才以及大数据领域高层次创新人才。加大大数据尖端人才引进力度，鼓励海外跨行业、复合型高端人才回国就业创业。共建实习实训基地，发展订单式、现代学徒制等专业化人才培养模式，有针对性地培养实用型、技能型人才，提升技术人员的综合数据处理能力。积极拓展企业家培训平台，依托国际国内知名学府、知名跨国公司和其他培训机构，进一步加强对本土科技型企业家的培育和培训，培育一批高素质的大数据人才和跨界复合型领导人才。

第六章 区域发展及国际合作研究

第一节 京津冀新一代信息技术产业发展路径分析

一、京津冀电子信息产业发展现状

京津冀协同发展的目标是，有序疏解北京非首都功能取得明显进展，在符合协同发展目标且现实急需、具备条件、取得共识的交通一体化、生态环境保护、产业升级转移等重点领域率先取得突破，深化改革、创新驱动、试点示范有序推进，协同发展取得显著成效。在当前工业、产业、企业与互联网深度融合，云服务概念风起云涌的背景下，电子信息产业助力各行各业自主研发、生产销售的机遇纷至沓来。技术创新和新兴服务模式不断涌现，经济结构转型升级和京津冀一体化建设的加快为京津冀电子信息产业提供了广阔的发展空间。

根据区域发展战略和产业优势，各国或地区也往往形成不同的电子信息产业集群，如以生产高科技电子产品著称的硅谷产业园区。硅谷产业园区依托斯坦福大学、加利福尼亚大学伯克利分校、加州理工学院等大学，以高技术中小型公司为基础，聚集了思科、英特尔、苹果、惠普等世界知名科技公司，通过知识、技术和生产的融合，完善了半导体、PC、因特网产业链，成为全球科技发展的风向标。

从产业环境角度来看，产业发展面临的环境不同是区域电子信息产业发展差异的主要原因。区域的经济环境、技术环境、市场环境和政策环境的差异是电子信息产业高端化发展的制约因素。

从产业集群角度来看，技术创新机制和政府服务能力是影响电子信息产业一体化进程的重要方面。京津冀电子信息产业一体化发展需要建立起协调创新机制和实质性的协同管理机构，优化决策执行机制，在因地制宜选择技术的同时，充分发挥产业集群优势。

随着电子智能的演进，电子信息产业发展呈现行业间技术渗透的新特点，电子信息产业正逐步渗透到工业、汽车、医疗、教育、交通、物流等各产业领域，相关技术也在促进其他产业的智能化进程。

从移动通信手机的产量来看，虽然北京在产量上高于天津，但2013年以来，京津手机行业均出现产量逐年减少的态势，进入低速波动发展期。随着全球智能手机普及率的快速上升，以及印度制造等东南亚制造业的兴起，国内手机市场集中度逐渐提升，市场竞争激烈程度不断提高，国内手机市场增量规模下降，屏幕和内存等上游元器件涨价造成利润压缩，手机产量逐渐回落。市场集中度和生产成本不断提高使得手机价格不断攀升。随着消费水平和手机硬件配置的不断提高，手机产业高端化和产品升级的压力越来越大，手机产量也受到影响。

从微型计算机设备的产量来看，2013年天津微型计算机设备产量激增至1072.2万台，在2014年产量首次超过北京，反映了北京微型计算机设备生产逐渐向天津转移的趋势。

从集成电路的产量来看，北京集成电路生产方面的优势日益显著，与津冀的差距逐步拉大，这符合北京作为国家京津冀协同发展战略中"科技创新中心"的定位。2018年1~11月北京集成电路产量为128.2亿块，同比增长37.8%，而2018年1~11月天津集成电路产量仅为15.3亿块，同比下降2.8%。经过多年发展，北京中关村聚集了同方微电子、君正、展讯等集成电路设计企业，产业集群已经形成。作为承接电路设计的专业园区，中关村集成电路设计园的投入使用更加明确了其以芯片设计、基础软件、物联网、云计算、智能硬件为主体的发展定位，区域产业集聚和辐射带动效应逐步显现。

二、京津冀电子信息一体化发展

2018年发布的中国电子信息制造业综合发展指数结果显示，北京作为电子信息制造业的研发高地，电子信息制造业综合发展指数为71.30，位居全国第五，天津电子信息制造业综合发展指数为68.65，位居全国第十二，在产业机遇把握、产业发展环境、产品竞争力和产业效益方面表现突出。

与作为电子信息产品加工密集区的珠三角和世界电子信息产业重点投资地区的长三角不同，京津冀地区电子信息产业发展的基础和配套设施较弱，区域内不同省市之间的经济条件也存在较大差异，工业基础、科研实力、区位优势各不相同。例如，北京电子信息产业具有较强的技术研发能力，在研制、规模生产各类计算机系统及软件、半导体分立器件及集成电路通信、光电设备、电子测量仪器和专用设备、元器件等方面具有较强的综合能力，是全国重要的软件基地和主要的电子技术研究开发基地、生产基地；天津则在手机生产方面具有较大优势，拥有国内最完整的手机生产及配套企业和相对完备的基础设施，移动通信设备及终端产品、集成电路、新型元器件、彩管、彩显、磁卡、软件等产品生产方面在全国具有较大影响力。

三、京津冀电子信息产业发展面临的问题

京津冀电子信息产业发展过程中还存在一些问题，如产业地域协调性不强、产业交叉性偏弱、链条优势难以发挥等。

第一，京津冀电子信息产业集群优势尚未形成。与津冀相比，北京的电子信息产业较为多元化，基本形成以元器件科技研发为主导的电子信息产业格局，且主要集中在高等院校和科研院所密集的地区；天津在电子信息领域的电子元器件开发生产方面优势显著，主要集中在华苑产业园区，并形成了一定的产业集聚效应，具备与北京开展产业对接的条件；河北在电子信息产业方面的资源较为分散，电子元器件企业主要分布在保定，集成电路封装测试企业主要集中在石家庄，而软件开发、通信设备等在石家庄、保定、邢台、衡水、唐山、沧州等地区均有分布，产业集聚优势尚未形成。

第二，京津冀电子信息产业发展能力不均衡。京津两地在元器件和传感器领域已经各自形成产业集群，北京具有技术研发优势，天津具有产品生产制造优势，具备一定的产业转移和对接能力，但河北在元器件领域的生产和研发能力较弱，通信与自动控制技术、软件开发等企业的分布也较为分散，难以形成产业集聚效应，虽然具有承接北京电子信息产业转移的空间和成本优势，但目前的产业状况使其难以发挥作用。

第三，政府支持能力和企业战略能力有待提高。京津冀地区政府支持能力、企业战略能力得分虽然有所上升，但增长率与长三角地区尚有差距。从变量层来看，国有企业投资额的相对下降及企业数量、R&D经费内部支出的悬殊分别是京津冀地区政府支持能力和企业战略能力低于长三角地区的重要原因。

第四，京津冀电子信息产业创新能力相对欠缺。京津冀地区技术创新能力和市场拓展能力得分均有所上升，但研发能力不均衡和新产品销售能力较低。从变量层来看，R&D人员折合全时当量的大幅提升是京津冀地区技术创新能力超过长三角地区的主要原因。据统计，北京集中了全国近 1/3 的软件开发人才，且电子信息产业主要分布在中关村，集聚在天津滨海高新技术产业开发区的电子信息产业也有了长足发展，但河北的研发型企业和创新人才欠缺导致的创新能力的不足成为制约京津冀电子信息产业一体化进程的重要原因。

四、京津冀电子信息产业发展对策

第一,破除京津冀三地间的体制机制障碍,加强地区间产业融合。构建京津冀协同发展的体制机制,推动资源要素市场一体化,推进基于互联网和云服务的电子信息产业一体化进程,充分开发利用中关村品牌和能力的辐射效应,以中关村先进的发展经验和管理理念,带动河北在电子元器件、信息服务软件方面产业集聚能力和生产能力的提高,增强津冀两地承接北京非首都功能的实力。

第二,结合地域优势合理进行规划协调,创新产业发展模式。京津冀明显的产业差异性和互补性奠定了电子信息产业一体化的基础,也为提升落后地区电子信息产业能力提供了空间。三地政府应将电子信息产业作为一个生态系统进行统一规划和协调,在科学合理配置市场资源的基础上,以构建区域协同发展的产业链和价值链为目标,围绕京津冀各自发展需求和产业条件,推动电子信息产业在三地的科学分工和布局,实现京津冀产业结构优化升级和产业转移。除建设石家庄中关村集成电路产业基地外,还应探索建立京津关于元器件的产业合作基地及三地合作模式。

第三,推进信息产业与传统产业融合发展,探索新的产业增长点。"电子(智能)+传统产业"的发展态势为京津冀电子信息产业一体化带来新的发展机遇,在发展高端智能化产业的同时,应将电子信息制造业与传统产业的智能化改造相结合,与推动工业、农业、服务业信息化相结合,充分利用信息技术与信息资源探索传统产业发展创新点,在用新模式和新业态改造提升传统产业的同时,促进先进地区与落后地区电子信息产业的一体化发展,形成新的区域经济引擎。

第四,促进京津冀信息产业转移,优先承接重点领域。产业园区(基地)是承接产业转移的主要载体。按照总体导向要求,京津冀各产业园区(基地)要依托现有产业基础,将承接新产业与淘汰落后产能、处置僵尸企业相结合,将谋求新发展与转型升级相结合,合理确定主导产业和发展方向,做好产业园区(基地)发展规划并同步开展规划环境评价工作,引导相关产业向产业园区(基地)转移集聚,形成与资源环境承载力相适应的产业空间布局。

各产业带承接产业转移的主要载体,以及每个载体(产业园区、基地)优先承接发展的产业方向如表 6-1 所示。

表 6-1 京津冀信息产业转移承接方向

序号	园区	承接方向
1	北京经济技术开发区	集成电路、新一代信息技术
2	北京天竺空港经济开发区	集成电路装备
3	北京林河经济开发区	微电子

续表

序号	园区	承接方向
4	天津经济技术开发区	电子信息
5	天津滨海高新技术产业开发区	软件及新一代信息技术
6	天津空港经济区	电子信息
7	（天津）北辰经济技术开发区	新一代信息技术
8	（天津宝坻）京津中关村科技城	软件和信息服务业
9	（天津蓟州）京津州河科技产业园	电子信息
10	廊坊经济技术开发区	电子信息
11	燕郊高新技术产业开发区	电子信息
12	北京亦庄·永清高新技术产业开发区	移动通信、集成电路
13	河北玉田工业园区	高端电子元器件、微电子产品制造

第二节　长江经济带信息产业发展路径分析

一、长江经济带信息产业发展现状

2018年发布的中国电子信息制造业综合发展指数结果显示，2017年中国电子信息制造业发展指数前12位的省区市中，长江经济带省市占了7个席位，分别为江苏、浙江、上海、四川、重庆、湖北、安徽，各自为75.62、73.34、72.12、70.13、70.10、69.86、68.77。

从产业上看，长三角地区是我国集成电路的主产地，产业规模居全国龙头地位，已成为国内集成电路产业链最完整、产业集中度最高和综合技术能力最强的地区。安徽、湖北、四川、重庆等地逐步构建了包括集成电路设计、芯片制造、封装测试及材料设备在内的比较完整的产业链。显示面板产业在长三角地区也有集聚。在产业集群化发展的拉动下，湖北、重庆等地的产业规模和研发创新指标都呈现了较为明显的增长。

此外，浙江、湖北、重庆等地紧抓智能网联汽车、光电子、北斗、超高清视频等新兴产业市场机遇，出台相关产业政策促进本地技术创新积淀，实现研发创新、产业机遇把握等指标较快增长。浙江通过推动杭州城西科创大走廊、萧山智能网联汽车自主创新标准研究基地、嘉兴科技城等重大创新平台载体建设，形成了一批产城融合发展新基地。湖北以国家信息光电子创新中心、国家地球空间信息产业化基地等产业创新中心为载体，发展光电子和北斗产业，产品和企业竞争力、研发创新指标明显增长。重庆积极推进智慧交通和车联网发展，研发创新、产品和企业竞争力指标提升较快。四川大力发展智慧健康、智慧家庭产业；江西加快虚拟现实等特色产业发展，促进了研发创新、产业机遇把握等指标较快增长。

二、长江经济带信息产业集群发展路径

牢固树立和贯彻落实创新、协调、绿色、开放、共享的发展理念，以供给侧结构性改革为主线，坚持生态优先、绿色发展，坚持市场主导、政府引导，坚持特色突出、错位发展，以改革激发活力、以创新增强动力、以开放提升竞争力，依托国家级、省级开发区，推动长江经济带电子信息产业有序转移和协调发展，打造电子信息产业集群。

1. 打造以城市群为中心的电子信息产业发展圈

按照组团发展、互动协作、因地制宜的思路，以长三角、长江中游、成渝等跨区域城市群为主体，黔中等区域性城市群为补充，促进城市群之间、城市群内部的信息产业分工协作和有序转移，构建城市群产业发展圈。

（1）长三角城市群。以上海为核心，依托南京都市圈、杭州都市圈、合肥都市圈，强化沿海、沿江、沪宁合杭甬（上海、南京、合肥、杭州、宁波）、沪杭金（上海、杭州、金华）聚合发展，聚焦电子信息产业集群发展和产业链关键环节创新。

（2）长江中游城市群。增强武汉、长沙、南昌中心城市功能，依托武汉城市圈、环长株潭城市群、环鄱阳湖城市群，以沿江、沪昆和京广、京九、二广"两横三纵"（沿长江、沪昆高铁、京广通道、京九通道、二广高速）为轴线，发展电子信息产业，建设具有全球影响的电子信息产业基地。

（3）成渝城市群。提升重庆和成都双核带动功能，依托成渝发展主轴、沿江城市带和成德绵乐城市带，重点发展电子信息产业，打造全国重要的先进电子信息产业基地。

（4）黔中城市群。增强贵阳产业配套和要素集聚能力，以贵阳—安顺为核心，以贵阳—遵义、贵阳—毕节为轴线，重点发展电子信息产业，推进大数据应用服务基地建设，打造战略性新兴产业基地。

2. 大力培育电子信息世界级产业集群

利用现有产业基础，加强产业协作，整合延伸产业链条，突破核心关键技术，培育知名自主品牌，依托国家级、省级开发区，在电子信息领域培育集聚效应高、创新能力强、品牌影响大、具有国际先进水平的世界级电子信息产业集群。

依托上海、江苏、湖北、重庆、四川，着力提升集成电路设计水平，突破核心通用芯片，探索新型材料产业化应用，提升封装测试产业发展能力。在合肥、重庆发展新型平板显示，提高高世代掩膜版等关键产品的供应水平。依托上海、江苏、浙江、湖北、四川、贵州，重点发展行业应用软件、嵌入式软件、软件和信息技术服务，培育壮大大数据服务业态。在物联网重大应用示范工程区域试点省市和云计算示范城市，加快物联网、云计算技术研发和应用示范，推进产业发展与民生服务以及能源、环保、安监等领域的深度融合。

三、长江经济带电子信息产业集群承接导向

按照发展路径需求，依托现有产业基础，围绕打造电子信息世界级产业集群，引导相关产业转移集聚，形成与资源环境承载力相适应的产业空间布局。各地区承接电子信息产业集群转移的主要载体及优先承接方向如表6-2所示。

表6-2 长江经济带电子信息产业承接方向

序号	园区	承接方向
1	上海金桥经济技术开发区	核心芯片、通信系统设备、嵌入式软件、智能终端、平板显示
2	（上海）张江高科技园区	集成电路设计、制造、封装测试，软件
3	（上海）紫竹国家高新技术产业开发区	软件开发与测试
4	（江苏）盐城国家高新技术产业开发区	智能终端
5	江苏省盐南高新技术产业开发区	大数据存储、应用、交易，云计算
6	（江苏）常州光伏产业园	太阳能光伏
7	（江苏）淮安高新技术产业开发区	软件服务外包、太阳能光伏
8	（江苏）江阴国家高新技术产业开发区	集成电路
9	江苏省金坛经济开发区	光伏电池及组件、光伏逆变器、光伏设备
10	（江苏）昆山经济技术开发区	光电子器件
11	（江苏）昆山综合保税区	通信系统设备、智能终端
12	（江苏）南京白下高新技术产业开发区	智能交通、云计算
13	（江苏）南京高新技术产业开发区	北斗卫星应用、大数据、网络信息安全产品和服务
14	（江苏）南京经济技术开发区	新型显示器、太阳能光伏
15	江苏省启东经济开发区	汽车电子、智能仪器仪表
16	（江苏）无锡（太湖）国际科技园	物联网、云计算、软件服务外包、移动互联网、电子商务
17	（江苏）无锡国家高新技术产业开发区	集成电路设计
18	（江苏）锡山经济技术开发区	智能传感器、集成电路、液晶显示器配套产品
19	（江苏）扬州经济技术开发区	半导体照明、太阳能光伏

续表

序号	园区	承接方向
20	（浙江）富阳经济技术开发区	通信系统设备，电子计算机及其部件，光棒、光纤及生产设备
21	（浙江）杭州国家高新技术产业开发区	软件开发、电子商务、物联网
22	（浙江）宁波保税区	液晶显示屏、电子计算机及其部件、集成电路
23	（浙江）宁波国家高新技术产业开发区	集成电路、光电子器件
24	（浙江）宁波鄞州工业园区	电子材料、电子元器件
25	（浙江）东阳横店电子产业园区	磁性材料、电子元器件
26	（安徽）蚌埠高新技术产业开发区	新型显示器、电子元件
27	（安徽）合肥高新技术产业开发区	智能语音、量子计算等新型计算技术应用
28	（安徽）合肥经济技术开发区	数字家庭智能终端、笔记本电脑、平板电脑
29	（安徽）祁门经济开发区	电子元器件（快恢复二极管、固态继电器、整流芯片）
30	（安徽）铜陵经济技术开发区	印制电路板
31	（湖北）武汉光谷光电子信息产业园	光通信、激光、集成电路、移动互联网、软件开发
32	（湖北）武汉软件新城	软件开发、信息技术服务
33	（江西）井冈山经济技术开发区	印制电路板、新型触控显示、LED及应用产品
34	（江西）南昌经济技术开发区	高像素摄像机模组、通信终端设备、LED及应用产品
35	（湖南）郴州高新技术产业开发区	光电混合集成电路、LED及应用产品
36	（湖南）云集工业园	计算机主板、光纤陶瓷插芯
37	（湖南）益阳长春经济开发区	印制电路板、电子材料（稀土）
38	（重庆）巴南经济园区	液晶显示器面板、集成电路、智能终端、云计算
39	（重庆）两江新区水土高新技术产业园	平板显示、云计算、大数据、半导体分立器件、软件和信息技术服务
40	（重庆）两路寸滩保税港区	笔记本电脑
41	（重庆）潼南工业园区	智能手机、基础电子元器件
42	（重庆）西永微电子产业园区	笔记本电脑、打印机、智能电视、集成电路
43	重庆高新技术产业开发区	石墨烯材料、应用电子、智能电视
44	重庆经济技术开发区	物联网、智能手机
45	（四川）成都高新技术产业开发区	软件和信息技术服务、智能终端、电子元器件
46	（四川）华蓥市工业发展区	家用视听设备、电子器件
47	（四川）乐山国家高新技术产业开发区	电子元器件、物联网
48	（四川）双流县工业集中发展区	软件和信息技术服务、智能终端、集成电路设计
49	（四川）国家级遂宁经济技术开发区	基础电子元器件及材料、节能型半导体照明产品
50	（四川）中江高新技术产业园区	工控系统、电子元器件、工业大数据
51	（贵州）贵安新区电子信息产业园	智能终端，大数据，软件服务外包、集成电路设计、封装测试
52	（贵州）贵阳国家高新技术产业开发区	大数据存储、应用、电子商务

第三节 共建"一带一路"国家信息产业发展路径分析

当今世界,信息技术已经成为经济社会发展的重要动力,电子信息产业凭借其技术创新活跃、产业带动性强、渗透性广等特点,对优化产业结构、转变发展方式、促进就业、拉动经济增长和维护国家安全都有重要作用。特别是云计算、物联网、大数据、移动互联网、人工智能等新一代信息技术演进步伐加快,技术创新和产业化方兴未艾,不仅形成了一些新的经济增长点,而且对传统产业的发展模式产生了深远影响。

近年来,中国与共建"一带一路"国家在电子信息产业领域的合作取得了丰硕成果,如多边区域性产业合作机制持续深化,高质量产品与服务在各国广泛应用,共建园区提升产业集聚和辐射能力等。可以预见,在未来,我国与共建"一带一路"国家在电子信息产业顶层设计、协同创新、市场开拓、服务延伸等领域还有更广阔的合作空间。

一、共建"一带一路"国家电子信息产业发展特点

1. 共建"一带一路"国家信息产业出口增长稳定

21 世纪以来,共建"一带一路"国家信息产业出口占整体第三产业总出口比例的复合增长率为 5%左右,总体呈现稳定增长。

根据世界银行所公布的数据,共建"一带一路"国家的信息产业出口中,南亚地区所占比例最高,且具有逐年稳定增长的态势;紧随其后的是东亚地区,且同样呈逐年上升态势;不同于前两者,欧洲特别是西欧地区则有所降低。剖析其中的原因,主要是亚洲劳动力资源优势突出,而欧洲研发优势显著。

在共建"一带一路"国家的服务业进口中,中亚地区信息产业进口所占比例最高,西欧地区则次之。这主要是由于中亚地区仍处于大力发展基础设施的阶段,其基建需求较大,相关的信息服务业同样有较大的市场潜力;西欧地区则由于产业链在全球转移,相应地会进行产业结构的调整,信息服务业的出口降低,从主要出口目的地向进口来源地转变。

2. 东南亚地区信息产业发展特点

在东南亚地区,整体来看,新加坡已成为全球电子信息产业领域的先进代表;泰国、印度尼西亚等较为重视顶层设计,采取了许多优惠政策以刺激该国电子信

息产业迅速发展；越南、马来西亚电子信息产业近年来呈跳跃式发展态势。此外，柬埔寨、老挝、缅甸和东帝汶等产业结构较为初级，主要依靠周边国家信息服务支持，进行产业升级。

新加坡电子信息产业综合水平远远领先于其他东南亚国家，特别是半导体等高端制造业独占鳌头。从芯片制造和集成电路设计到测试和封装，新加坡的半导体产业已经形成成熟的产业生态。2017年新加坡电子工业产值为1248.51亿新元，占制造业总产值的40.89%，主要产品包括半导体、计算机设备、数据存储设备、电信及消费电子产品等。但近年来，受全球经济不景气影响，其半导体行业龙头企业相继向中国转移。

泰国是硬盘驱动器及存储单元的世界第二大制造国，业内巨头希捷和西部数据均在该国设立多家工厂。由于东南亚国家汽车生产能力较强，泰国与汽车产业关系密切的印刷电路板及车用集成电路生产大幅增长。

电子电器行业已成为马来西亚最大的出口领域。2017年，电子电器行业是马来西亚出口创汇最大的提供者，出口额达34.3亿令吉，占同期出口额的36.7%。

越南、印度尼西亚通过对LED芯片等绿色行业提供税收优惠，使环保节能产业成为电子信息产业发展的切入点。2017年，越南电子产品、计算机和光学产品行业生产同比增长32.7%，出口额约700亿美元。印度尼西亚总体照明规模及LED照明规模在东南亚国家中居首位，但节能灯管及灯泡销售量中自主生产占比仅约20%，80%左右依赖进口。印度尼西亚也是最早使用通信卫星的亚洲国家，由于存在固网建设困难，许多孤岛及其他偏远地区都购买并应用通信卫星作为传输链路。

3. 南亚地区信息产业发展特点

在南亚地区，电子信息产业是产业模块中比较薄弱的环节。过去十年，印度在软件、程序开发、信息技术咨询领域迅速崛起。现在，随着当地对电子信息产品需求激增以及对安全问题的考量，印度越发重视在半导体等制造业领域的发展，再加上印度一直视中国为竞争者，眼见中国半导体产业风生水起，势必会激发当地芯片的研发和制造，以满足国内市场需求并增强竞争力。集成电路产业在印度的产业结构中扮演着重要的角色，虽然起步较晚，总体规模仅占全球的1%，但由于目前印度非常重视信息技术硬件制造产业的发展，并出台了一系列激励政策，加上低成本的高素质劳动力、对电子产品和移动通信产品的消费需求急速增长以及强大的信息技术基础设施，集成电路产业发展仍然展现了巨大的潜力。全球十大半导体设计公司和二十五大半导体供应商中的23家都在印度开展了大量业务，而且有200多家芯片设计公司在印度运营，主要集中在以班加罗尔为首的四个城市。在印度经营的集成电路设计公司每年创造约11亿美元的收入，其中 70%左右来自附属设计中心。从应用角度来看，57%的集成电路设计活动属于无线与有线通信领域；包括数字电视在内的消费电子和数据处理是第二、第三大应用领域，分别占约 20%和 16%的份额；医疗电子、汽车电子和安防监控是印度集成电路设计产业的新兴应用领域。在印度设计的芯片中有 70%以上是数字芯片。从工艺节点角度来看，印度集成电路设计活动以 130nm 和 90nm 技术为主[①]。

而在南亚的其他国家，如巴基斯坦、斯里兰卡、孟加拉国、尼泊尔、马尔代夫、不丹[②]等，电子信息产业都极度不发达。这些国家在电子硬件方面主要依靠发达国家援助和进口两种方式；在信息服务业方面，这些国家被一些发达国家所垄断。这些国家也希望借"一带一路"倡议的实施，谋求与中国在电子信息产业方面的合作，希望中国能够给予它们一些帮助，这将是"一带一路"倡议的机会之一。

4. 西亚北非地区信息产业发展特点

在西亚北非地区，随着亚非地区整体经济水平和科技水平的提升，各国对电子信息产业的重视程度越来越高。

在电信通信业方面，卡塔尔、以色列[③]、阿联酋、沙特阿拉伯、伊朗、土耳其、埃及、阿曼、科威特、巴勒斯坦、叙利亚等国家处于中期发展阶段，其中，卡塔尔、以色列、阿联酋三国发展势头良好，并且稳步上升。

以色列通信产业多元，从移动软件、通信设备到安全管理平台、终端应用服务应有尽有。以色列 ECI 电信等生产的网络设备和元器件等产品在世界范围内都有较大程度的普及。在即时通信方面，最早的即时通信品牌就是由以色列的公司开创的，目前以色列已成为迅速发展的互联网解决方案等多领域成就的源头之地。另外，以色列还拥有 Followap 公司等世界领先的移动即时通信解决方案供应商。在集成电路制造方面，以色列同样表现突出。在 20 世纪 70 年代起步后，经过几十年的发展，以色列已经是仅次于美国的半导体集成电路领域的强国。目前，该国已经具备完善的产业链条，从各类仪器、芯片、设备的制造，到封测，再到集成电路设计、服务等。以色列有一流的技术实力、优秀的科研人才和享誉世界的创新基地，已达到规模效应，形成了具有差异化的竞争优势；许多国际龙头企业更是将该国视作研发中心的重要布局点，英特尔、德州仪器等知名公司均在此设立了集成电路研发中心。

阿联酋电信（Etisalat）成立于 1976 年。作为阿联酋领先的综合电信运营商，

[①] 印度虽未签署"一带一路"合作协议，但其电子信息产业具有典型性，本书对其进行介绍。
[②] 不丹虽未签署"一带一路"合作协议，但其电子信息产业具有典型性，本书对其进行介绍。
[③] 以色列虽未签署"一带一路"合作协议，但其电子信息产业具有典型性，本书对其进行介绍。

Etisalat 凭借其建立的优质电信网络，在中东地区乃至全球范围内向用户提供创新、可靠的电信业务。Etisalat 被伦敦一家杂志评为市值位居西亚地区第六的电信运营商，并且跻身《金融时报》评选的 500 强企业，其运营范围包括移动网、固网、有线电视、因特网等各种电信业务。在未来几年内，Etisalat 计划将网络数据信息服务收入占其全球总收入的比例提高到 50%。据统计，在西亚北非地区，传统固定电话业务的收入正在逐渐减少，智能电话的普及率不断上升，这为电信运营商扩大网络数据服务规模提供了机遇。根据尼尔森数据，2016 年阿联酋的智能手机普及率达到 80%，排名居地区首位。

在信息安全产业方面，以色列在全球位居第二，仅次于美国。20 世纪 90 年代至今，以色列信息安全产业从无到有，从几家小微公司发展成为全球网络安全强国，每年约有 52 家新的网络安全创业公司问世，创造了信息产业的奇迹。截至 2018 年 12 月，以色列网络安全相关高科技企业近 430 家，遍布基础设施保护、云计算、终端保护、威胁情报、应用保护、工控系统、物联网、智能汽车等领域。例如，在预测领域，有 CyActive、CyberCanary 等公司；在适应领域，有 SecBI 公司；在防御领域，有 Morphisec、SecureIslands 等公司；在漏洞识别领域，有 Checkmarx 公司；在云服务领域，有 Dome9 公司等。与此同时，在创新园区内还有 40 多个外国研究与研发中心。

5. 中东欧地区信息产业发展特点

在中东欧地区，部分国家借助传统的工业基础，电子信息产业发展势头较好，如波兰、捷克、匈牙利和白俄罗斯等。

波兰是中东欧地区的生产大国，煤炭等传统工业发展良好。经济转型以来，波兰的工业发展扩大到汽车制造、家用电器、航空与通信和信息技术等领域。波兰对视频、音频和游戏硬件需求不断增加，电信市场已全面开放。

捷克作为工业化程度与经济发展水平较高的东欧国家，工业基础雄厚。如今，虽然服务业占主导地位，但工业仍在捷克经济中占重要地位，超过 40%的与经济活动关联的就业人员都在从事工业行业。捷克在全球平均网速中名列前十，Wi-Fi 用户数居欧盟首位。三家电信运营商 T-Mobile、Telefónica O2（隶属于西班牙电信）和 Vodafone（沃达丰）联合网络提供商提供 GPRS、EDGE、UMTS 或 CDMA2000 网络。捷克电子信息制造业占制造业产量的 14%，拥有 1.7 万家企业，雇用超过 18 万名员工。世界知名电子信息制造企业均落户捷克，富士康的投资使捷克成为中欧计算机的主要生产国，日本松下电器在捷克投资生产液晶显示器，电子产业集群初步形成，丹麦 Bang & Olufsen 同样在捷克设厂。

匈牙利是中东欧地区最大的电子产品生产国，电子产品占匈牙利制造业产量的 22%，占中东欧地区产量的 26%。欧洲排名前十的电子制造企业有 6 家落户匈牙利（Jabil、Flextronics、Foxconn、Sanmina、Zollner 和 Videoton）。通信产业在匈牙利也有良好的发展，占匈牙利国内生产总值的 10%，创造就业岗位超过 10 万个，包括通信、信息技术外包、信息技术服务、软件和硬件生产等。目前，匈牙利已经成为中东欧软件开发、游戏程序和地理信息技术的重要孵化地。

白俄罗斯由于在微电子领域具备优秀的研发能力和工业基础，长期为俄罗斯提供高精尖设备的配套服务。白俄罗斯集成电路公司 Integral 是中东欧地区最大的集生产、研发于一体的企业，也是该地区最大的生产半导体电子元器件和集成电路的企业。白俄罗斯无线电技术工业包括 60 多家企业、科学研究和规划设计研究所、科学生产联合公司。该领域企业生产的产品数量占独联体国家同类产品生产总量的 1/3，其中，龙头企业包括生产彩色和黑白电视机、DVD、收音机、电缆电视系统、音响系统、家庭影院等产品的地平线公司和生产彩色和黑白电视机、卫星接收系统、家具、医用产品和消防技术产品的维佳济公司，其生产的彩色电视机质量较高，艺术设计和使用功效均具有国际水准。

6. 俄罗斯、中亚地区信息产业发展特点

俄罗斯在发展电子信息产业过程中坚持独立自主发展路线，其宽带普及率超过 80%，宽带用户数量在全球排名第 6，互联网产值达 1 万亿元，占本国生产总值的比例达到 8.5%。俄罗斯信息技术市场中期发展趋势与中国非常相似，即大规模转向信息技术外包服务，云技术、云服务更加流行，但信息安全问题严峻，数据保护的质量和手段需要提升至新的水平。2016 年，俄罗斯智能手机市场从卢布贬值的影响中逐渐恢复，全年共计售出 2640 万部智能手机，较 2015 年增长 4.4%，较 2014 年增长 1%。目前，俄罗斯长期演进（long term evolution，LTE）标准的移动通信基站数量已经达到全部移动通信基站数量的 1/4。

在中亚地区，各国十余年的经济高速增长，促使电子信息产业尤其是移动产业呈现快速发展态势，但由于基础相对薄弱，中亚五国电子信息产业仍处于初级阶段。以哈萨克斯坦为例，该国电子信息产业主要依赖欧美诸国。目前哈萨克斯坦信息技术服务市场上西方各国和俄罗斯各占半壁江山，而在软件产品方面，西方产品占据市场的九成，大大超过俄罗斯和本地供应商提供的产品数。

7. 共建"一带一路"国家信息基础设施建设现状

信息基础设施是电子信息产业发展的基础，从信息基础设施建设水平的国际格局来看，在共建"一带一路"国家中，部分中东、西欧、南欧地区的信息基础设施水平显著高于其他地区，整体存在较大的数字鸿沟。其中，中亚、南亚地区的每百人固定互联网用户数和移动电话用户数相对较低，而西亚、东亚、东南亚地区这两项指标相对较高，信息基础设施建设水平不足，意味着该地区对通信业、

信息产业的市场需求总量巨大，具有较大的市场发展潜力，将是信息化建设投入的优先地区。

共建"一带一路"国家的社会、文化、经济发展水平差异大，尤其表现在信息化发展水平上。根据共建"一带一路"国家信息基础设施发展水平测评体系（information infrastructure development index，IIDI）的测评结果，共建"一带一路"国家 IIDI 平均值为 55.39，信息基础设施发展总体上处于中等水平。其中，1个国家处于低水平，占比达 1.56%；13 个国家处于较低水平，占比为 20.31%；21个国家处于中等水平，占比为 32.81%；26 个国家处于较高水平，占比为 40.63%；新加坡、爱沙尼亚、以色列 3 个国家处于高水平，占比为 4.69%，其中新加坡位列第一，得分遥遥领先，如表 6-3 所示。

表 6-3　共建"一带一路"国家 IIDI 得分情况

排名	国家	分数	等级
1	新加坡	90.44	高
2	爱沙尼亚	82.59	
3	以色列	81.75	
4	卡塔尔	77.9	较高
5	白俄罗斯	76.41	
6	巴林	76.31	
7	克罗地亚	75.25	
8	匈牙利	74.75	
9	立陶宛	74.31	
10	拉脱维亚	73.63	
11	斯洛文尼亚	73.37	
12	俄罗斯	73.24	
13	捷克	72.36	
14	阿联酋	71.83	
15	保加利亚	71.73	
16	塞尔维亚	70.41	
17	斯洛伐克	69.72	
18	沙特阿拉伯	69.41	
19	罗马尼亚	69.08	
20	摩尔多瓦	67.72	
21	黎巴嫩	66.27	
22	科威特	66.16	
23	北马其顿	64.94	
24	哈萨克斯坦	63.39	

续表

排名	国家	分数	等级
25	阿曼	62.89	
26	波兰	62.68	
27	泰国	60.82	较高
28	格鲁吉亚	60.58	
29	阿塞拜疆	60.39	
30	黑山	59.46	
31	马来西亚	58.19	
32	文莱	57.46	
33	乌克兰	57.22	
34	波黑	56.99	
35	土耳其	56.46	
36	马尔代夫	56.26	
37	亚美尼亚	54.32	
38	伊朗	53.94	
39	埃及	53.19	
40	越南	50.21	中等
41	蒙古	48.86	
42	巴勒斯坦	46.4	
43	菲律宾	45.83	
44	约旦	45.7	
45	斯里兰卡	45.34	
46	阿尔巴尼亚	45.16	
47	吉尔吉斯斯坦	44.92	
48	土库曼斯坦	43.35	
49	印度尼西亚	42.02	
50	不丹	40.32	
51	乌兹别克斯坦	37.29	
52	塔吉克斯坦	36.31	
53	柬埔寨	36.21	
54	印度	34.74	
55	叙利亚	33.04	较低
56	东帝汶	31.54	
57	尼泊尔	31.5	
58	巴基斯坦	30.26	
59	孟加拉国	29.68	

第六章 区域发展及国际合作研究

续表

排名	国家	分数	等级
60	老挝	28.95	较低
61	也门	28.24	
62	伊拉克	25.77	
63	缅甸	25.38	
64	阿富汗	14.08	低
	平均值	55.39	中等

资料来源：国家信息中心

从数据来看，IIDI 得分最低的阿富汗为 14.08，最高的新加坡为 90.44，后者是前者的 6.4 倍，信息基础设施发展水平差异巨大。从地区来看，IIDI 得分较高及以上（60~100 分）的国家有 29 个，主要在西亚北非和中东欧等地区。其中，西亚北非 20 国发展水平差距最大，最大相对差距达 74.74；中东欧 19 国发展水平整体较高，平均得分为 68.30，高于 64 国平均水平（55.39）；东北亚两国发展水平，俄罗斯处于较高，蒙古处于中等；东南亚 11 国发展水平参差不齐，最大相对差距为 68.85；南亚 7 国发展水平普遍滞后，平均得分仅为 38.3，远低于 64 国平均水平（55.39）；中亚 5 国发展水平除哈萨克斯坦处于较高外，其余 4 国均为较低。共建"一带一路"国家 IIDI 各区间占比分布情况如图 6-1 所示。IIDI 在不同地区的相对差距如图 6-2 所示。

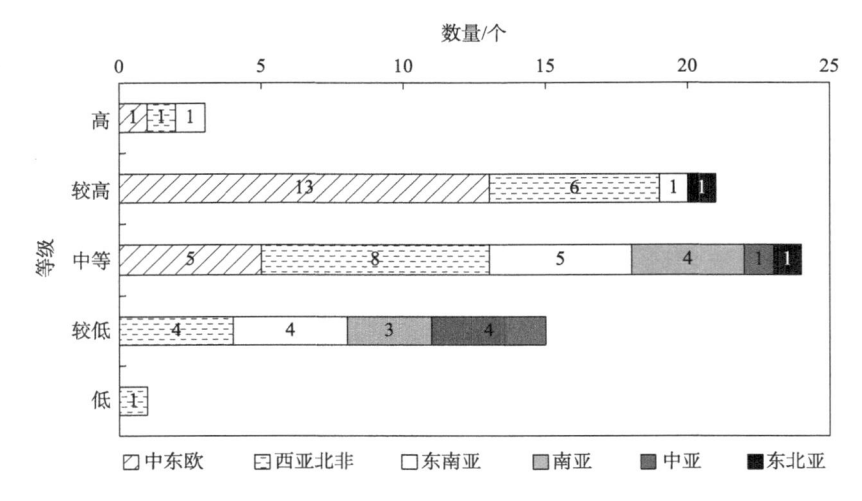

图 6-1 共建"一带一路"国家 IIDI 各区间占比分布情况
资料来源：国家信息中心

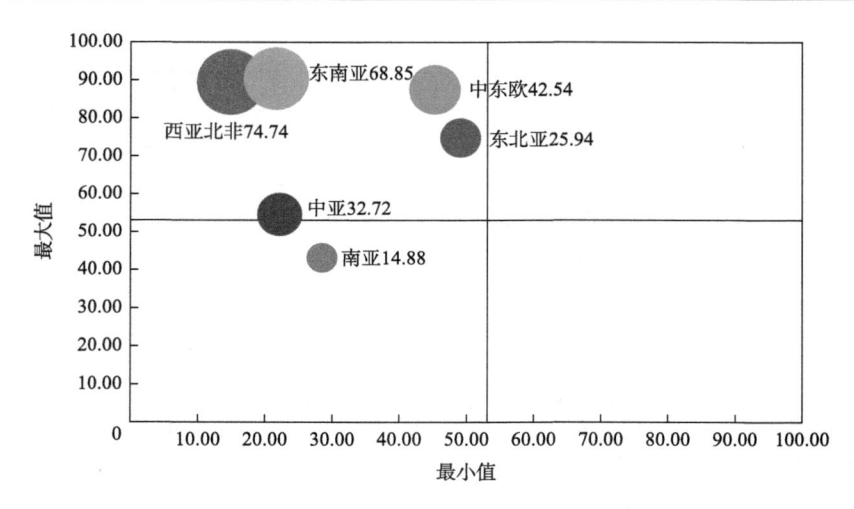

图 6-2 IIDI 在不同地区的相对差距

资料来源：国家信息中心

二、中国与共建"一带一路"国家电子信息产业合作现状

中国电子信息企业纷纷践行"走出去"战略，都在相应的领域加速开拓步伐。目前，中国多家主设备商已纷纷在中东、非洲、东南亚等地区发力，华为、中兴等国内企业的海外收入占其收入的比例已经达到 1/2 以上。光纤光缆的龙头企业则积极在东南亚、中东等地区进行产能输出，部分企业已在印度等国家成功实现光缆销售落地。而在手机终端厂商方面，诸多国内知名品牌已成功开拓印度、拉美、非洲等市场；更有"传音"这种主攻非洲市场的品牌，通过深挖当地民众需求，成就了非洲销售传奇。总体来看，"一带一路"倡议背景下，我国电子信息企业的对外合作在多领域取得较大进展。

（一）我国与共建"一带一路"国家合作机制持续深化

在"一带一路"倡议背景下，中国借助已有的中阿、中欧、中国—东盟等多边合作框架，与多个地区和国家签署了新的备忘录和规划纲要，进一步推动了与共建"一带一路"国家在电子信息产业领域顶层设计的交流合作，围绕电子制造、网络设施互联互通、惠民服务互利共享、信息技术协同创新等方面沟通各国发展意愿，探寻共同发展道路。

中国与俄罗斯、蒙古共同发布《建设中蒙俄经济走廊规划纲要》（简称《规划纲要》），标志着"一带一路"首个多边经济合作走廊正式开始建设。《规划纲要》

中明确指出，扩大三方之间电信网络，加强电子商务合作，开展三方卫星应用服务和实现对口部门合作；开展软件研发、数据维护等领域合作。《规划纲要》的发布充分体现了中蒙俄三国秉持共商共建共享原则，加强发展战略对接，推进"一带一路"建设的决心和信心，为三方扩大电子信息产业交流、深化通信服务合作指明了方向。

中国与东盟自 2005 年建立面向共同发展的通信伙伴关系以来，面对新一轮技术和产业变革，双方在电子硬件和信息服务方面开展了卓有成效的合作，为进一步合作奠定了良好的基础。2016 年，我国与东盟发布了《2017 年中国—东盟信息通信合作计划》和《2017—2021 年深化中国—东盟面向共同发展的信息通信伙伴关系行动计划》，决定在未来五年围绕通信发展和监管政策、基础设施互联互通、新一代信息技术及应用、网络安全、互联网与制造业融合发展、中小微企业信息化水平提升、人力资源建设等领域开展交流与合作，促进通信业发展，以更好地服务于本地区经济社会的发展。同时，在中国—东盟合作框架下，2015 年 11 月 12 日，澜湄合作首次外长会议发表了《澜湄合作概念文件》和《首次外长会联合新闻公报》，宣布启动澜湄合作进程，各方就澜湄合作机制架构和未来方向等达成广泛共识，确立了"3+5"合作框架，即加强三大领域的合作，并在五个领域内开展优先合作。2016 年 3 月，澜湄合作首次领导人会议在海南三亚举行，李克强总理与湄公河五国领导人首次聚首，会议通过了《首次领导人会议三亚宣言》及《澜湄国家产能合作联合声明》等文件，旨在建设面向和平与繁荣的澜湄国家命运共同体，树立以合作共赢为特征的新型国际关系典范，标志着澜湄合作机制正式诞生，为澜湄合作提供了政治指导和强劲动力。

在阿拉伯地区，中国与沙特阿拉伯、阿联酋、苏丹等国的能源合作逐步深化，在沙特阿拉伯、阿联酋、埃及、阿尔及利亚等国的电力、通信、交通、工业园区等基础设施领域大项目合作不断涌现，中国—海湾合作委员会自贸区谈判重启并加快节奏，吹响了中阿产业合作号角。《中国对阿拉伯国家政策文件》提出，推进共建"一带一路"，构建以能源合作为主轴，以基础设施建设和贸易投资便利化为两翼，以核能、航天卫星、新能源三大高新领域为突破口的"1+2+3"合作格局，推动务实合作升级换代。在航天领域的合作中，进一步加强中阿航天合作，积极探讨在空间技术、卫星及其应用、空间教育、培训等领域开展联合项目，加快推进北斗卫星导航系统落地阿拉伯国家，积极推动中阿载人航天领域的交流与合作，提升双方航天合作水平。2016 年，中国与阿拉伯国家签署了《中阿卫星导航领域合作谅解备忘录》，标志着北斗卫星导航系统与阿拉伯国家联盟在卫星导航领域建立了正式合作机制。西亚北非 20 国间信息化水平发展差距较大，该备忘录的签署使中国与区域内国家可以在具体领域同一种框架的统筹下，有针对地开展合作与交流。

中国与中东欧国家发布的《中国—中东欧国家合作中期规划》指出，考虑到中欧之间现有网络空间合作，欢迎和支持在物联网、大数据、下一代互联网方面开展合作。中东欧国家市场化程度较高，波兰、匈牙利、斯洛伐克的电子产业发展较为突出。越发成熟的中国—中东欧合作机制保障双方在通信领域开展优势产能对接，共同研发新一代信息技术，进而带动管理、技术、人才的充分交流。

（二）我国与共建"一带一路"国家不同领域合作现状

1. 电子信息制造合作在竞争中谋发展

由于共建"一带一路"国家的工业化水平差异显著，与中国的产业结构互补性较强，制造业合作的重要性和潜力之大不言而喻。近年来，随着中国逐渐步入世界电子信息产业大国行列，中国电子信息企业具备了一定的国际竞争力，稳步推进了与共建"一带一路"国家在电子信息制造业上的合作。

借"一带一路"倡议的东风，各电子信息制造企业在国家"芯片国产化"战略指引下，不断加大对产业发展优势明显的共建"一带一路"国家的投资力度，以期吸收、整合先进制造技术。例如，长电科技收购了全球排名第四的新加坡星科金朋。星科金朋拥有人才、技术和国际化管理经验，在客户和技术上与长电科技具有极强的互补性。该收购不仅帮助中国集成电路企业整合新加坡芯片制造的先进技术和客户资源，使其市场份额跻身世界前五，而且为新企业引入雄厚的产业资本，有利于扭转其营业亏损情况，为老牌企业再发展注入新活力。同时，近年来，中国资本对以色列半导体的兴趣也越来越浓，2017年1月，华为收购了以色列芯片设计厂商 Toga Networks，使以色列研发技术可以被更广阔的市场吸收采纳。

计算机与通信设备方面，在中亚、西亚地区，华为基本承包了传输网基站以及计费系统的主要设备建设，并成为乌兹别克斯坦和中东地区第一大电信设备供应商。2016年，华为在乌兹别克斯坦召开的云峰会上倡议与中亚合作伙伴加大创新合作与软件服务，向信息化水平较为落后的中亚地区引进中国电信业转型的经验，推进当地信息产业及相关产业的繁荣发展。东南亚地区与中国（通信行业设备）手机厂商的合作也极具潜力，中国手机因性价比高、拍照性能良好等优点得到了泰国、印度尼西亚、越南等各国消费者的喜爱。在南亚地区，印度对智能手机的需求量逐年提高，但本地品牌发展滞后，联想在当地设置多个旗舰店，线下销售量已经初具规模；小米、OPPO、金立等均在印度建设新的工业园，包括手机生产基地及零部件生产线，形成更为完善的产业供应链，大幅度提高了当地手机生产水平，以便更好地服务于印度及周边南亚市场。

基础电子方面,东南亚基础设施建设带动 LED 照明在区域内快速发展,成为中国半导体照明产业的第三大出口目的地,仅次于美国和欧盟。其中,越南由于具有较大的人口规模和快速增长的消费需求,进口的中国产 LED 照明产品总量迅速增长;佛山照明、雷士照明、欧普照明、TCL 等企业在日韩及欧洲品牌中脱颖而出,与东南亚国家合作均有较大进展,成为当地照明零售商的长期合作伙伴。目前,华泰、万向均向共建"一带一路"国家出口了锂离子电池。

智能硬件与应用电子方面,2016 年 4 月海尔高端冰箱首个制造基地"卡玛大师"工业园在俄罗斯正式投产,项目总投资额达 5500 万美元。该工业园投产后第一阶段产能为 25 万台、第二阶段产能为 50 万台,将销往俄罗斯、白俄罗斯及部分欧洲市场。通过在俄罗斯建立工业园,海尔将为当地及周边国家提供更便捷、更高质量的产品和服务。华为全面支撑了白俄罗斯电信的光纤到户(fibre to the home,FTTH)建设与智慧家庭业务创新。广州亿航智能公司自主研制的"亿航 184"已由阿联酋采用,于 2017 年 7 月正式亮相迪拜,使其成为全球第一个允许载客无人机运营的城市。这种载客无人机是全球第一款可载客的无人驾驶飞机,可为迪拜中短途日常交通运输提供方案。

2. 软件与信息服务合作获突破式进展

尽管中国软件水平相较于国际领先水平依然存在差距,但随着国家政策的支持力度加大,以及软件企业的不断努力,中国许多软件产品的规模、复杂程度、科技含量即使在欧美市场上也逐渐处于领先地位,这让中国软件产品对外输出有了更大的可能性。

"一带一路"倡议为中国软件与信息服务企业"走出去"提供了更广阔的市场,一方面基础软件的技术及产品输出稳定,新产品领域合作成果初现;另一方面信息服务的合作模式发生了较大变化,亮点突出。

基础软件领域,中国通过服务东南亚、南亚等周边市场,打响国家自主品牌,提升共建"一带一路"国家对中国软件价值的认知度。首先是基于工具类软件的合作,金蝶集团、用友软件相继在新加坡建立研发中心和区域中心,旨在根据当地客户的需求,快速做出响应,提高服务质量和效率。金山将其办公软件英文版 KingSoft Office 的首个发布地定于越南,该软件不仅仅保持了 WPS Office 特有的轻巧灵便、与 Microsoft Office 深度兼容的特点,更在语言准确转换的基础上适应越南本地用户需求,根据英文语言习惯和越南用户的特殊使用习惯,不断调整软件的呈现格式和版式设计。金山毒霸系列则推出泰文版,与泰国最大的网游运营商 Asiasoft 合作,由 Asiasoft 负责业务推广,正式进军泰国市场。360 公司也与 Asiasoft 签订框架合作协议,共同向东盟地区提供免费安全软件以及网络安全解决方案,在当地建立用户及流量监测平台,在此基础上进行互联网商业模式和生态系统的构建。百度与新加坡科研机构成立联合实验室,着手联合研发面向东南亚语言的自然语言处理技术,并在当地市场推出了系统优化工具 Baidu PC Faster。此外,由中国一家公司模仿今日头条创建的新闻推送类应用程序 G NDEM 在土耳其的日活跃用户数近 100 万人,正成为土耳其增长最快的内容聚合媒体平台。该公司创始人表示,这款应用程序的制作愿景在于让中国的技术与商业模式服务共建"一带一路"国家的用户。

网游方面,东南亚还是中国网游的输出重地。其中,潜力最大的当属越南,独占 40%的份额。中国网游进入前,越南的网游产业尚处于初级阶段,相关人才和厂商相对匮乏。中国的网游为当地网民提供了全新的选择,推动了越南游戏产业的加速发展。金山公司的网游《剑网 OL》在新加坡等地受到欢迎后,被网游运营商 VinaGame 引入越南,一度占据了越南游戏 92%的市场份额。随后,搜狐畅游与越南最大的网络游戏运营商 VNG 合作,将旗下网游《天龙八部》引入东南亚。泰国、印度尼西亚、菲律宾、越南、马来西亚、新加坡 6 个国家占中国对东南亚游戏出口的 99%,玩家有 1.3 亿人左右,占比约 24%;游戏玩家约 0.6 亿人,占玩家总数的比例接近 50%;每用户平均收入(average revenue per user,ARPU)高低不等,最高的是新加坡,泰国以 27.76 美元位居第三,但泰国庞大的人口基数和相对不错的付费率使其成为东南亚游戏消费最高的国家。目前专注东南亚市场的中国公司有很多,如智明星通、Gameview、Vstargame、Efun、昆仑万维、Funplus、IGG、Game Hollywood、腾讯、百度、飞流等;具体游戏如《刀塔传奇》(东南亚版本 Dot Arena)、《三剑豪》、《秦美人》、《城堡争霸》、《疾风猎人》和《弹弹堂 S》等成功进入东南亚市场,获得当地网游用户的喜爱。

社交软件方面,中国网络社交平台的国际化正在加速酝酿,社交服务类软件企业将目光放到共建"一带一路"国家,开拓当地市场。百度向越南推出"百度贴吧",腾讯在泰国推出微信,并以明星代言、轻轨广告投放等方式进行宣传。微信在东南亚地区支持多种语言文字,包括印尼语、马来语、泰语、越南语等。茄子快传在印度和印度尼西亚"双印市场"中已经取得了绝对优势,印度有超过 2.5 亿用户使用茄子快传分享各类内容,占印度互联网总人数的 60%以上;而在印度尼西亚市场,800 万互联网用户把茄子快传当作日常获取知识和分享感兴趣内容的主要方式。基于"双印市场"庞大的用户群,茄子快传可通过大数据精准分析印度与印度尼西亚的市场环境,以及决定市场发展的深层次因素,包括智能手机普及率、市场潜力、用户分享喜好等多个维度,帮助中国企业快速、全面地了解"双印市场"。

中资企业试图跟随"一带一路"撬动的贸易增长,探索与在该领域尚处于萌芽阶段的共建"一带一路"国家的合作机会。蚂蚁金服战略投资泰国支付企业 Ascend Money,其旗下的支付宝则在东南亚的新加坡、泰国推出"Alipay"计划,在哈萨克斯坦协助当地电信公司推进支付业务。支付类软件的合作也使网约车、共享经济走出国门。例如，滴滴投资了东南亚打车应用 Grabtaxi，又参与了对印度打车软件巨头 Ola 的融资，以支持 Ola 在印度市场的扩张。

面向消费者的跨境电商中，电商巨头（如淘宝、京东等）的海外布局带动了共享经济的初期合作。俄罗斯、哈萨克斯坦、新加坡、阿联酋等国家都与阿里巴巴建立了合作关系。例如，按流量计算的阿里速卖通已成为俄罗斯第三大互联网公司；阿里巴巴旗下物流公司菜鸟网络与哈萨克斯坦邮政合作，推动俄罗斯、东欧、中亚地区跨境电商物流的发展。2017 年，杭州市政府、马来西亚、阿里巴巴签订备忘录，马来西亚和杭州将在海关通关、检验及跨境电商等方面开展合作，与阿里巴巴开发数字经济贸易区。11 月 3 日，阿里巴巴在吉隆坡建成并启用了首个海外世界电子贸易平台（electronic world trade platform，eWTP）试验区——马来西亚数字自由贸易区，将清关时间从 1 天缩减到 3 小时。东盟境内的快递包裹将通过吉隆坡国际机场与马来西亚巴生港口实现空海运联结运送，在 72 小时内送达目的地。最迟至 2050 年，马来西亚航空货运量将从现在的 72.6 万 t 提升至 250 万～300 万 t。京东与黑龙江省对外经贸集团签订了战略合作框架协议，通过黑龙江省绥芬河综合保税服务区和俄罗斯"中国名优商品展销中心"等平台，打通中俄跨境贸易路径，探索适合中俄跨境贸易的电商模式，共同布局远东地区的跨境电商业务。

面向企业的跨境电商发展方面，中国在广西建立了中国—东盟电子商务园区，入驻了腾讯、阿里巴巴、京东等相关企业，建立了与东盟内 7 个国家的合作关系。随着互联网的发展，跨境电子商务日益成为中国与东盟贸易发展的重要推动力，跨境电商平台也将成为中国与东盟投资贸易活动推进的重要平台。围绕中国—东盟跨境电商平台项目，苏宁通过平台、商品、数据、物流、售后等一系列资源的共享，将该项目打造成为中国与东盟市场创新发展的强劲动力。

3. 新技术、新产品、新业态探索萌芽

尽管共建"一带一路"国家电子信息产业总体水平在全球范围内不属于领先梯队，但其产业发展潜力不可小觑。中国企业不仅仅为共建"一带一路"国家带来了高品质的通信服务和产品，更带来了资金和技术，与共建"一带一路"国家的合作研发和技术创新将极大地促进这些国家经济社会的数字化变革。

首先是大数据、云计算等方面的合作。阿里巴巴将云计算业务的国际总部设在新加坡，同时在新加坡设立了数据中心，成为阿里云的全球第七个数据中心和美国硅谷外的海外第二个数据中心。2017 年 5 月，马来西亚总理纳吉布造访阿里巴巴杭州总部，亲手递交了马来西亚多媒体超级走廊项目 MSC 证书，希望引入阿里巴巴的人工智能和云计算技术。7 月 20 日，在吉隆坡，阿里云和马来西亚数字经济有限公司（MDEC）宣布合作建立服务当地创业者的数字孵化中心（Digital Hub）。10月30日，阿里云马来西亚大区正式向全球消费者开放服务。华为与波兰华沙大学共同创建数据科学创新中心，在数据存储、云计算、大数据分析、超级计算等领域开展研究合作，用最新科研成果务实推进中国与中东欧新型信息技术产业发展。

而在近两年被越来越多国家重视的智慧城市建设方面，中国已与新加坡就建设智慧城市等领域建立了密切的合作关系。中国与新加坡政府的第三个重大合作项目——中新（重庆）战略性互联互通示范项目正式启动，已遴选出两江新区、渝中区、南岸区、璧山区、荣昌区5个试点进行智慧城市建设。中兴在罗马尼亚西部重镇蒂米什瓦拉市打造首个智能停车场，华为则为捷克提供了智能路灯解决方案，为城市降低了大部分的能耗和维护成本。

值得一提的是，一些中资企业也开始探索与共建"一带一路"国家开展新领域的服务合作项目，并初见成效。例如，以色列是全球科技创新的中心之一，在未来科技研发方面有巨大潜力，阿里巴巴和深圳光启在以色列设立创新基金，提供雄厚的投资资金，重点关注当地机器自觉、终极互联、网络安全等创业公司的发展。

作为一家全球化创新集团，深圳光启的全球创新共同体成员包括"旅行者"号、"云端"号、马丁飞行包、悬浮站、太阳方舟、超级Wi-Fi、超级数据链、智能光子等，遍布亚洲、欧洲、北美洲、大洋洲及非洲。深圳光启在以色列成立了孵化器与创新创业基金，总投资额超过3亿美元，将投资以以色列当地项目为主的全球科技创新项目，特别是在识别、通信、机器智能和增强现实等领域的公司。

三、我国电子信息产业在共建"一带一路"国家的进入模式

我国电子信息产业进入共建"一带一路"国家的主要方式有4种，即贸易出口、契约进入、证券投资和对外直接投资。相较贸易出口与对外直接投资这两种常见的传统方式，契约进入的风险较低，主要包括合同制造模式、管理合同模式、工程承包模式、许可证模式和特许经营模式5种；证券投资主要是大型企业或集团进行的操作，面向资本市场发达的国家或地区。

（一）贸易出口

当前，贸易出口仍旧是我国电子信息产业进入共建"一带一路"国家的重要方式之一。首先，通过贸易出口，我国的中小型企业可以积累国际经营经验，有利于改变"大而不强"的电子信息产业现状；其次，通过贸易出口的方式进入一

个国家市场的政治风险一般较小,在进入有较大电子产品市场而政治环境相对不稳定的国家时,贸易出口的方式能有效规避风险;最后,通过贸易出口进入共建"一带一路"国家市场后,遇到政治风险时也能以较低成本迅速退出。

(二)契约进入

我国电子信息百强企业进入共建"一带一路"国家市场的经验证明,契约进入是企业国际化的一条重要道路。TCL、中兴、海尔、华为等电子信息产业巨头,即使最终有不同的国际化策略,但在国际化的前期,都不约而同地选择以契约进入的方式打开国际市场。TCL 在新加坡建立研发中心,在越南、印度、印度尼西亚、俄罗斯、菲律宾、泰国建立生产基地,但在其他发达国家则通过发放许可证、开展特许经营等方式进入当地市场。中兴也通过与跨国公司建立契约合作合同,获取技术和工艺,进入俄罗斯、巴基斯坦、印度等市场。

(三)证券投资

国家外汇管理局发布的数据显示,我国以证券投资方式进入共建"一带一路"国家市场的企业数量占比较小。在共建"一带一路"国家中,印度、印度尼西亚、俄罗斯的证券投资总体资产规模虽然较大,但主要集中在运输、建筑、商贸领域,其他国家如捷克、波兰等证券投资总体数额较小,且主要集中在轻工业领域。除新加坡和以色列外,大多数共建"一带一路"国家缺乏完善的资本市场、明晰的产权结构、健全的股权相关法律法规,政府缺乏财政实力和公信力,其中部分国家甚至缺乏可供证券投资的企业法人对象,因此我国企业难以通过证券投资方式进入共建"一带一路"国家。

除以色列外,我国电子信息产业企业以证券投资方式进入新加坡市场也较为常见。截至 2019 年 5 月,中国已在新加坡上市 50 多家企业,其中电子信息类企业有华夏科技、建光电子、润讯通信、双威通信等。上市企业中,TCL(新加坡)有限公司、联想新加坡有限公司、中兴通讯新加坡分公司等具有高市场换手率的企业直接带动了我国电子信息类企业对新加坡的证券投资。

(四)对外直接投资

由于电子信息设备制造领域相比电子基础领域和信息服务领域的投资风险较低,我国电子信息产业的并购以电子信息设备制造领域为主,信息服务领域的典型收购以百度、阿里巴巴、腾讯收购一些创新型企业为主。此外,我国电子信息领域的中小企业则多采用境外加工、海外销售、海外研发等新建投资方式进入共建"一带一路"国家。据商务部发布的我国境外投资企业名录统计，我国的电子信息终端制造企业几乎在所有共建"一带一路"国家建立了渠道或办事处。

四、中国与共建"一带一路"国家电子信息产业合作存在的问题

总体来看，中国与共建"一带一路"国家开展电子信息产业合作仍处于起步阶段，具有存在问题较多、规模较小、合作有待深化等特征，需在将来的合作实践中加以优化。我国电子信息企业由"大"转"强"尚需时日，目前企业国际竞争力较弱。

（一）合作机制不健全，支持服务体系建设滞后

长期以来，我国对企业进行海外投资采取较为谨慎的限制措施，行政审批体制过于复杂，在投资审批、外汇管理方面存在诸多限制。虽然国家对境外直接投资管理体制进行改革后，除少数敏感投资国别、投资项目须经审批外，其他境外投资均取消项目核准，施行备案管理制度，清理或取消了束缚对外投资的各种不合理限制。但是，除了事前审批，事中事后的监管体制机制尚未及时构建。当前，促进电子信息产业对外合作的政策措施较为分散，尚未形成体系性推进，支持力度不足，现有政策执行效果不尽如人意。此外，针对电子信息产业合作的信息服务网络、统计监测系统等支持服务体系建设滞后，不利于主管部门进行总体部署和调整，难以及时发布风险预警，帮助"走出去"企业规避风险。

（二）外部环境和技术标准差异大，企业应对不足

电子信息企业在向共建"一带一路"国家"走出去"的过程中势必要面对与国内迥异的环境，由于企业（特别是中小型电子信息企业）对国外的体制、法律环境等不熟悉，以及缺乏国际项目经验等，合作往往失败，无法落地。因此，政府应当在"一带一路"建设过程中扮演企业"引路人"的角色。目前行政机关到行政机关（government to government，G2G）的合作模式把重点放在了东道国政府上，但是对市场及民众的优惠体现不充分，容易受到阻碍和抵制。更重要的是，近年来，我国电子信息产品出口地位不断上升，发达国家往往利用节能、环保等绿色壁垒和兼容、安全等技术壁垒限制我国电子信息产品和服务的进入，严重阻碍了我国电子信息企业的出口贸易。

此外，电子信息产业合作的技术标准尚未对接，导致企业进入相关国家遭遇重重壁垒。例如，在工业信息安全产品方面，共建"一带一路"国家多采用欧美

的技术标准，中国企业难以进入市场。

（三）对外合力未形成，部分领域同质竞争严重

当前，我国电子信息企业"走出去"尚未形成有效的对外投资网络和相互需求网络，没有形成合力。例如，中小型电子信息企业"走出去"迫切需要金融业的大力支持，但是我国金融业的国际化速度和覆盖范围远远滞后，国内金融机构对中小企业的放款意愿也较低。不仅如此，虽然有许多企业成功"走出去"，但在"走出去"过程中，我国电子信息产业链缺乏整体协调，企业同行恶性竞争严重，亟须寻找新方法、新模式。

（四）企业核心能力待增强，缺乏国际化人才

我国电子信息企业对各国市场特征和规则的了解尚需深入，在品牌形象维护、知识产权保护、外方违约责任追究、反倾销诉讼等方面的自我保护能力不足，"走出去"举步维艰。国内电子信息企业没有打破技术依赖的现状，缺乏出口产品的技术能力和具有知识产权的相关集成电路与元件，售后服务也成为重要制约因素之一。

跨国合作涉及各国法律、汇率、财会制度等，需要企业拥有熟悉国际市场商务规则、法律法规、投融资管理、项目管理等的人才队伍。我国企业在对外合作中遇到的问题，很大程度上与具有国际化视野的人才队伍匮乏，特别是中高级经营管理人才和技术人才匮乏有关。

（五）部分国家主权信用低，各类风险长期存在

共建"一带一路"国家多数属于发展中国家，近年来一些国家更是存在主权级别继续下调的风险，合作的各类风险将长期存在。例如，政治风险，包括地区局势紧张、恐怖极端主义及跨境犯罪等，以及民主政治转型、民族冲突等多重矛盾在部分国家较为集中；经济风险，主要是贸易保护主义、显性和隐性壁垒、海外审查等；社会风险，民族、文化、语言、风俗习惯差异巨大，对我国企业海外项目运营构成潜在挑战。

五、共建"一带一路"国家电子信息产业发展路径

第一，加大对电子信息产业"走出去"的政策扶持力度，鼓励不同企业以多

种形式进入。总体而言，鼓励大型企业以对外直接投资的形式、中小企业以贸易出口或契约进入的方式进入共建"一带一路"国家。具体而言，对于基础类电子信息企业，鼓励有实力的科技企业以签订合作协议、谅解备忘录等形式独资进入；对于应用类电子信息企业，政府通过争取更多海外优惠政策等鼓励大型企业合资进入；对于信息服务类企业，由于这类企业以中小企业为主，可为其提供及时准确的关于海外非商务性风险的预警信息，同时精简企业"走出去"的程序，如项目审批、员工护照办理等。

第二，兴建境外电子信息产业园，推动国内中小企业"走出去"。在一些条件具备不完全（如发展相对落后、产业基础较弱）的共建"一带一路"国家，为了降低风险，可先建设发展电子信息的产业园区，再集体入驻中小电子信息企业。例如，中国—白俄罗斯工业园目前已享受当地政府税收和土地使用方面的优惠政策，已入驻中兴、华为等我国知名电子信息企业，可期望成为我国相关行业企业进入和开拓欧洲市场的中转站。

第三，充分发挥中介机构的支持和引导作用。当前，我国电子信息企业在"走出去"的过程中往往缺乏国际化的服务体系支持。政府部门应牵头并联合驻外商会和驻外经贸机构，组织建立专业化的涉外中介机构，为我国电子信息企业"走出去"提供战略规划、信息咨询、知识产权、法律和认证等多种服务，并支持这些中介机构在更多重点区域设立办事处。这一过程中，行业协会应积极了解主要竞争对手情况、国外市场需求、东道国产业发展政策等相关海外信息，为我国电子信息企业"走出去"提供信息支持。同时，各中介组织自身应加强行业自律，维护我国电子信息企业"走出去"的市场竞争秩序。

第四，进一步发挥骨干龙头企业的引领带动作用。大企业作为"走出去"的主体力量，应深入参与到和共建"一带一路"国家电子信息产业的合作中，带动我国电子信息产业链整体"走出去"，增强我国电子信息产业在国际的话语权。当前，我国电子信息产业已经形成从单一设备制造商"走出去"转变为设备商与运营商等"抱团"出海的态势，以华为、中兴、烽火通信、亨通光电等为代表的电子信息企业在共建"一带一路"国家开展深度合作并取得较大收益。未来，应加大政策支持力度，建立沟通机制，发挥这些骨干企业的积极性，鼓励带动一批企业和机构，深化在国际并购、标准制定与技术研发等领域的合作。